페미니즘 비평과 한국소설

송 지 현

국학자료원

책 머리에

 이 책은 페미니즘의 시각으로 한국문학을 연구하고자 고심해 온 내 삶의 흔적들을 담고 있다. 박사과정 중 처음으로 '여권론 비평'(Feminist Criticism)이라는 낯선 용어를 접하고, 여성으로서의 체험과 시각이 '여성독자'의 이름으로 인정된다는 사실이 참으로 경이로왔다. 그래서 그 길에 접어든지 10년을 넘어섰고 그동안 틈틈이 쓴 글들을 모아 이제 한 권의 책으로 펴게 되었다.
 선진적이고 첨예하게 발달한 비평 이론을 대하는 국문학자들은 한국문학에의 수용을 늘상 고심한다. 페미니즘 비평 역시 현재 미국과 영국, 프랑스 등지에서 가장 대대적인 현대 비평의 흐름으로 자리잡고 확산되고 있지만, 문화 토양이 다른 우리의 문학계에 이를 수용하기에는 이질감이 많은 것이 사실이다. 우리의 근대사와 현대사가 남성과 여성의 문제를 따로 구분해서 볼 정도로 그다지 여유있지 못했던 탓에 페미니즘이 마치 중산층 여성들의 배부른 투정인 듯 오해되는 경향이 많았기 때문이다. 하지만 우리나라에서도 페미니즘은 이미 여러 학문 분야로 확산되고 있고 날이 갈수록 연구의 깊이와 성과가 더해지고 있다. 문학연구 역시 열정있고 재능있는 많은 여성연구자들에 의해 갈수록 심도를 더하고 있다.

  이 책은 3부로 구성되었는데, 제 1 부는 페미니즘 비평이란 무엇인가에 답하기 위해 외국 페미니즘 비평 이론과 한국문학에의 수용, 그리고 1930년대 우리 비평사에 최초로 논의가 있었던 여성문학비평론을 정리, 검토하였다.

  제 2 부는 페미니즘 비평의 바람이 일기 시작한 1980년대 후반부터 연구에 들어가 1990년말에 완성한 당시의 박사학위 논문을 약간 보완하였다. 여성의 시각으로 볼 때, 한국 근대 문학에 있어서는 일제 강점기를 살아내는 여성으로서 겪는 수난과 억압, 그리고 일어섬이 가장 중요하고 절실한 문제라고 여겨졌고 그 생각에는 지금도 변함이 없다. 삶과 마찬가지로 문학작품에서도 여성에게 가해지는 억압과 질곡이 심할수록 여성 자아의 정립이 중요해지기 때문이다.

  제 3 부는 여러 학술지에 발표한 소논문들을 이 책의 체제에 맞게 수정해 모았다.

  이같은 내용으로『페미니즘 비평과 한국소설』이라는 큰 제목에 답할 수 있다고 생각지는 않지만 그동안의 일관된 관심사가 이 주제였음은 사실이다. 이 책이 이 분야에 관심을 갖는 많은 총명한 후학들에게 거침없는 叱正의 대상이 되기를 바랄 뿐이다.

  재능이 부족함을 탓하고 끈기없음을 책망하기도 하면서 숱한 좌절과 방황을 했지만 느리고 더디게나마 지금까지 오게 된 것은 전적으로 주위 분들의 격려와 후원 덕택이라고 생각한다.

  학부때부터 지금까지 성심껏 지도해주신 전남대 정재완 교수님과 학문하는 자세를 늘 깨우쳐 주시던 전 연세대 신동욱 교수님, 그리고 전남대 현대문학연구회를 이끄시는 김춘섭 교수님과 부지런한 후배들 모두에게 진심으로 감사드린다.

아직껏 별 보상받지 못한 물질적, 정신적 후원을 아끼지 않으시는 나의 친정 어머니와 남편, 엄마 옆에 오지 말고 둘이 놀도록 늘 요구받는 가엾은 규량이와 진형이에게도 사랑과 감사의 마음을 전한다.

어려운 출판 여건 속에서도 계속해서 국문학 전공서적들을 출간하는 열정을 지니신 정찬용 사장님께도 감사드린다.

                         1996년 4월, 빛고을 광주에서
                                    송 지 현

차 례

책 머리에

제 1 부 페미니즘 비평이란 무엇인가? ─── 9

   1. 페미니즘 비평의 흐름과 전개 ─── 10
   2. 페미니즘 비평의 한국적 수용과 전개 ─── 32
   3. 1930년대 한국 여성문학비평론 ─── 60

제 2 부 페미니즘 비평과 여성 자아 정립 ─── 81

   1. 페미니즘 비평과 여성 자아의 정립 ─── 82
   2. 1930년대 한국 소설의 여성 자아 정립의 네 양상 ─── 87

    <1> 하층민 여성의 수난과 저항 : 『인간문제』 ─── 92
      1) 작가의 체험과 소설적 형상화 ─── 92
      2) '눈물'의 자아에서 '저항'의 자아로의 전환 ─── 98
    <2> 궁핍한 어머니들의 헌신과 대응 : 「적빈」, 「지하촌」 ─── 124
      1) 희생의 모성과 여성 자아 정립 ─── 124
      2-1) 무보상의 '나눔'과 헌신의 모성 ─── 128

2-2) 관계의 중심에 선 어머니 ──────── 139
<3> 전통적 여인의 체험과 좌절 : 『탁류』──────── 148
   1) 작가의 반봉건 체험과 여성주의 ──────── 148
   2) 수동적 자아의 순응과 파탄 ──────── 159
<4> 지식인 여성의 선택과 결단 : 『황혼』──────── 181
   1) 작가의 신념과 여성관 ──────── 181
   2) 강인한 자아의 고수와 강화 ──────── 187
   참고문헌 ──────── 208

제 3 부 페미니즘 비평과 한국소설 ──────── 217

1. 남성작가의 서술과 추락하는 여성인물 ──────── 218
   - 女權論의 입장에서 본 金東仁의 세 小說

2. 일제 강점기 여성작가의 현실인식 ──────── 249
   - 姜敬愛 小說에 나타난 女性意識 硏究

3. 드라마적 특성과 일어서는 여성상 ──────── 282
   - 심 훈의 『직녀성』고

4. 사랑과 구원의 불연속성 ──────── 302
   - 이광수의 『再生』論

제 1 부 페미니즘 비평이란 무엇인가?

1. 페미니즘 비평의 흐름과 전개
2. 페미니즘 비평의 한국적 수용과 전개
3. 1930년대 한국 여성문학비평론

1. 페미니즘 비평의 흐름과 전개

　페미니즘 비평이 무엇인가에 대해 답하는 일은 그리 간단하지 않다. 페미니즘 비평은 단일한 이론이라기보다는 차라리 하나의 강력한 운동이며, 같은 관심사를 가진 여성들의 집단이 복합적이고 다양한 방법론과 이론으로 무장한 것이기 때문이다.

　하지만 분명하게 말할 수 있는 것은, 마침내 여자들이 자신의 목소리를 내기 시작했다는 점이다. 문학작품의 창작과 비평에 존재하는 성차별, 정전(正典:canon)으로부터 소외된 여성 체험, 왜곡된 채로 형상화된 여성인물들에 대하여 여성들이 목소리를 내기 시작했고 그것을 글로 써서 기존의 남성중심 비평에 대항하는 작업을 행하기 시작한 것이다.

　초창기의 주장들은 당연히 강하고 거셀 수 밖에 없었다. '펜은 은유적인 남근(penis)'이며 '남성적 특성이 곧 창조적 특성'이고 신이나 가부장과 동일시되는 절대 권력의 저자(author)는 당연히 남성이며 읽거나 쓰는 행위는 여성에게 이질적인 것일 뿐 아니라 해로운 것이라고 인식하던 '문학의 부권'[1]기가 오랫동안 당연시되었기 때문이다.

---

1) 샌드라 길버트 / 김성곤 역, "문학의 부권", 김용권 외 공역, 『현대문학비평

제 1 부 페미니즘 비평이란 무엇인가? 11

그래서 남성적 편견이 가득한 비평문들에 대해 '남근 비평'(phallic criticism)2)이라는 거북한 용어까지 등장하게 된 것이다. 문학사의 숨막히는 부권기(父權期)를 생각한다면 이들의 저항과 반발이 너무 심하다고는 할 수 없을 것이다.

우리가 속한 현실세계와 학문연구의 모든 영역에서 한쪽은 '지배자, 억압자, 가해자'이며 '중심'으로, 또 한 편은 '피해자, 희생자, 피억압자'이며 '주변'으로 위치되어 왔음은 포스트 모더니즘과 탈구조주의를 비롯한 현대의 모든 사조가 인정하고 있다. 지배자의 진리만이 늘 유일한 진리가 되어 온 지금까지의 전통을 깨뜨리고 중심과 주변의 경계를 해체하기를 원하고 있는 것이다. 그랬을 때 중요한 것은 지금까지 중심에 서지 못했던 자들의 목소리이다. 최근 페미니즘비평이 황금의 목소리로 다가오는 것도 기성의 비평 방법이 무시해버린 내용을 들춰내 비평계의 커다란 변화의 조짐을 보여주기 때문이다.3)

페미니즘 비평(Feminist Criticism)은 흔히 여성해방비평 또는 여권론 비평, 여성주의 비평으로 불리우는데, 이 용어들은 각기 강조점의 차이를 보인다.

페미니즘 비평은 원래 여성해방운동과 밀접한 관련을 갖고 출발하였으며 작가나 비평가의 성별보다는 여성시각과 여성의식의 유무에

론』, (한신문화사, 1994), 609-630면.
2) 메어리 엘만은 문학비평이나 서평에 심각하게 작용하는 남성적 편견을 다음과 같이 설명하였다. : "여성들의 저술은 그것이 마치 여성 자체인 것처럼 대접을 받는다. 그래서 비평은 기껏해야 젖가슴과 둔부의 지적 측정이 될 뿐이다." : Mary Ellmann, *Thinking about Women*, (New York : Harcourt, 1968), p.29.
3) 이경순, "현대 페미니즘 비평의 흐름과 전망", 『表現』25호, 1993. 하반기. 표현문학회, 1993.10. 45면.

관심을 가져 왔다. 여성작가는 남성작가에 비해 여성의 억압적 현실에 더 깊게 접근할 가능성을 지니고 있으며 여성체험을 훨씬 민감하게 표현할 수 있는 잠재력을 가지고 있는 것이 사실이지만 남성지배 사회에서 인정받으려는 무의식적 노력으로 자기도 모르게 남성중심적 세계관을 내면화하기도 하고, 심한 경우에는 남성 지배 이데올로기에 완전히 편입되어 남성 작가들보다 더 적극적으로 수동적이고 희생적인 여성상을 양산하는데 기여하기도 하기도 한다.4) 그래서 '여류문인'5)이 곧 '페미니즘 작가'는 아니며 페미니즘 비평이 여성작가의 작품에만 관심을 갖는 것은 더욱 아니다.

이처럼 기존 문학작품과 비평에 대해 거세게 저항하고 반발하는 철저한 여성 시각을 요구하면서 시작한 이 비평은 주로 이미지 비평을 통해 실천되었는데 케이트 밀레트의 『性의 政治學』이나 시몬느 드 보봐르의 『제 2의 性』, 버지니아 울프의 『자기만의 방』 등은 페미니즘 비평의 초기 지침서로 읽힌다. 이들은 주로 사회전반에 스며들어 있는 가부장제 이데올로기를 드러내어 폭로하고, 가부장제 사회에서 여성은 종속적이고 열등한 존재로 태어나며 일생동안 그것의 굴레로부터 벗어나지 못한다는 점들을 강조해 여성들로 하여금 자신들의 상황을 인식하고 투쟁하도록 유도하였다. 왜곡되어 온 여성상의 제시가 결코 진실이 아니라는 점을 깨닫게 한 것이다.

여성 이미지 비평을 통해 왜곡되어 온 여성상의 해방을 추구하던

---

4) 이명호, "여성해방문학", 한국여성연구회, 『개정판 여성학 강의』, 동녘, 1994. 292면.
5) '여류문인' 또는 '여류작가'라는 용어는 이제 사라져야 한다. 주류에 대해 비주류임을 스스로 인정하는 듯한 이같은 용어 대신, 작가의 성별만을 나타내 '여성작가'라고 하거나 작가의 의식을 나타내 '페미니스트'라고 해야 할 것이다.

단계를 거쳐 페미니즘 비평은 점차 여성을 중심에 놓는 여성중심비평(gynocritics)으로 옮겨져 온다. 여성중심비평은 그간 소외되고 상대화되어 온 여성을 남성의 대상물이 아닌 주체이며 중심에 놓으려는 입장을 강조하며 지금까지 폄하되어 오던 여성의 특성과 경험에 가치를 부여한다. 그래서 여성작가연구를 통해 여성문학의 전통을 발견하고 정립하려고 한다. 문학사에서 소외된 여성작가를 발굴해 위치를 복원시키고 그들에게 덧씌워져 온 오해를 벗기는 점에 있어서는 남성문학의 전통을 수정하고자 하는 의지가 담겨져 있다. 하지만 여성작가들에게서 찾아 볼 수 있는 문학적 특성을 통해 '여성성'을 추적하려는 작업은 실상 여성해방 운동가들이 벗어 던지고자 했던 기존의 여성성으로 다시 되돌아가 양성적 인간형의 추구를 부정하는 일이 된다.

또 한편 페미니즘 비평은 그동안 이성을 진리의 중심에 위치시켜 온 이성 중심주의(logocentrism)를 남근 이성 중심주의로 명명하고 거부하는 점에서 해체주의나 포스트모더니즘과 맥이 닿아 있다. 그동안 중심부에 있던 이성, 남성, 문화, 의식은 자신이 '진리'임을 내세워 다른 한쪽인 감정, 여성, 자연, 무의식을 침묵시켜 왔으며, 서구 2천년 동안 여성은 남성의 '타자'(他者:l'autre)로만 위치했을 뿐 한 번도 주체가 되지 못해 왔다는 사실이 문제 제기된 것이다. 이를 강조점에 따라 포스트모던 여성해방론이라고 하기도 하고 심리분석적 페미니즘이라고 칭하기도 한다. 전자에서는 남녀 이분법의 해체와 여성범주의 와해를 강조하며 후자에서는 여성주체의 형성과정과 여성체험을 중요시한다. 그렇지만 이들은 모두 문학비평에서 '여성적 글쓰기'를 강조한다. 이들은 언어 자체를 현실을 반영하는 재현수단으로 보는 것이 아니라 담론 체계로 본다. 기존의 언어 질서에서 당연히 여성은 누락되어 왔고 근본적으로 부재할 수 밖에 없다고 보며 그 근거를 제시하기 위해 여성주체의 형성과정이나 남녀간 신체의 차이에 주목한다.

페미니즘 비평이 무엇인가를 설명하는 것은 위에서 윤곽을 제시한 세가지 입장 내에서도 강조점, 사상적 배경의 차이 등이 얼마든지 열거될 수 있는 복잡하고도 광범위한 작업이 될 수 있다. 현재도 논쟁은 계속되고 있으며 주창자에 따라 자신의 초기 주장을 수정하는 글들이 발표되는 진행 상태에 있기 때문이다.

하지만 간단하게 말하자면 페미니즘 비평은 남성만의 영역으로 점유되어 온 문학비평의 역사가 과연 바른 것인지에 대한 여성들의 의문과 자각에서 출발하여 문학작품을 여성의 관점에서 보는 방법으로 여성도 객체가 아닌 주체로서 자신의 고유한 판단을 훈련하는 비평을 말한다.6) 흔히 페미니즘 비평의 약점으로 지적되는 불통일성은 오히려 풍부한 가능성의 원천이 되며 지배적 언술에 대항하는 다양한 목소리의 분출을 가능케 하는 원동력이 되고 있다.

〈1〉 여성 이미지 비평

여성 이미지 비평은 여성해방의식을 가장 직접적으로 표출하는 비평으로 여성독자의 성적 정체성을 강조하는 비평이다. 이 비평은 그 동안의 문학비평에서 객관적이고 보편적인 미학이라고 추앙받아 오던 것들이 남성중심적임을 폭로하기 위해 문제를 제기하는 '저항하

---

6) 이경순, 앞의 글, 50-51면.

는 독자'의 입장을 강조한다. 남성과 여성은 생활 경험도 다르고 추구하는 가치나 세계를 바라보는 관점 역시 다를 수 있는데, 이러한 차이가 잘못된 것처럼 무시되거나 왜곡되어서는 안된다는 것이다. 이 방법론의 대표적인 업적은 메어리 엘만(Mary Ellmann)의 『여성에 관한 고찰』(Thinking about Women, 1968)과 케이트 밀레트(Kate Millet)의 『성의 정치학』(Sexual Politics, 1970), 쥬디스 패털리(Judith Fetterly)의 『저항하는 독자』(The Resisting Reader, 1978)이다.

밀레트는 남녀문제를 기본적으로 성의 '권력투쟁'(power struggle)으로 파악한다. 그녀는 남녀관계를 지배/피지배로 파악하였는데, D.H.로렌스, 헨리 밀러, 노만 메일러, 장 쥬네의 작품들을 분석하면서 작품 속에서 드러나고 있는 여성에 대한 편견을 예리하게 통찰하였다. 그녀의 이론은 안토니오 그람시(Antonio Gramsci)의 '헤게모니 이론'과 루이스 알튀세르(Louis Althusser)의 '이데올로기 이론', 미셸 푸코(Michel Foucault)의 '담론이론'과 상통한다는 점에서 대단한 설득력을 갖는다.7) 여성에 대한 편견만을 찾느라 여성의 상징이 작품 속에서 원래 의도하고 있는 고도로 미묘하고 복합적인 문학적 맥락은 흔히 간과하고 있다는 지적을 받기도 하지만, 여성시각으로, 그동안 아무도 주목하지 않았던 여성에 대한 편견을 찾아내 지적한 선구적 업적은 이후의 문학비평에 지대한 영향을 미쳤다. 그녀에 따르면 원초적 생명주의를 예찬한 듯한 로렌스는 실상 '남근 숭배 의식의 전도사'에 지나지 않음을 알게 된다. 가부장제에 도전하는 여성의 힘과 질서에 대한 그녀의 믿음은 아주 강하고 혁명적인 것이었다.

메어리 엘만은 밀레트보다 훨씬 유연한 태도를 보였는데, 『여성에

---

7) 김성곤, "현대 영미 페미니즘과 <여성중심비평>", 김성곤 외, 『문학에 이르는 길』, (열음사, 1989), 381면.

관한 고찰』(1968)에서 여성적인 불확실성과 유동성이야말로 문학에 생명력을 불어 넣어주는 요소라고 주장하는 한편, 분노를 그대로 표출하기보다 그러한 감정을 위트와 풍자와 아이러니 속에 감추었다. 전통적인 리얼리즘보다 실험적인 문학형태에 더 이끌리기도 했지만 남성중심적 사고에 의한 비평에는 강하게 반발하였다.

이들의 영향으로 1970년대 초반부터는 문학작품 속에 나타난 여성의 이미지 연구가 영미에서 붐을 일으키게 되었고, 1972년에는 21명의 필자가 참여한『소설에 나타난 여성의 이미지』(Images of Women in Fiction : Feminist Perspectives)라는 책이 출판되기도 했다. 물론 이들이 제시한 '여성 이미지'는 실제 여성의 모습과는 거리가 먼 왜곡된 이미지를 의미한다.

이처럼 여성 이미지 비평은 가장 먼저 기존의 문학작품에서 흔히 찾아볼 수 있는 왜곡된 여성 이미지가 반영된 상투적 여성상에 반발하였다.

메어리 엘만은 남성 작가나 비평가에 의해 제시된 전형적인 여성 이미지를 무정형성, 수동성, 불안정(히스테리), 제한성(편협함), 실용성, 순결성, 물질주의(현실성), 정신주의(공상성), 비합리성, 순종성, 반항성(말괄량이, 마녀)의 열 한가지로 요약한다. 또한 서구 문학에 나타난 여성은 현실성을 결여한 채 천사/마녀로 양극화되어 왔음을 지적한다. 천사형은 여성을 가사와 육아에 속박해 놓고 집안의 평화를 위해 순종적인 천사로 미화한 것이며 마녀형은 남성의 권위에 도전하는 주체적 여성을 억압하기 위해 고안한 것이다. 여성인물을 천사와 마녀로 이분시켜 놓은 것은 서구 사회 뿐 아니라 동양사회에서도 마찬가지이며 현대의 대중문화에도 그대로 적용되어 여성인물의 스테레오 타입을 형성한다.[8]

여성 이미지 비평가들이 관심을 갖는 또다른 작업 중의 하나는 동화에서 남성 중심주의의 전제를 찾아내는 일이다. 동화는, 여성에게 일어나는 최고의 일은 사랑에 빠지고, 결혼해서 아이를 많이 갖는 일이라는 신념과 결합한 문화적 형식이다. 카렌 로우(Karen Rowe)는 동화는 유쾌한 환상이 아니라 가부장제 안에서 여성에게 현실적인 성적 기능에 적합한 동경을 내면화시키는 기제라고 말하고 마르시아 리베르만(M.Lieberman)은 여성을 전통적인 모델로 문화화시키는데 봉사하는 여성 교육수단이라고 지적한다. 동화 속의 소녀 주인공들은 본질적으로 수동적이기 때문이다. 동화를 통해 여자아이들은 백설공주나 라푼첼, 잠자는 숲속의 공주처럼 자신의 남성이 삶을 가져올 때까지는 상징적으로 죽어있어야 한다는 것을 배운다. 온순하고 무력하게 왕자의 구원만을 기다리고 있어야 하는 것이다. 여자아이들은 아름다움을 남성들이 가치있는 것으로 생각하기 때문에 끊임없이 예뻐지기를 원하고 예뻐 보이도록 노력해야 하는 것이다. 그녀들은 추한 여자, 잔인한 계모, 간악한 노파나 마녀가 되지 않도록 노력해야 한다. 그녀들은 공주가 몇 년 안에 잔인한 노파나 마녀가 될 수도 있다는 사실은 전혀 생각지 못한 채 그들을 아주 다른 종족으로 간주하려고 한다.[9]

이미지 비평은 남성중심적 시각에 의한 해석과 평가로 국한되어 있던 작품 감상에 여성의 시각을 도입한 점에서 가장 큰 의의를 갖는다. 올바른 비평이란 최소한 남녀평등감각을 전제로 해야 하기 때문이다.

---

8) 정순진, "여성주의 문학이란 무엇인가?", 『한국문학과 여성주의비평』, 국학자료원, 1992. 200-201면.
9) 정순진, 앞의 글, 203면.

하지만 이미지 비평은 역시 이데올로기적이어서 초기 마르크스 비평이나 프롤레타리아 문학이 갖는 태도와 유사한 단점을 지닌다고 할 수 있다. 여성 작중인물이 적극적이고 강인한 자립적 태도를 보여 '해방된 여성'의 모델을 제기하는 것을 가장 이상적으로 보기 때문이다. 그러나 여성을 남성의 보조 존재나 성적 대상물로 파악하는 현상이 팽배한 현실을 무시하고 마냥 양성적이고 이상화된 여성인물만을 그려내는 것이 과연 이상적인 페미니즘 문학인가는 재고되어야 한다. 페미니즘 문학에서 중요한 것은 여성인물이 적극적이냐 희생적이냐 하는 것이 아니라, 여성 억압의 현실이 '문제 상황'으로 비치며 '해결의 전망'이 작품 속에 구현되어 있는가 하는 점이기 때문이다.10)

그 외에 이 비평의 단점은 동어반복의 단조로움에 있기도 하다. 초기의 문제 제기로는 신선하지만 반복적이고 뻔한 지적들이어서 곧 지루해진다는 점이다. 그리고 리얼리즘 계열의 작품이 아니면 적용될 수 없는 한계도 갖는다.

그렇지만 여성 이미지 비평이 제기한 문제는 아직도 여전히 유효하다. 고전적인 것에 대한 향수는 전통적 여성상을 미화하는 보수주의로 이어지며, 새로운 세대를 표방하는 듯한 진취적 여성상은 자칫 무한한 소비의 욕망을 지닌 채 상업주의의 물결에 떠밀려 스스로를 성상품화하는 몸짓까지 보이기 때문이다. 실제로 어떤 여성 인물이 이상적인가는 문학작품에서 뿐만 아니라 의식있는 여성들이 끊임없이 되뇌이는 물음이기도 하다.

또한 이 비평의 문제 제기로 말미암아 많은 작가들이 왜곡된 여성

---

10) 이명호, 앞의 글, 294면.

상을 형상화하지 않기 위해 경계하고 긴장하는 효과를 얻을 수 있다면 숱한 한계에도 불구하고 아직은 충분히 의의가 있음에 틀림없다.

〈2〉 여성작가 연구

남성의 텍스트 고발을 주된 과제로 삼아 강한 분노를 표출하던 이미지 비평은 다음으로 여성을 중심에 놓아 그동안 묻혀져 온 여성의 텍스트를 발굴하고 재평가하는 '여성중심비평'(gynocritics)으로 이행하였다. 페미니즘 비평이 작가의 성별을 중요시 한 이유는 여성작가들을 무턱대고 찬양하기 위해서가 아니라 어떤 식으로든지 형성되어 왔으리라고 여겨지는 여성문학의 전통과 차이성을 규명하기 위해서이다.

여성중심비평은 일레인 쇼왈터(Elaine Showalter)가 대표적 비평가라고 할 수 있는데, 엘렌 모어스(Ellen Mores)의 『문학적 여성들』(Literary Women,1977)과 페트리시아 메이어 스팍스(Patricia Mayer Spacks)의 『여성의 상상력』(The Female Imagination, 1976), 그리고 쇼왈터의 『그녀 자신들의 문학』(A Literature of Their Own, 1977)과 「황무지에 있는 페미니스트 비평」(Feminist Criticism in the Wilderness, 1981), 길버트(Sandra Gilbert)와 구바(Susan Gubar)의 공저 『다락방 속의 미친 여자』(The Madwoman in thr Attic,1979) 등이 방향전환을 보여주는 저술들이다.

이들은 여성문학의 전통을 확립코자, 가장 먼저 여성작가의 역사와 텍스트를 추적하는 작업을 한다. 묻혀져 있는 여성작가의 작품을 발굴해내고 기록이 거의 전무한 그 생애를 추적하는 일이다. 기존의 문학사에서 거의 언급이 되지 않고 사소하게 여겨져 버려진 여성작가의 작품이 실제로는 그 시대 여성에게 부여된 사회적 문화적 상황을 고려할 때 의미심장한 코드로 해석되어질 수 있다. '여성의 영광은 화제에 오르내리지 않는데 있다'고 규정했던 사회에서 문학적 자기표현에 대한 욕망을 이루기 위해 외적인 핍박과 내적인 죄의식을 감수하며[11] 익명으로 또는 남성의 필명으로 작품을 발표해야 했던 초창기 작가들의 고통과 용기를 우리는 기억해야 한다. 그래서 천재임에도 불구하고 출구를 찾지 못하고 사장되어야 했던 수많은 여성들의 재능을 안타까와 하며 그들의 작품집을 만들어 출판하고 왜곡되어 해석된 생애를 정정해야 하는 것이다. 접근 방법이 때로 문학적이지 않아서 텍스트의 문학적 가치나 해석을 놓쳐 버릴 경우가 있다는 한계[12]를 갖기도 하지만 좀더 문학적인 연구를 하기 위해 반드시 선행되어야 하는 작품의 발굴과 1차 자료 확보의 중요성은 그 누구도 간과할 수 없다.

쇼왈터는 여성문학이 발전해 온 단계를 셋으로 나눈다.

> 첫째, 지배전통의 지배적 양식을 '모방'하고, 지배문화의 예술규범과 그것의 사회적 역할에 대한 견해를 '내면화'시키던 단계가 있었다. 둘째, 그러한 규범과 가치들에 대해 '저항'하고, 소수의 권리와 가치와 자주성을 '옹호'하던 단계가 있었다. 마지막으로, 반대에서부터 벗어나 정체성을 찾아 자신의 내면으로 시선을 돌리던 '자아 발견'의 단계가 있었다.[13]

---

11) 서지문, "영문학에 있어서의 페미니즘의 흐름", 『또 하나의 문화』3호 -여성해방의 문학, 평민사, 1987.
12) 이경순, 앞의 글, 53면.

첫번째 단계는 '여성적(feminine) 단계'인데, 글쓰는 것 자체를 조심해야 했던 이 시기의 여성작가들은 남성들의 규범과 가치관을 모방하였다. 두번째는 '여성해방적(feminist) 단계'로서, 이 시기의 여성작가들은 자신들의 부당한 위치에 항의하며 그동안 외면당해 온 여권(女權)을 주장한다. 세번째는 '여성의(female) 단계'로, 이제 여성작가들은 여성의 독특한 경험과 특성에 가치를 두고 이를 긍정적으로 표현한다. 이 중 쇼왈터가 중요시한 단계는 세번째인데 그녀는 현대 페미니즘 비평이 세번째 단계로 전이된다고 보고 이를 '여성중심비평'(gynocritics)이라고 칭하였다.

그녀는 「황무지에 있는 페미니스트 비평」에서 여성작가와 여성 텍스트의 특질을 정의하고 구별하기 위해 생물학적, 언어학적, 심리분석적, 문화적인 네가지 구분 모델을 이용한다.[14] 여성 작가들을 시간과 공간을 초월하여 서로 결속시키는 집단적 경험을 여성문화라고 보아 여성문화의 결속력을 강조하였다.

이러한 작업을 거쳐 여성문학의 전통에 접근해 가면서 이들이 관심을 가졌던 문제는 일단 여성작가들이 가부장제의 전통 속에서 살아 남으면서도 자신들의 분노와 저항의지를 표현하는 문학적 양식을 어떤 식으로 고안했겠는가 하는 것이었다. 여성작가들의 양식을 단일화하려는 시도 자체에 대해 부정하는 입장도 있지만 이들이 어떤 식으로든지 '이중 전략'을 폈으리라는 원칙에는 대개 동의하였다. 여

---

13) Elaine Showalter, *A Literature of Their Own*, (Princeton : Princeton Univ. Press, 1977), p.13.
14) Elaine Showalter, "Feminist Criticism in the Wilderness", Critical Inquiry 8:2, (Winter, 1981): 박경혜 역, "황무지에 있는 페미니스트 비평", 김열규 외 공역, 『페미니즘과 문학』, (문예출판사, 1988), 29 - 39면.

성작가들이 사용한 이중전략은 때로는 여성의 상상력으로, 또 때로는 코믹 비전이나 공포소설 양식15)으로, 또는 광기와 히스테리로 은밀하게 드러나기도 한다.

길버트(Sandra Gilbert)와 구바(Susan Gubar)의 공저 『다락방 속의 미친 여자』(The Madwoman in thr Attic)에서 이같은 '이중 전략'에 대해 강조하고 있다. 이 책은 19세기의 주요 여성작가들에 관한 고찰을 통해 여성문학의 전통과 여성의 저술에 대해 뛰어난 통찰력을 제시해 주었다.16)

두 저자에 의하면 가부장적 규범이 강했던 19세기 빅토리아조에서는 여성들은 '구원의 여인'이거나 '집안의 천사'가 되도록 강요당했고 이를 거부한 똑똑한 여성들은 모두 '괴물'(the monster)로 취급당했다. 그래서 여성작가들은 자신들의 진정한 의도를 표피 속에 감추는 글쓰기 전략을 택하게 되었는데, 이러한 이중 저술의 전략 중 하나가 19세기 여성작가들의 작품에서 자주 발견되는 '미친 여자'이다. 그들에 의하면, 미친 여자는 저자의 분신이자 저자의 분노와 근심의 상징이며, 그 여자의 폭력은 곧 '남성의 집과 남성의 텍스트'로부터 벗어나고 싶어하는 저자 자신의 욕구 분출이 된다는 것이다. 그래서 『제인 에어』에 나오는, 다락방에 갇힌 로체스트의 본처 '버타 메이슨'은 실상 가부장제에 순응하기를 거부하는 샤롯트 브론테의 억눌린 분노와 고통을 상징화한 인물이라고 할 수 있다.

샤롯트 브론테가 자신의 작품을 처음 출판사에 보낼 때만 해도

---

15) 서지문 교수는 영국 여성작가 중에서 홰니 버니와 마리아 엣지워드가 사용한 유우머, 앤 래드클리프가 창조한 공포소설 양식이 그들의 작품에 대한 저항을 줄이는데 결정적인 역할을 했으리라고 보았다.
16) 김성곤, 앞의 글, 387-389면.

'당신의 글에는 대단한 재능이 분명히 보이지만 나는 당신이 여자라는 것을 알아볼 수가 있었고, 여자들은 그들의 고귀한 운명 - 가정-을 택해야 한다는 것이 나의 지극히 공손한 충고'라는 답장을 받아야 했는데, 브론테 자매들은 남자의 필명으로 소설을 출판했음은 물론 『제인 에어』의 시대는 작품 속에 담긴 강렬한 열정과 꿋꿋한 의지력으로 인해 남성작가의 작품이라고 오인된 탓에 평자들이 '안심하고' 호평을 했던 시대였다. 그런데 열정과 자립성, 강한 의지라는 反가부장적인 덕성을 지닌 고아소녀 제인이 사랑만으로, 전형적인 가부장인 로체스터와 결혼해서 행복해지는 것은 불가능한 일이었다. 이 때 등장한 버타는 제인의 억압된 욕망을 대신 실현시켜 로체스터의 정원을 불태우고 그를 가난하게 만들어 자유롭고 동등한 상태에서의 사랑을 이룩하도록 만든 것이다. 이로써 길버트와 구바는 천사 같은 미와 온순함 뒤에 광기와 분노의 괴물이 도사리고 있는 여성의 이중성을 분석해 냈다 할 수 있다.

쇼왈터나 길버트의 입장을 보완한 비평가로 애닛 콜로드니 (Annette Kolodny)[17]를 들 수 있다. 그녀는 미국과 캐나다의 현대 여성작가들의 작품을 집중적으로 가르치고 읽으면서 이 작가들에게서 특수한 주제의식, 이미지 유형, 문체상의 고안들이 명백히 드러나도록 목록을 만들었는데, 확실히 이들 중 몇명이 분간할 수 있게 반복된다는 점을 시사하였다. 남녀작가의 상이한 경험은 상이한 이미저리로 표현되므로 비평가는 그러한 이미저리 배후의 다른 경험을 찾아내야 한다는 것이다. 콜로드니는 이같은 '차이'에 주목하면서도 차이란 우월과 열등의 문제가 아니라 동등하면서도 상대적인 것을 의

---

[17] 애닛 콜로드니, "페미니스트 문학 비평의 몇가지 방향들"(Some Notes on Defining a Feminist Literary), 김열규 외 공역, 앞의 책, 61-79면.

미한다고 하였고 궁극적으로는 성별 분리주의가 폐지되어야 한다는 것에 동의하였다. 공정하고 비성차별적이고 더 합법적인 평가를 통해 여성작가들을 대학 교과과정의 주류로 만들어 권리회복을 시켜야 한다는 그녀의 주장은 20년이 지난 지금도 여전히 중요한 과제가 되어 있다.

이와 마찬가지로 스팍스도 수세기에 걸친 여성들의 경험과 반응의 유사성들을 검토하여 여성들의 글이 남성들의 글과 다른 '미묘한 이탈'을 찾아내고자 하였다. 그래서 여성의 상상력은 소외당한 현실에서 그들이 진정 열망하는 세계를 향해 열린 유일한 배출구이며 내적 자유의 의미를 긍정하는 수단임을 지적하였다.[18]

여성작가에 대한 연구를 통해 여성문학의 전통과 특성을 규명하려는 여성중심비평은 이미지 비평에 비해 훨씬 문학비평답다. 그리고 남성과의 직접적인 투쟁보다는 여성에 대한 연구라는 점에서 창조적이고 긍정적인 시도라는 평가를 받기도 한다.

하지만 이는 여성의 글쓰기가 배제되고 용납되지 않았던 억압의 시대의 여성작가의 작품을 발굴하고 이해하는 문학사적 연구는 될지언정 이미 많은 여성작가들이 자유롭고 활발한 글쓰기를 이행하고 있는 현재의 여성작가를 연구하는데는 충분히 활용되기가 어렵다. 그 뿐 아니라 간접적이고 상징화된 장치가 많이 발견되는 작품일수록 여성문학의 전통이 강한 훌륭한 작품으로 인정되며 여성적 전통에 따르지 않은 여성작가[19]는 관심 밖으로 밀려날 우려 마저 있다.

또한 페미니즘의 입장에서 보자면 젠더(gender)의 고정화를 비판하면서 자유롭고 동등한 인간으로 서고자 하는 현실 여성들의 요구가

---

18) 정순진, 앞의 글, 208면.
19) 한국문학에서 예를 들자면 강경애나 박화성 등을 들 수 있다.

묵살된 채 이전에는 비판의 대상이었던 '여성성'이 돌연 고귀하고 우월한 특성으로 찬양되는 혼돈을 초래함을 볼 수 있다. 버지니아 울프의 '양성론'을 거부하는 '여성중심비평'의 궁극적 목표가 여성 세계의 구축인지, 또는 남성문화와의 대립인지, 아니면 남성문화를 종식시키고 스스로 지배 이데올로기가 되는 것인지는 아직도 명확하지 않다.

〈3〉 여성적 글쓰기

페미니즘 비평의 또 한 흐름으로는 최근 후기 구조주의나 포스트 모더니즘과 조우한 심리분석적 페미니즘을 들 수 있다.

80년대에 접어들자 그동안 여성문화와 전통을 발견하고 복원하는 일에 몰두해 왔던 미국의 페미니즘 비평가들은 자신들의 작업에 대한 한계를 인식하기 시작했다. 첫째는 남성세계와는 별도의 여성 경험을 중시한 여성중심비평은 남성의 언술에 전혀 영향을 주지 못한 채 오히려 여성의 고립만을 빚어 냈다는 비판이 제기되어 이제는 남성의 경험에서 비롯된 남성적 언술의 패러다임 자체를 수정, 전복시켜야 한다는 인식을 하게 된 것이다. 둘째는 프랑스 후기 구조주의가 미국 학계에 미친 영향 때문이다. 언어는 이미 주어진 사회적 리얼리티를 반영하는 매개물이 아니라 리얼리티 그 자체를 구성하며 또한 주체도 언어 속에서 구성되어진다는 후기 구조주의자들의 주장은 현재의 지배적인 남성의 언술 밑에 억눌려 잠재해 있는 여성의 언술에 대한 환기와 자각, 그리고 언어와 언술에 있어서의 혁명 없이는 여성해방이란 불가능하다는 인식을 하게 했다.20) 세계를 구성하고 주체를 형성하는 언어 자체가 가부장적 혹은 남성적 성격을 띠기 때문에 기존의 담론체계 속에서 '여성'은 재현되거나 말해질 수 없다는 것이다.

'여성적 글쓰기'(ecriture feminine)에 대한 논의는 주로 여성적 경험의 특성과 여성주체의 형성과정을 근거로 하여 이루어지는데, 프로이드(Freud)와 라캉(Lacan)의 이론을 비판, 수정하는 다양한 이론 중에서 특히 미국의 낸시 초도로우(Nancy Chodorow)와 프랑스의 쥬리아 크리스테바(Julia Kristeva)의 중요한 이론적 기초가 된다.

프로이드에 의하면 아들과 딸의 성별 정체성은 외디프스 단계에 이르러 형성된다. 외디프스 단계에 들어서면 아들과 딸 모두 자신들의 사랑의 대상을 아버지로부터 어머니로, 어머니로부터 아버지로 옮기는데, 남자 아이는 아버지와의 동일시를, 여자 아이는 어머니와의 동일시를 이루게 된다는 것이다. 이때 아들은 아버지와의 동일시를 통해 초자아를 형성하지만, 딸은 거세 콤플렉스와 남근 선망의 부정적인 경험을 하게 되며 이 경험은 아기를 임신하고 싶어하는 욕구와 남성의 사랑을 받으려는 욕망으로 이어진다고 보았다. 딸은 아버지와의 동일시를 이루지 못한 탓에 초자아 형성이 빈약하게 이루어져 합리적인 자기검열이 부족하며 감정적이고 변덕스럽다는 것이다.

이에 비해 초도로우21)는 딸과 아들의 성별 정체성은 아이가 어머

---

20) 朴五福, "여성언술의 가능성 -심리분석적 페미니즘의 경우-", 『영어영문학』 Vol.37 No.3, 1991.가을, 632-633면.
21) Nancy Chodorow, *The Reproduction of Mothering : Psychoanalysis and the Sociology of Gender*, Berkeley Univ. of Califonia, 1978.

니와 맺는 관계에 따라 달라진다고 보았는데 오히려 여자 아이가 훨씬 긍정적으로 동일시를 이루게 된다고 주장하였다. 여자 아이는 어머니와 '하나임'(oneness)을 부정하지 않고 오히려 어머니와 동일시하는 연장선상에서 자아를 발전시키게 되는데 비해 남자 아이는 어머니와 점차 분리되어 개별성과 타자성이 길러진다는 것이다. 그래서 일반적으로 여성의 주체 경험은 구체적이고 '관계지향성'을 띠며, 남성은 분리와 차이에 기반을 둔 '개체 지향성'을 띠게 된다고 보았다.

이러한 분석에 근거한 여성비평가들은 작품속의 여주인공은 '작가의 딸'이라는 은유적 가설을 성립시켜 여성특유의 서사 전략을 분석하기도 한다.22)

하지만 이들이 관계지향적이고 객체와 융합하는 성격을 띠는 여성경험의 전범으로 삼은 것은 육아를 포함한 가사노동과 모성성이며 이를 근거로 한 여성주체의 형성과정이다. 이는 여성이 가정에서 가사와 육아를 담당하는 존재라는 기성 관념을 오히려 공고히 하는 폐단이 있다.23)

언어는 남성적인 것이어서 여성은 거기에서 배제될 수밖에 없다고 보는 근거는 주로 라캉과 크리스테바에 따른 것이다.

라캉은 성별의 인식과 언어획득, 상징계로의 진입은 동시에 일어나며 이 모든 과정은 아버지, 즉 남근(phallus)의 등장과 함께 이루어진 어머니의 상실과 부재에 의존한다고 보았다.24) 어린 아이는 언어

---

22) 정순진, 앞의 글, 212면.
23) 김영희・이명호・김영미, "포스트모던 여성해방론의 딜레마", 한국여성연구회 편, 『여성과 사회』 3, 창작과비평사, 1992. 48-50면.
24) 박오복, 앞의 글, 635-636면.

이전의 단계에서 자신의 존재를 분출(flux)과 항상 변화하는 충동으로 경험하며 어머니와의 상상적 합일을 이루는데 이 세계가 상상계(Imaginary Order)[25]이다. 그러다가 성별을 인식하고 언어를 익히게 되면서 동시에 '아버지의 법칙(Law)'이 지배하는 상징계(Symbolic Order)로 진입하게 된다. 상징계는 지시와 의미체계의 영역이며 질서와 논리가 현존하는 영역이다. 하지만 상징계의 언어로는 표현될 수 없는 상상계의 경험이나 의식은 억압되며 침묵할 수밖에 없다. 이처럼 억압된 상상계가 바로 모성적 여성적 세계이다. 그래서 남성의 언어로 여성의 의식이나 경험을 말할 수 없다는 것이다.[26]

여성이 선택할 수 있는 방법은 남성 언어를 거부한 채 침묵하거나 혹은 괴성을 지르거나 이해할 수 없는 소리를 지껄이며 '미친년 넋두리'(hysteric discourse)를 해대는 것이다.

이에 비해 크리스테바는 여성 언어를 상징 질서인 남성 언어 안에서 침묵당한 채 억압되어 있는 차이라고 설명하고 있다.

그녀에게 있어서 주체는 분열되어 동적인 과정 속에 있는데 기호학적(semiotic)인 단계와 상징적(symbolic)인 단계로 구성되어 있어 이 두 영역이 서로 교차하는 과정이라고 보았다. 이분법적으로 부성적 상징계에 반대되는 것으로 모성적 기호계[27]를 상정하는 것이 아니다. 즉, 그녀는 남성, 여성이라는 이분법 자체를 거부한다. 누구든지

---

[25] 라깡은 이를 'mirror stage'(거울 속의 자신을 인식하고 잡으려 하는 단계)라 하여 생후 6개월에서 8개월 사이에 해당한다고 보았다.
[26] 예를 들면, 뉴질랜드 출신 여성감독인 제인 캠피온이 각본과 감독을 맡은 영화 <피아노>의 여주인공 '아다'는 상징계를 거부하고 상상계에 속하고자 하는 여성의 무의식과 성적 욕망을 표현하고 있다.
[27] 크리스테바는 라깡의 상상계를 어머니와 아이의 관계에 더욱 집중하고자 기호계라고 부른다. 이 기호계는 가부장제 속에서는 해독될 수 없는 코라를 통해서 상호소통을 한다.

주체가 되기 위해서는 상징계 안으로 진입해야 하지만, 여성은 어머니의 육체에 가깝게 남아 있어[28] 아버지 중심적인 상징질서내의 거부의 힘이며 상징질서가 재형성될 때마다 그것을 부수는 힘이다. 욕망, 바카스적 열정, 무질서, 혼돈 등 남성 지배문화에서는 위험한 요소로 제외시키고 있는 것들을 오히려 독선적 남근중심주의(phallocentrism)를 전복시킬 수 있는 여성적 '열림'과 '해방에너지'로 보는 것이다.

그래서 어머니 중심적인 기호계의 담론은 상징언어 속의 침묵, 부재, 파열, 모순으로 존재하는 무의식적 혁명 세력이 된다고 보았는데 이것을 코라(chora)라고 부른다.[29] 바로 이 코라의 언어가 여성성이라는 것이다.

이들에게 여성적 글쓰기란 이러한 여성성의 개념을 갖고, 기호학적 세계의 기묘하고 전위적인 언어배열을 시도하여 문학적 언어질서의 긴장을 높이고, 그 생명을 재활성화하려는 노력이다. 그래서 중요한 것은 저자의 생물학적 성이 아니라 글쓰기의 성이며, 여성 혹은 여성성도 상징계에서 억압된 무의식을 가리키는 은유일 뿐 실제 여성과는 무관하다고 본다.[30] 이들이 표본으로 제시하는 것은 조이스(Joyce), 울프(Woolf), 말라르메(Mallarme) 등의 작품이다. 버지니아 울프의 소설을 예로 들자면, 그 문체가 인상주의적, 감각적, 자유연상적, 반복적이어서 울프는 '여성적 글쓰기'의 실천자인 셈이다.[31]

---

28) 딸은 어머니와 관계 유지가 계속됨은 물론 임신과 출산이라는 특이한 경험을 통해 어머니의 육체에 가깝게 남아 있다.
29) 임옥희·최재봉·이명호, "미국여성비평의 전개과정", 『세계의 문학』, 1988. 239면.
30) 김영희 외, 앞의 글, 66면.
31) 이경순, 앞의 글, 57면.

엘렌느 씨쑤(Helene Cixous)와 루스 이리가라이(Luce Irigaray)는 여성의 신체와 성욕을 여성적 글쓰기의 원천으로 삼는다. 이리가라이에 따르면, 여성의 성욕은 입술, 음핵, 목, 가슴 등 여러 성기관으로 퍼져 있으며 여성의 언어 역시 남성적 언어처럼 일직선적 논리구조에 닫혀 있지 않고 복수적이며 유동적이라고 한다. 씨쑤 역시 여성의 성욕이 물처럼 한 곳에 고정되지 않는 유동적 특성을 가진다고 보아 경계없는 다원적 글쓰기를 여성적 글쓰기로 간주하였다. 그래서 그들은 '육체를 말하라', '육체를 쓰라'고 한다.32) 그렇지만 여성의 육체가 자발적으로 언어로 표출된다는 것이 과연 가능한가는 생각해 볼 문제이다.

결국 이들의 논리는 여성을 본질적으로 말하지 못하는 존재로 규정하는 것이다. 침묵과 흉내와 비명 이외에 여성이 내는 모든 소리는 '남성으로서' 말하는 것이 되어버린다. 그리고 상징계를 변화시키는 일은 불가능할 뿐 아니라 아무런 의미가 없게 된다.

그렇다면 지금까지 쓰고 말해 온 여성의 저술들은 다 남성적인 것이기 때문에 전혀 관심 밖에 두어야 하는가? 이들은 수많은 여성들이 일상적이든 예술적이든 언어 행위를 통해 자신을 표현해 온 그 엄연한 역사를 남성적 질서로의 편입으로 밖에 평가하지 않을 뿐더러 언어를 초역사적이고 본질적인 것으로 추상화하는 한계를 갖는다.33)

1990년대에 들어 이와 같이 전개된 지금까지의 페미니즘 비평에 대항하는 탈식민주의 페미니즘(유색여성 페미니즘)이 등장하였다.

---

32) 박오복, 앞의 글, 645면.
33) 김영희 외, 69면.

탈식민주의 페미니즘(Post-Colonial Feminism)은 지금까지의 페미니즘 이론이 백인 중산층여성 중심으로 이루어진 점을 지적한다.[34] 즉, '여성'이라는 말은 인식론적인 면에서 제국주의적인 '식민'과 별 차이가 없으므로 여성들 내에 존재하는 인종적 계급적 차이가 고려되어야 한다는 것이다.[35] 이들이 주장하는 '되받아 쓰기'(write back)는 제국의 지배언술에 의해 성전화된 이야기들이나 텍스트들을 다시 읽고 새로운 시각으로 다시 씀으로써, 그것들을 이용해 오히려 지배언술을 공격하는 방법을 의미한다.[36]

인도출신의 비평가 가야트리 스피박(Gayatri Spivak)이 말한대로 많은 사회에서 여성은 주변화되었고 상징적 의미에서 식민화된 타자의 위치로 추방되었다. 이 지상에는 폭력적 계층성과 피억압집단의 남녀가 있으므로 여성성은 어디까지나 '현실계'에 근거한 것으로 포착해야 한다는 것이다.

페미니즘 비평은 이처럼 지금도 끊임없이 자체 내에서 대립, 수정되며 재정립되고 있다. 하지만 역동적이고도 혁명적인 페미니즘의 본질에서 비롯된 문학적 성찰은 저항성과 개방성, 해방성, 변혁지향성을 지니고 무한한 가능성으로 발전, 실현되어 나갈 것임에는 틀림없다.

---

[34] 앨리스 워커(Alice Walker)는 나름대로 서구 냄새를 배제하기 위해 페미니스트 대신에 '우머니스트(Womanist)'라는 용어를 사용한다.
[35] 이경순, "탈식민주의 페미니즘", 『외국문학』 31호, 1992.여름, 82면.
[36] 예를 들면, 장 라이스는 『드넓은 사르가소 바다(Wide Sargasso Sea)』에서 샤로트 브론테의 『제인 에어』를 되받아 쓰고 있다.: 김성곤, "탈식민주의(Post-Colonialism)시대의 문학", 『외국문학』 31호, 1992.여름, 25면.

2. 페미니즘 비평의 한국적 수용과 전개

한국문학에 있어서 페미니즘 비평의 수용은 세 측면의 영향에서 비롯되었다고 볼 수 있다. 첫째는 80년대 후반 고조된 사회 민주화 운동의 일환으로 더욱 활발해진 여성운동의 전개이며 둘째는 여성학의 발달로 각 학문 분야의 여성중심적 연구가 시도, 교류되는 점이다. 세째는 외국 페미니즘 이론의 도입과 소개를 들 수 있다.

페미니즘 문학이란 무엇인가에 대해 이들은 약간 다르게 대답한다. 즉, 한국의 여성 현실과 상황을 고려해 여성해방운동과 관련된 여성시각을 중요시 하는 입장과 외국 이론에 전적으로 의존해 학문 중심적 연구를 주된 과제로 삼는 입장으로 나뉜다. 그래서 전자는 주로 한국 여성이 처한 현실의 억압과 개선에 기여하는 것을 주된 과제로 삼는 여성운동단체의 문학분과나 여성들만으로 이루어진 여성문학연구팀을 이루고 있으며, 이에 비해 후자는 외국문학 전공자들과 그들의 영향을 가장 신속히 받는 부지런한 비평가들에 의해 주도되고 있다. 이들의 차이는 페미니즘 문학을 통해 실천과 대안을 생각하느냐 그렇지 않느냐의 차이이기도 하다.

페미니즘 문학이 아직은 여성들만의 관심사로 한정되는 경향이 있다. 여성들은 자신들이 매일 마주하는 현실과 억압 때문에 자연스럽게 이에 관심을 갖게 되며 그래서 일단 대하게 되면 진지하고 지속적인 관심과 열정을 불러 일으키는 경우가 많다. 현실의 불평등과 억압이 끊임없이 여성들의 자의식을 일깨우며 그 출구와 대안을 모색하게 하는 것이다.
  그래서 한국문학과 페미니즘의 관계는 외국이론의 선도성에 도움을 받기는 하지만 문학작품의 창작과 비평이 모두 여성 현실에 토대를 둔 리얼리즘 문학으로 이루어지고 있다.

〈1〉 한국문학과 페미니즘 비평

  한국문학사에서 여성문학이라는 용어가 가장 빈번히 등장한 시기는 1930년대와 1980년대 이후라 볼 수 있다. 1930년대는 우리 문학사에 비로소 여성문학이 대두한 시기로 진단될 정도로 여성작가의 문단 진출이 두드러졌고 그에 따른 논쟁성 비평도 활발하게 전개되어 여성 문학비평사에서는 중요한 의의를 지닌다. 하지만 이 두 시기에 제기된 여성문학비평의 편차는 상당한 것이며 여성해방의 시각이 포함된 페미니즘 문학의 전개는 1980년대 이후에야 이루어졌다고 볼 수 있겠다.
  1980년대 이후 활발하게 수용, 제기된 페미니즘 비평은 외국 이론의 도입과 문단 외적 영향을 크게 받았다. 이는 1970년대부터 거세게 일기 시작한 미국의 여성해방운동의 도입과 서적 소개에 힘입은 한편 80년대 이후 활발해진 국내 여러 여성운동 단체들의 결성과 활동에 정신적 빚을 지고 있다. 또 영미와 프랑스에서 강풍을 몰고 있는 페미니즘 비평의 정밀하고 심화된 이론의 생성과 이를 번역, 소개하는 외국문학 전공자들의 수고에 의존하고 있기도 하다. 미국 쪽의 페미니즘 문학은 흑인여성문학(Black Feminism)에서 소수민족 또는 제3세계 여성의 현실에까지 그 지평을 확산하였으며 식민지 통치를 경험해야 했던 세계의 85%에 해당하는 식민지 경험 국가들의 완전 독립을 주창하는 탈식민주의(Post-Colonialism)로 이어지고 있다.[1] 프랑스에서는 주로 여성의 정체성을 밝히고 여성중심의 전통을 정립하려는 연구가 심화되어 여성의 신체에 대한 연구와 언어 문제, 새로운 담론의 모색 등에 주력하고 있어 탈구조주의 또는 해체주의 비평과 접맥되어 있다.

지금까지 국내에서 지속적으로 페미니즘 비평에 관심을 갖고 활동하는 모임은 연구회와 학회, 동인의 형태로 운영되는 4개의 그룹이라 할 수 있다. 첫째는『여성』1-3호,『여성과 사회』1-4호를 발간하면서 소모임을 계속하고 있는 '한국여성연구회'(현재는 '여성사연구회'로 개편됨)의 활동이다. 이들은 여성운동을 사회 전반의 변혁운동과 동일한 궤도내에서 바라본다. 여성문제는 민족분단과 계급갈등으로 모순이 첨예화되어가는 한국 현대사의 전개 과정 상에서 성적 억압까지 중첩된 삼중고 속에 위치한 기층여성의 입장에서 바라보는 것이 가장 합당하다는 것이다. 그래서 철저한 리얼리즘에 입각한 여성노동자의 시각을 강조하며 여성해방문학을 통해 기존의 민족 민중문학을 새로운 차원으로 고양시킬 수 있기를 소망한다. 이들은 '여

---

[1] 탈식민주의 문학에 대해서는 "탈식민주의 시대의 글쓰기와 책읽기",『외국문학』31호(1992.여름) 참고.

성으로서의 독해'를 최초의 실천 비평으로 열어보인 선도적 역할을 했지만 90년대 이후 국내외 상황의 변화에 대처할 유연성을 아직 회복하지 못하고 현재 방향 모색 중에 있는 듯하다. 3-4명의 필자가 공동의 토론을 통해 이루어낸 성과물인 "여성의 눈으로 본 한국문학의 현실"[2]이나 "여성해방의 시각에서 본 박완서의 작품세계"[3] 등의 논문은 실천비평의 표본을 원했던 국내 페미니즘 문학 지망자들에게 상당한 몫의 기여를 했다고 판단된다. 하지만 '노동자 계급 여성의 시각으로 뒷받침되는 여성해방의 입장'은 대부분 여성들이 겪고 있는 현실문제를 껴안기에는 미흡하며 그 성패를 노동문학의 활발한 창작과 성숙에 의지하는 셈이 돼 폭넓은 호응을 얻지 못하는 약점이 있다.

둘째는 가부장제의 폐해를 지적하며 실제 우리의 생활 전반에 여성문화가 창조되기를 소망하는 '또 하나의 문화' 동인들의 활동이다. '또 하나의 문화'는 타계한 고정희 시인과 연세대 조혜정 교수, 이대 장필화 교수, 서강대 조옥라 교수 등이 주로 편집을 주도하고 매번 주제와 관심사에 따라 많은 대학원생, 일반인들이 참가했다가 흩어지는 유동성있는 조직을 갖는 점이 이색적이다. 이들은 가부장제 문화를 집중 공략하고 대안의 문화를 창조하는데 주된 관심을 둔다. 가부장제 문화는 이 땅의 여성과 남성 누구에게나 현실감있고 직접적인 호응을 얻을 수 있는 것이어서 현재까지 가장 활발하고 신속하게 현실적 주제를 포착해내고 있다. 또한 다른 그룹에서는 보기 드물게, 부부가 함께 참여하거나 젊은 남성들을 희곡 창작이나 필진에 참여시키는 폭넓음을 보이고 있다. 하지만 주요 필자들이 대부분 여

---

2) 정은희 外, 『여성』1, 창작과비평사, 1985.
3) 김경연 外, 『여성』2, 창작사, 1988.

성학이나 사회학 전공자여서 문학비평의 경우 문학작품을 기존 문화의 분석 자료로 활용하는 차원에 머물고 있는 실정이다. 그렇지만 페미니즘 문학 연구자들에게 현실 감각과 소재를 제공하는 영향력은 대단하다고 하겠다.

제3호에서 「여성해방의 문학」을 특집으로 다룬 바 있고 최근 발간된 제9호에서 「여자로 말하기, 몸으로 글쓰기」를 다루고 있다. 「여자로 -」는 현재 많은 외국이론가들이 제시하는 새로운 담론 또는 몸으로 쓰는 글이 어떤 것인지 그 실체를 궁금해 하던 사람들에게 한국적 전통 속에서 비공식적인 담화를 글쓰기의 영역 속으로 끌어들여 보인 성과를 갖지만, 한편으로는 구비문학의 채록과 연구를 통해 이미 민중언어의 가치에 대해 인정하고 있는 국문학계의 실정으로 보면 민중언어와 여성언어를 구분해야 하는 과제가 다시 남는다. 여성이 이중의 담론을 지닌다고 할 때 이는 피지배층 남성 언어에서도 드러나는 현상이어서 여성/남성의 상이성이기 보다는 지배/피지배 층의 문제로 이분될 수 있는 것이다.

'또 하나의 문화'는 기존 제도 비판에 그치지 않고 새로운 문화의 창조를 위해 끊임없이 모색하는 점이 가장 탁월한 점이다. 우리 사회의 공공연한 금기인 성과 사랑의 문제를 표면으로 끌어내 여성문제의 핵심으로 짚어낸 점도 큰 성과였다.[4]

다음은 '한국여성학회'의 활동이다. 학회지로 『한국여성학』을 간행하고 있는데 「여성체험의 기술」을 7집의 특집으로 다루고 있다. 한국여성학회는 이대 여성학과가 주축이 되면서 각 대학의 여성학, 사회학, 간호학, 가정학, 철학, 사학, 교육학, 영문학, 국문학 연구자

---

[4] 「새로 쓰는 사랑 이야기」, 「새로 쓰는 성 이야기」, 『또 하나의 문화』 7,8집, 또 하나의 문화, 1987.

들이 폭넓게 참여하는 대규모의 전국 학회이다. 그래서 한국여성학의 보편성과 특수성을 동시에 추구하며 각 분야에 여성시각을 자극하고 장려하는 통합적 기구로서의 역할을 수행한다. 아직 연천하고 척박한 한국 페미니즘 문학계의 실정으로는 여성학계의 연구와 활동에 주목하지 않을 수 없고 여성학 자체가 갖는 통합적인 특성은 각 전공자들이 주고 받는 질의와 토론을 통해 활발한 간 학문적 교류를 이루게 하는 장점이 있다. 『한국여성학』 7집에 발표된 "페미니스트 성장소설과 자기발견의 체험"에서 서정자 교수는 강경애의 <어머니와 딸>, <인간문제>, <소금>을 남성주인공의 내적 성장과 성취를 그린 일반 교양소설과 대조가 되는 페미니스트 성장소설로 규정했다.

넷째로는 '한국여성문학연구회'를 들 수 있다. 이는 주로 대학 내에 재직하거나 강의를 맡고 있는 문학전공 여교수들과 여성작가들이 주축이 되어 결성되었다. 『여성과 문학』을 학회지로 발간하고 있고 기존 문학사에서 소외되어 온 여성작가의 발굴과 작품 소개, 재평가 등에 특히 기여했다. 부산여대 정영자 교수, 부산대 김정자 교수, 부산 수산대 송명희 교수가 주축이 되어 이끌어 가고 있으며 충남대 정순진 교수도 그 일원이다. 네 단체 중에서 가장 문학중심적인 한편 여성 시각의 부각에는 가장 온건하다.

페미니즘 비평이 최근의 관심사로 부각되면서 근래 2-3년 사이에 여러 문예지에서 다투어 '페미니즘과 한국문학'을 특집으로 다루었다. 하지만 실상은 페미니즘적인 글과 여성 작가에 관한 글, 그리고 한국문학의 전통적 여성성의 문제를 다룬 글이 혼재한 경우가 많다. 우리 시에 여성 화자의 목소리가 많고 특히 '님'에 대한 호소가 많은 점은 누구도 부인할 수 없다. 하지만 그러한 여성성의 전통을 페미니즘에 어떻게 접맥시켜 해석할 것인지에 대한 진지한 검토나 숙고 없이 '여성성'에 관계되니까 페미니즘적이라고 생각하는 것은 확실히 잘못된 점이다. 페미니즘 비평은 확연한 여성시각에 의해 뒷받침되어야 한다. 작가나 화자의 성별, 소재의 범위 보다는 기존의 시각과 차별성을 갖는 여성시각의 보유가 가장 중요한 조건이 되어야 할 것이다.

〈2〉 페미니즘 비평의 수용과 전개

1. 여성 이미지 비평

여성 이미지 비평은 여성해방운동에 영향을 받은 미국 대학의 영문과 대학원생들이 '여성의 눈'으로 독서하고자 한 것이 시초가 되었다. 이들은 기존의 문학사에서 정전(cacon)으로 평가받은 작품들이 실상은 여성들의 중요한 체험은 외면하고 있으며 여성 인물을 대단히 부정적으로 묘사하고 있다는 사실을 발견했다. 남성 주인공의 사고, 행동, 생활방식에 대해 동일시가 어려운 여성독자들은 남성독자들과는 다른 독서법을 익혀야 했다.

정규 교육의 혜택도 받지 못한 채 집안에 갇혀 가사와 바느질만을 강요받으면서 등너머로 오빠의 책을 훔쳐봐야 했던 많은 여성들에게, 또 현재도 성별 차이에 따른 수많은 차별을 감수해야만 하는 많은 여성들에게 남성주인공의 체험은 대단히 이질적인 것이고, 작품 속에서 모방하고 싶은 여성 인물을 발견하기란 힘들었다. 자의식이 있는 여성에게는 어울리지 않는 순종적이고 수동적인 희생적 여인들만이 모방의 대상으로 주어졌기 때문이다. 그래서 여성독자들은 기존의 대부분 작품에 대해서 반발하고 저항하였다. 쥬디스 패털리의 권장대로 '저항하는 독자'가 되어 작품의 곳곳에 내재한 남성중심 이데올로기를 지적해내고 비판하는 작업을 구체화한 것이다.

메어리 엘만의 지적대로 대개는 미화된 '천사형'이거나 왜곡된 '마녀형'이어서 실제 여성들과는 거리가 있다는 것을 알게 된 것이다.

이문열의 『영웅시대』는 이런 양극화된 여성상을 보여주는 대표적인 작품으로 지적된 바 있다.5) 정동영의 아내 정인과 안나타샤가 그러하다. 아내인 정인은 남편의 '위대한' 바깥 일에는 전혀 무지한 채 남편을 무조건 존경하는 헌신적인 아내로 그려지는 '천사형' 이미지를 갖는데 비해, 소작인의 딸이지만 온갖 어려움을 딛고 고위직에 오르게 된 안 나타샤는 차갑고 이기적이며 권력 지향적인 '마녀형' 이미지를 풍기며 부정적으로 묘사되고 있다. 이런 양극화된 여성 인물이 남자 주인공 정동영의 왜곡된 이념 추구와 '모든 이념은 인간을 억압한다'는 작가의 탈이념화 논리를 자연스럽게 뒷받침해 준다.

문학사적으로나 대중적으로 큰 성과를 거둔 조정래의 『태백산맥』에 대해서도 페미니즘 비평가들은 그 펜을 늦추지 않았다. 문학적 성공을 거둔 이 작품에는 실제 역사의 현장에서 능동적으로 대처한 여성의 모습은 거의 찾아보기 힘들고 지고한 희생적 사랑의 순교자이거나, 아니면 육감적 분위기와 성적 매력이 흠씬 풍기는 인물, 또는 가족 이기주의에만 함몰되어 있는 여성들과 같이 왜곡된 여성상이 만연해 있는 점이 비판되었다.6)

---

5) 정은희 외, 앞의 글.
6) 김영혜 외, "「태백산맥」론", 『여성과 사회』2, 창작과비평사, 1991.

이같은 지적은 동화에 대해서도 제기된다. 동화는 유쾌한 환상이 아니라 가부장제 안에서 여성에게 현실적인 성역할에 적합한 동경을 내면화시키는 기제라는 카렌 로우의 지적이나 동화는 아이들에게 전통적인 모델에 익숙해지게 하는 여성 교육수단이라고 말한 마르시아 리베르만의 견해는 '신데렐라 콤플렉스'라는 조어와 아울러 어느 정도 상식이 되어 있다. 「백설공주」나 「잠자는 숲 속의 미녀」에 대한 비판은 중,고등학교 학생들에게까지 널리 알려져 있다.

여성 이미지 비평은 가장 쉽게 접하고 실행할 수 있는 장점 때문에 많은 여성 독자들의 소모임이나 여성단체의 독서법으로 활용되고 있으며 그 대상 영역을 확대해 가고 있다. 즉, 현실적인 관심사들을 재빠르게 포착하며 지대한 대중적 영향력을 발휘하고 있는 TV 드라마나 영화, 비디오물이 분석 대상으로 등장하기도 한다. 그래서 독자나 시청자들의 비판적 수용력을 기르고 영화나 TV를 어떻게 봐야 할 것인가에 대한 지침을 마련하기 위해, 여성의 현실을 비교적 진지하게 그려내고 있는 최근의 영화, 비디오물을 대상으로 토론 과제를 이끌어내기도 한다.[7]

하지만 이 비평의 경우 비전문적 독자들이 모든 문학작품을 여성학 자료로 활용하는 탓에 자칫 작품에 대한 심층적인 독서나 총체적 접근을 가로막는 요인이 될 우려가 크다. 즉 문학성과는 관계없이 메시지가 강한 작품이 가장 우월한 작품으로 평가되는 독법이 성행할 염려가 있는 것이다. 또 한편으로는 동어반복적인 지루함이 문제가 된다. 이 때문에 끊임없이 새로운 작품을 찾아 분석 대상으로 삼기도 하지만 작품 분석을 통한 고발과 지적, 분노와 경계에서 더이

---

[7] 이영자, 『영화로 읽는 여성의 삶』, 서울 YMCA, 1993.

상 나아갈 수가 없는 한계를 갖는다. 하지만 폭넓은 관심과 강도 높은 목소리를 통해 많은 작가와 독자들의 의식 변화에 영향을 미침으로써 전문창작과 비평에 여성 시각을 독려하는 기여는 그 누구도 부정할 수 없다.

2. 여성 작가 연구

여성작가 발굴과 재평가는 여성문학의 전통 확립을 위해서도 꼭 필요한 작업이다. 소설쓰는 것을 감추거나 남성의 필명으로 작품을 써야 했던 여성작가들, 특히 남성들에 비해 사생활이 쉽게 들춰지며 그것이 전인격적 평가로 확산되는 수난을 겪어야 했던 그들의 작품에 대해 남성문학사의 잣대를 들이대는 일은 무의미하다. 활동 범위가 제한되고 체험 영역이 다름에도 불구하고 소재나 주제의 차이를 열등함의 증거로 삼는 비판 척도는 변해야 한다.

한국문학의 경우, 가장 지속적으로 이루어진 페미니즘 비평 분야가 여성작가연구이다. 여성작가연구는 주로 여성 연구자들에 의해 이루어졌다. 각 대학 국문과의 여교수와 여대의 대학원생들이 주 연구진이다. 이들은 저서나 학위논문을 통해 1920-30년대 여성작가들의 작품을 발굴하거나 업적을 재평가하여 그 위상을 높이는데 주력했다. 정영자 교수, 서정자 교수, 김정자 교수가 꾸준한 작업을 이루고 있다.[8]

봉건과 개화의 충돌 속에서 혼란을 겪다가 불우한 삶을 마감한

---

8) 정영자, 『한국현대여성문학론』, 지평, 1988.
　서정자, "일제 강점기 한국여류소설 연구", 숙대 대학원, 1989.
　김정자, 『한국여성소설연구』, 민지사, 1991.

1920년대 여성작가인 김명순, 나혜석, 김원주 등은 '작품없는 여류문사'로 오해되었고 시대를 앞서가는 자유연애론과 혼인론 등의 발표, 자유분방한 애정 행각 등으로 인해 오랜 기간 동안 많은 남성문인들의 비난과 풍자의 대상이 되었다. 여성작가연구를 통해 그들은 작품량과 질에 있어서 오해를 충분히 불식할 만한 수준을 이루고 있었으며 우리 문단의 초창기 작가로서의 역할을 감당했었다는 점이 입증되고 있다. 특히 서정자 교수가 발굴 소개한 나혜석의 「경희」9)는 기존 남성작가들의 작품에서는 찾아보기 어려운 긍정적인 신여성상을 제시하고 있어 높이 평가된다.

하지만 이러한 연구들은 주로 여성연구자들이 하고 있고 이들의 위치가 아직 소장이거나 문단 주변부에 머물고 있는 탓에 여성작가 연구를 통해 이루어진 재평가와 업적들이 기존 문학사 서술을 자극하지 못하고 있는 실정이다.

1930년대 여성작가 중 최근 가장 주목을 받은 작가는 강경애이다. 활동 경력이나 사상성으로 인해 거의 사장 상태에 있었던 그녀의 작품이 연구되기 시작하면서 한 편에서는 일제 강점기의 탁월한 리얼리즘 작가로, 한 편에서는 뛰어난 페미니즘 작가로 평가되었다. 강경애를 새롭게 부각시키는데는 이상경의 노고가 컸으나 그는 전자의 입장이었고 후자의 입장은 정영자, 서정자, 송지현이 강조하였다. 하지만 아직까지 그의 생애에는 밝혀지지 않은 부분이 많고 간도에서의 생활 역시 추적하기 힘든 점들이 있어 중국과 수교가 된 현 시점에서 간도생활에 대한 새로운 사실들이 밝혀질 수 있기를 기대해 본다.

---

9) 서정자 편, 『한국여성소설선Ⅰ』, (갑인출판사, 1991.)에 수록됨.

강경애 외에 백신애, 이선희의 작품 연구가 학위 논문으로 이루어졌고 통속작가로 폄하된 김말봉의 생애와 작품에 대한 새로운 조명도 요청되고 있다.

80년대 이후 현재 작품 활동을 계속하고 있는 여성작가는 이제 압도적으로 많아졌다. 울프가 말한 '자기만의 방'을 여성들이 갖게 되면서 작가와 독자의 성별에 큰 변화가 일게 된 것이다. 문과대학에 여학생 수가 확연히 증가하고 여성독자의 비율 역시 현저히 강세이다. 여성독자층의 형성이 문학의 질적 저하를 초래한다는 생각은 더 이상 적합하지 않으며 여성 작가나 여성 독자를 외면한 문학연구란 있을 수 없는 현실에 이른 것이다.

여성작가 중 가장 지속적이고 꾸준하게 수준있는 창작 활동을 계속하는 이는 박완서이다. 그의 작품세계는 분단의 상처, 중산층의 허위 의식, 여성문제가 큰 줄기를 이룬다 할 수 있는데 페미니즘 비평이 관심을 갖는 부분은 물론 여성문제를 다룬 소설들이다. 조혜정 교수는 박완서를 비판한 남성비평가들을 크게 '남근중심적 비평가'와 '남성중심적 비평가'로 구분해 그들이 제시해 보인 남성중심적 가치 평가에 크게 반발[10]하였으며, 김경연 등은 중산층의 허위의식을 묘파한 작품으로 평가된 『휘청거리는 오후』를 세 자매의 결혼관과 파국을 통해 이 시대의 결혼 풍속도를 그린 작품으로 읽어내기도 했다.[11] 기층 여성의 입장과 중산층 여성의 입장이 대립되면서 '죽임'의 비평과 '살림'의 비평이 논해지기도 했지만 박완서론을 통해 페미니즘 비평은 한 단계 진전할 수 있었다.

오정희나 김향숙, 이 순, 서영은 등도 꾸준히 평자들의 관심을 받

---

10) 조혜정, "박완서 문학에 있어 비평은 무엇인가", 『작가세계』8호, 1991.봄.
11) 김경연 외, 앞의 글.

아 온 여성작가들인데, 이들의 관심 속에 여성문제가 큰 줄기를 이루고 있음이 최근 새롭게 지적되기도 했다.12)

  90년대는 여성작가의 시대이다고 말할 정도로 여성작가들이 문단의 중심부를 장악하였는데, 공지영, 공선옥, 신경숙, 최영미 등은 모두 학생운동이 치열했던 80년대 전반에 대학생활을 한 30대 초반의 작가들이다. 이 중 여성문제에 가장 직접적인 관심을 보인 작가는 공지영이다. 『무소의 뿔처럼 혼자서 가라』는 세 명의 대학동창인 여자들이 겪는 결혼생활의 현실을 통해 우리 사회 곳곳에 내재한 성차별을 드러내고 있다. 각기 상이한 방식으로 자신의 삶에 대응하는 세 여성의 모습에 많은 젊은 여성독자들이 크게 공감하였다. 공선옥은 『오지리에 두고 온 서른 살』에서 한 고향마을에서 태어난 두 여자의 뒤틀린 삶을 보여주고 있다. 원하지 않은 억압에 허덕여야 하는 기층민의 생활을 조명하고 있는 듯 하지만, 그 억압이 성과 무관하지 않음이 자연스럽게 드러나고 있다. 신경숙의 『풍금이 있던 자리』나 『배드민턴 치는 여자』, 『깊은 슬픔』은 감각적인 문체와 복고적인 분위기로 주목받은 작품들이다. 이 소설들에서 아무도 여성문제를 직접적으로 말하고 있지는 않지만 사랑함에도 불구하고 외롭고 쓸쓸해야 하는 여자 주인공들을 통해 연애와 결혼에서 빚어지는 남녀 관계의 종속성을 실감나게 그리고 있다 하겠다. 최영미는 여성들이 흔히 감추려 한 자신의 성체험에 대해 과감하게 시화한 점이 아주 새롭다.

---

12) 송명희, 『문학과 성의 이데올로기』, (새미, 1994).

3. 여성 체험의 형상화

 여성 체험을 문학적으로 형상화해내는 것은 페미니즘 문학의 영역 중에서 가장 중요한 작업이라 할 수 있다. 형상화의 작업을 통해 우리는 그동안 막연하게 느끼고 추상적으로 알고 있었던 현실의 억압을 직시할 뿐 아니라 사회적 상황 속에서의 여성의 삶을 엿보기도 하고 대안 모색을 토론하기도 한다. 또한 그동안 외면되었던 여성 체험들이 다양하게 형상화됨으로써 문학적 소재의 폭을 확장하는 한편 정규 문학교육을 받지 못한 여성작가의 창작을 독려할 수 있다.
 페미니즘 문학이 무엇인가 하는 물음에 직면할 때 가장 쉽게 대응할 수 있는 것은 작품의 제시인데, 여기저기 흩어져 있는 단편들을 제시해 보이기란 쉽지 않은 일이었다. 그래서 그간에는 독자나 연구자들을 위해 편집된 여성문제 소설집들이 몇 권 출간되기도 했다. 그 중 『유리파수꾼』(엄혜숙·오현주 편, 동녘,1989), 『한국여성소설선 Ⅰ,Ⅱ』(서정자· 김경수 편, 갑인출판사, 1991), 『길찾기』(송지현 편, 1992) 등이 대표적이다. 가장 선명하게 여성문제를 드러낸 개인 창작집으로는 이경자의 『절반의 실패』[13](동광,1988)가 있다. 여기 수록된 작품들은 여성들이 직면한 현실 체험을 형상화한 공통점을 지니고 있다. 시집으로는 고정희의 『여성해방출사표』(동광,1990), 차정미의 『눈물의 옷고름 깃발삼아』(동광,1989), 양정자의 『아내일기』(정민, 1990), 강은교 외, 『단지 그대가 여자라는 이유만으로』(시대평론,1989)

---

13) 『절반의 실패』에 수록된 작품들은 비교적 최초로 여성 억압의 현실을 형상화한 의의를 지니나 여성문제에 대한 사회구조적인 접근이 없이 남녀 대결의 구도만을 강조해 여성의 분노와 울분만을 그리는데 그쳤다는 부정적인 평가가 많다.

등이 있고 김승희, 김혜순, 양애경 등도 여성체험 시화에 꾸준한 관심을 보이고 있다.

여성체험을 문학적으로 형상화하는 작업은 편의상 다루고 있는 이야기의 차원에서 분류할 수밖에 없는데 다음과 같이 나눌 수 있다.

1) '집'의 현실적 모습

모든 사람에게 집은 포근하고 안락한 쉼터요 휴식처로 여겨져 왔지만 페미니즘 시각이 작품을 통해 표현되면서 그것은 여성에게 쉼없는 일터요 지독한 고충의 장으로 전환되는 비극을 맞고야 만다.

김승희에 의해 '부엌 안의 시지프스'로 묘사된 가정주부의 가사노동이란 살아있는 한 끈질기게도 계속되는 연중무휴의 작업일 뿐아니라 돌아서면 다시 시작되는 지루하고 고단한 작업이다. 이는 부엌이 현모양처의 즐거운 일터요 본분의 장이라는 남성중심적이고 봉건적인 사고와, 자기 일을 갖고 창조적 노동에 참여하며 가사는 온 가족이 분담하는 협동 노동의 장이 되게 하고 싶은 신세대 여성들의 사고가 충돌하는 영역이기도 하다. 가사노동은 직장 여성에게는 심신을 지치게 하는 이중의 굴레이며 가정의 전업주부에게는 사회적으로 평가받는 창조적인 생산노동에 참여하지 못한다는 소외감의 요인이 되고 있다.

이경자의 「안팎곱사등이」, 이혜숙의 「가출」 외에도 현실이 그러한 만큼 여성과 가정을 묘사한 작품이면 언제나 이같은 갈등이 빠지지 않는다. 오정희의 「어둠의 집」, 박완서의 「닮은 방들」에 이르면, 기혼 여성의 전부인 듯한 '집'이 어느 사이 자아 상실의 공간으로 뒤바뀌어 여주인공들은 그 속에서 절규한다.

김혜순의 「엄마의 식사준비」, 고정희의 「우리 동네 구자명씨」, 김승희의 「아내가 필요한 엄마에게」, 「부엌 안의 시지프스」, 차정미의 「나의 일과」, 양애경의 「일하는 여자」 등의 시에서도 날마다 허둥대며 지지고 볶고 쓸고 닦는 여성의 현실이 그대로 드러난다.

2) 위기 상황의 묘사

아직까지도 많은 사람들이 여성문제라고 하면 가장 먼저 남편의 외도나 구타, 성폭력을 떠올리는 경향이 있다. 보봐르의 『위기의 여자』가 연극, 영화화되면서 박완서의 『살아있는 날의 시작』(전예원, 1980), 『서있는 여자』(나남,1986)가 이같은 한국적 위기 상황을 묘사하기도 했다. 이경자의 「절반의 실패」 역시 외도를 통해 남편의 실체를 확인한 중산층 여성의 이혼 과정을 보이고 있다. 하지만 이런 이야기들은 우리 사회의 구조적인 모순과 깊이 관련된 여성문제를 너무 사적인 것으로 환원해 '운이 나쁜' 또는 '팔자가 센' 여자의 문제로 보이게 할 우려가 있고 여성문제를 너무 편협하고 한정적인 것으로 다루는 한계가 있다.

최근 이와는 좀 다른, 30대 초반의 감각으로 위기 상황을 묘사한 작품이 공지영의 『무소의 뿔처럼 혼자서 가라』(문예마당,1993)이다. 대학동창인 세 여자의 사랑과 결혼, 이혼의 과정을 중심으로 우리 사회 곳곳에 도사리고 있는 함정 특히 '모성' 이데올로기의 허위성을 지적해 낸 이 작품은 '뛰어난 심리 묘사'라는 극찬과 '지나치게 과장된 감정 묘사'여서 공감을 하기 어려웠다는 혹평이 동시에 주어졌다. 여성체험 자체가 신체적 경험에 관련된 것 이외에는 공감의 폭이 좁을 수 밖에 없는 특성이 있기도 하지만, 이 작품의 경우 그

정직성에도 불구하고 여성체험을 좀 더 보편화시키지 못한 아쉬움을 보였다. 이에 비해 문학적 성과나 페미니즘 시각의 적합성에 대한 많은 논란이 있었던, 그리고 실제로 토론의 여지가 있는 양귀자의 『나는 소망한다 내게 금지된 것을』(살림,1992)은 일단 그 소설적 흥미로 인해 여성 뿐 아니라 남성독자에게까지도 페미니즘에 대한 폭 넓은 관심과 논의를 이루게 할 수 있었던 대조적인 작품이었다. 여성문제의 형상화는 이처럼 늘, 뚜렷한 주제의식과 대중성을 동시에 확보하도록 요구받지만 대개는 어느 한 쪽에 치우치게 되는 경향이 있다.

위기상황의 묘사는 남성과 여성 모두가 공감할 수 있는 양상으로 발전되어야 한다. 물론 아직까지 우리 사회내에서 이런 문제에 관한 한 여성이 일방적 피해자인 것이 사실이지만, 가해자 편에 선 또다른 여성의 입장도 동시에 조명되어야 하며 사회가 부여한 거짓 이데올로기에 잠식당한 많은 남성들의 고충도 헤아려져야 한다, 그래서 궁극적으로는 여성문제 이면의 사회구조적 요인이 추적되어야 하며 그것의 타파를 통해 남녀 모두가 인간적이고 자유로운 삶을 영위하도록 추구되어야 할 것이다.

3) 여성 연대의식의 구현

여성은 여성의 참된 이해자가 될 수 있지만 계층간·가정간의 이해관계로 인해 '사나운 적'으로 마주할 수도 있다. 현실 세계 내에서는 후자의 관계가 더 흔한 것도 사실이다. 흑인여성문학에서 강조한 '자매애'(sisterhood)에 까지는 미치지 못하더라도 여성들끼리의 따스한 연대감의 발전은 건전한 사회 발전 에너지로 전환될 수 있을 뿐 아니라 가족 이기주의를 초월해 사회 곳곳에 생명 존중을 드러내는 '생명주의'로 이어질 수 있다. 현실 고발의 차원을 뛰어 넘어 건전한 재창조를 이룰 수 있는 것이다.

박완서의 「저문 날의 삽화 2」는 사제지간인 두 여성의 연대의식을 통해 제자 가연의 새로운 삶을 도모하게 되는 이야기이다. 고통의 나눔을 통해 연대감을 획득해 가는 현실 세계 여성들의 모습이 잘 드러나 있다. 안혜성의 「동행자들의 하루」는 같은 직장 내에서 적대적 관계에 있던 두 여성이 한 사람의 결근과 가정 방문을 계기로 화해하고 그 아픔을 함께 껴안으며 자신을 되돌아 본다는 이야기이다. 전쟁과 역사의 소용돌이 속에서 많은 것을 이미 빼앗기고 체념의 상태에서 살아가던 한 떡장수 할머니의 마음 속에 버려진 아이가 파고 드는, 모성의 확산을 그린 김향숙의 「부르는 소리」도 주목할 만하다.

4) 신체 경험의 묘사

여성의 신체 경험 묘사는 지금껏 거의 찾아볼 수 없었다. 하지만 여성은 동일한 신체 구조를 지니며 대다수 임신과 출산을 경험하게 된다. 그동안 남성적 행위로 주장되어 온, 펜을 통한 글쓰기 작업은 이미 열 손가락을 다 써야 하는 컴퓨터나 타자의 자판 치기로 변모되었고, 작품의 착상과 숙고, 형상화는 여성의 임신, 출산의 과정과 유사하다는 지적이 제기되었다. 작품 출판은 여인의 분만에 비유되는 것이다.

「여자」라는 시에서 양애경은 '시인은 말로/ 세상을/ 여자는 몸으로 아기를/ 창조한다'고 언명함으로써 작가의 작품 창조를 모성의 은유로 동일시한다. 김경미의 「월경」은 창조의 근원이 되면서도 더럽고 끔찍한 것으로 외면되어 언급이 금기시되어 온 여성의 월경혈을 시화한다.

여성의 신체 경험을 묘사하는 작업은 여성의 몸에 대한 연구[14]나 성과 사랑에 관한 재고[15]와 관련되어 있다. 그래서 소설 분야에서는 기존의 작품에 만연한 남성 중심적 사랑과 성의 형태에 반박하면서 양성이 모두 주체가 되는 사랑과 성의 창조를 모색한다. 즉, 소설작품에 흔히 묘사되는 우리 사회의 성과 사랑의 형태가 비슷한 몸체를 가지고 있는 점을 지적한다. 첫째는 결혼과 사랑의 분리를 보이는 점을 들 수 있다. 결혼 후의 모든 사랑과 연애는 혼외정사(婚外情事)로만 가능하며 결혼 제도내의 사랑은 이미 빛과 생명을 상실한지 오래인 양 묘사되고 있다. 일탈적 관계의 성과 사랑만이 의미있게 다가올 뿐, 정상적 관계 내의 남편과 아내는 사물화되어 버린, 가족 내의 역할 담당자로 전락해 있는 것이다. 둘째, 사랑은 곧 성관계라는 성기중심적 문화가 그대로 반영되고 있는 점도 문제이다. 사랑이 사람간의 인격적 관계라면 그것은 성관계를 포함하는 전인적이고 감성적인 관계로 지향되어야 할 것이다. 사랑의 다양한 표현방식과 결합에 이르기까지의 긴 노정은 관심밖의 일이고, 오직 '결합'만이 사랑인 것처럼 묘사되는 경우가 허다하다. 셋째, 성관계 등 사랑의 행위들이 온통 남성중심적으로 묘사되고 있다. 그래서 그것은 '삽입'이 될 뿐 '흡입'은 되지 못하고, 남성은 능동자이며 가해자, 하늘, 위가 된다. 이에 비해 여성은 수동자이며 피해자, 땅, 아래가 되도록 교묘하게 조종되고 있으며, 충동적인 남성의 행위를 당연한 것으로

---

14) 장필화,"몸에 대한 여성학적 접근",『한국여성학』 8집, 1992.
15) 「새로 쓰는 사랑 이야기」, 「새로 쓰는 성 이야기」, 『또 하나의 문화』 7,8집.

용납하도록 강요받고 있는 셈이다. 당연시되는 남성의 욕망에 비해 여성의 욕망은 외면되는 것이다.16)

최근 남녀관계에서 여성이 우월한 위치를 점하고 사랑을 주도하는 소설들17) 이 널리 읽힘은 식상한 관계에 대한 염증과 여성우월욕구의 대리 충족 기대가 여성독자들에게 작용했기 때문이라고 생각된다. 하지만 문제는 누가 주도하며 누가 우월한 위치에 있느냐 하는 것이 아니다. 자신의 욕망과 감정을 자발적이고 자유롭게 표현하고 그것이 자연스럽게 받아들여지는 것이 남녀 모두에게 가장 이상적이다. 우리 사회에서 연애와 결혼의 전형적 양상으로 여겨지는 남성의 프로포즈와 여성의 마지못한 듯한 수용의 형태는 이제 변화해야 할 것이다.

앞으로 당분간 그동안 금기시되어 온 여성의 몸과 신체 경험에 관한 묘사, 남녀평등적인 성문화의 형성에 대한 요구는 계속될 것으로 보인다.

4. 새로운 글쓰기의 모색

여성 체험에 맞는 글쓰기의 모색은 다각도에서 이루어지고 있다. 기존의 작품을 페미니즘 시각으로 각색하거나 '되받아 쓰는'(Write-back) 작업에서 부터 자전적 글쓰기의 장려, 여성적 문체의 발견에까지 그 관심이 확산되고 있다.

---

16) 拙稿, "소설 속의 성과 사랑", 「여성신문」, 1992.10. 창간특집호.
17) 김한길, 『여자의 남자』나 양귀자, 『나는 소망한다 내게 금지된 것을』과 같은 작품들

새로운 글쓰기의 모색은 기존의 언어나 담론 자체가 이미 이성적이고 남성중심적인 구조를 가지고 있어서 대다수 여성들은 거기에 접근하기가 어렵다는 문제 의식에서부터 비롯되었다.

1) 다시 쓰기

여성이미지 비평을 통해 다시 본 작품들이 이제는 과감히 다시 쓰여진다. 이는 동화 부분이 가장 접근하기 쉬웠다. 「다시 쓴 신데렐라」라든지 새롭게 쓴 동화인 로버트 N. 먼취의 「종이옷 공주」[18]가 이에 해당한다. 전자는 피고 '신데렐라'를 여성학적 관점에서 재분석하여 새로운 여성상으로 묘사하였다. 신데렐라는 가냘프고 아름다운 아이가 아니라 총명하고 씩씩해 칼싸움이나 말 타는 것을 더 좋아하는 아이로 묘사된다. 그리고 무도회장에서 왕자를 만나 춤추는 공주로 변신하였다가 그와 결혼하게 되는 것이 아니라 칼싸움으로 당당히 왕자와 겨루다가 이겨서 영원한 친구가 되는 줄거리로 되어 있다. 얼마든지 새로운 각색도 가능하다.

「종이옷 공주」 역시 용감한 슬기 공주가, 붙잡혀간 오만 왕자를 구하기 위해 커다란 용의 궁전에 찾아가 지혜로 용을 쓰러뜨리는 이야기이다. 하지만 슬기공주가 용의 주검 위를 지나 동굴 문을 열었을 때 오만왕자는 자기를 구해준 슬기공주의 헝클어진 머리와 더럽고 냄새나는 모습, 종이 가방 옷을 비난한다. 그래서 공주는 왕자를 형편없는 애라고 생각해 그들은 결혼하지 않았다는 이야기이다.

이같은 새로운 동화쓰기는 아직 초기 단계여서 지나치게 내용 중

---

18) 『또 하나의 문화』 7집.

심적이다. 그래서 여러 단점들을 갖게 되는데, 이야기의 환상적 낭만적 요소들이 다분히 제거되고 현실 공간화됨으로써 상상력을 제한하게 되며 아이들에게는 흥미가 감소되어 받아 들여진다. 앞으로는 여성학자들에게 자극받은 전문 동화작가들이 페미니즘의 시각에 입각한 더욱 재미있고 풍부한 이야기들을 엮어내야 할 것이다.

다시 쓰기의 또 한 형태는 기존의 역사에서 소외된 여성 인물을 중심으로 이야기를 재구성하는 경우를 들 수 있는데, 이름이 있었던 남성인물의 알려지지 않은 부인의 입장을 소설화할 수 있다. 이남희의 「허생의 처」는 그 소재나 구성에 있어서 주목할 만하다. 청렴한 선비이면서도 물산의 유통에 대한 식견이 있어 수만냥을 벌어들인 허생, 그러면서도 그 돈을 결코 사적으로 유용하거나 집에 가지고 오지 않은 점 때문에 더욱 유명한 그의 뒤에는 가난과 외로움에 찌들어 가는 그의 아내가 있었던 것이다. 여진족의 침략 때 정조를 지키기 위해 자결한 그녀의 친정 어머니와 붙잡혀 갔다가 속환되어 아이들을 돌보며 살아가는 서모 중 누가 옳은가 하는 물음에서부터 시작된 이 소설은 실생활에 필요한 학문도 중요하지만 그 학문과 수양이 가엾은 한 여성을 짓밟아서는 안된다는 항변이 내포되어 있다. 홀연히 훌쩍 떠나 '기다리는 부녀자'의 덕만을 강요하고, 돌아 온 후에도 한마디 설명이 없이, 따스한 애정이나 자식 생산은 안중에도 없는 허생의 모습은 사회생활에만 비중을 둔 채 부인과 자녀를 뒷전에 소외시키는 현대 산업사회의 많은 남편들의 모습을 느끼게 한다.

2) 자전적 글쓰기

모든 문학작품은 어느 정도 자전적이기 마련이다. 하지만 자전적 글쓰기는 특히 여성작가들에게 익숙한 것인데 이는 자신의 신분을 감추고 남성의 필명 또는 익명으로 글을 써야 했던 19세기 영국 여성작가들의 경우에 두드러진다.[19] 그들은 공적인 세계에의 참여나 여행, 지적 교류가 불가능한 제한된 삶을 살았던 까닭에 허구 속에서 자신의 꿈과 현실 보상을 성취하고 싶어 했다.

최근의 우리 소설계에도 여성 작가의 자전적 글쓰기가 보인다. 자서전과는 구분되는 흥미를 유발하면서도 허구적 요소가 거의 배제된 듯한 담담하고 체험적인 이야기가 소설의 이름으로 쓰여지고 있는 것이다. 이 작품들은 특별히 화제가 된 인물의 자서전이 아니라 보통 여성들의 삶을 상술하는 보편성을 획득하고 있어 '소서사'이면서도 '대서사'를 지향한다.

박완서의 『그 많던 싱아는 누가 다 먹었을까』(웅진, 1992)와 조문경의 『시를 짓듯 죄를 짓다』(동녘, 1993)가 이에 해당한다. 윤명혜의 『여자가 여자에게』(사계절, 1992)도 자전적 소설이라 할 수 있다.

박완서의 『그 많던 싱아』는 일제의 억압과 해방 직후의 이데올로기 혼재를 당당히 겪어낸 작가의 친정 어머니와 오빠를 중심으로 한 가족사가 이야기되고 있다. 양반집의 종부이면서도 신식 교육에 열성을 부리는 어머니의 자존심 세고 결단력 있는 삶의 모습을 보면서도 우리는 한 편으로 그 시대 여성에게서 드러날 수밖에 없는 순응성과 정조관 등을 읽어낼 수 있다. 이는 여성이 아무리 혁명적인 삶

---

19) 서지문, "19세기 영국 여성 작가들의 자전적 소설", 『또 하나의 문화』 9집.

을 지향하는 페미니스트일지라도 한 편으로는 사회의 관습에 순응하는 모순된 의식을 지닐 수 밖에 없는 한계를 보인 것이기도 하다. 이에 비해 조문경의 『시를 짓듯 죄를 짓다』는 재능이 있으면서도 나래를 펼 기회를 박탈당한 채 살아가야 하는 중산층 인텔리주부의 고충과 각성, 홀로 서기를 보이고 있다. 표면적인 항거 대신 관념 속에서 저항하며 죄를 짓는 초기 단계를 지나 소리지르고 저항하기를 거쳐 불임의 언어를 잉태하는 과정이 홀로서기로 이어지고 있다. 거의 자전적 체험이 중심이 되고 약간의 허구가 가미된 이 소설은 중산층 전업 주부들의 소외감과 고독감을 현실적으로 드러내 보였다.

3) 여성적 글쓰기

여성의 자기 진술은 다양한 양식으로 나타난다. 공식화된 표현 양식인 시나 소설, 사적인 양식인 일기나 편지 외에 문자화되기 이전의 신세 타령, 비난하기, 악쓰기, 고함치기 등이 '수다'의 형태로 일상 생활 속에서 펼쳐진다. 이는 억압의 문화가 여성 언어를 남성의 언어와 다르게 구성하였고 이중적인 언어 사용자가 되게 했기 때문이다.[20] 그래서 여성의 말이 남성의 말과 다른 것처럼 여성의 글 역시 남성의 글과 다른 특성을 갖는다.

여성의 글쓰기는 자의식에 기초해서 시작되는 특징을 갖는 한편 공식적인 남성 담론을 거부하고 무형식을 지향하며 여성의 파편화된 삶의 조건에서 비롯된다고 할 수 있다. 즉, 여성 경험의 주변화에 도전하는 여성의 언어는 권위적 언어에 저항하는 언어이며, 그 표현

---

20) 로빈 레이콥 외/ 강주헌 역, 『여자는 왜 여자답게 말해야 하는가』, 고려원, 1991.

양식 또한 탈중심적이고 탈구조적이며 일탈적이다.21) 그래서 총체성을 추구하는 대서사가 아니라 다중적 주체의 이견과 다양성을 존중하는 소서사를 지향한다.

엘렌느 씨쑤와 이리가라이가 주장하는 '몸으로 글쓰기'는 이성이 아닌 상상력과 감각으로 소통되는 상상계의 언어를 중시한다. 무의식에 저장되었다가 자연스럽게 흘러나오는 '말같지 않은 소리들이 엮어내는 언어'를 통해 이루어지는 것이다. 그래서 그것은 오순절 교회의 '방언'같기도 하고 주관적 진술인 '미친년 넋두리'가 되기도 하며 대상없는 한탄이나 독백으로 구현되기도 한다. 최근 여성작가들의 시에 독백체와 대화체가 자주 등장하거나 살풀이굿의 문체가 사용되는 것도 이런 맥락에서 재조명해 볼 수 있다.

여성적 글쓰기는 여성의 언어적 소외를 극복하고 공적/사적 자아의 분열을 뛰어넘을 수 있으며 다른 사람의 설명을 듣고 각성하는 것이 아니라 자신의 입을 열어 자기 표현을 함으로써 스스로 주체가 된다는 점에서 관심을 모으고 있다. 또한 새로운 문체의 시도와 정립을 통해 기존의 문학 언어를 자극하고 변화시킬 수 있다.

〈3〉 전망과 과제

이상에서 살펴 본 바와 같이 페미니즘은 다양한 방식으로 한국문학에 수용되면서 확산 전개되어 독자들의 의식 변화에 기여하고 있다. 이제 페미니즘은 우리 문학, 영화, 연극계에 '잘 팔리는 상품' 중

---

21) 김성례, "여성의 자기 진술의 양식과 문체의 발견을 위하여", 『또 하나의 문화』 9집.

의 하나로 부각되기까지 한다.
 하지만 문학작품을 볼 때 아직은 대부분 목적의식이 강한 리얼리즘 단계에 머물고 있음을 볼 수 있었다. 이는 지금까지의 페미니즘 비평이 문학 전공자가 아닌 사회학자나 여성학자들의 신속하고 거친 작업들로 거의 지속되어 온 때문이기도 하며, 개별적 관심을 보인 개인 연구물들은 발표될 공동 지면이 확보되지 못한 까닭에 묻혀져 버린 때문이기도 하다.
 현재 여성학의 보급과 관심 속에서 일반 여성독자들은 여성문제 소설집의 주독자가 되는 한 편, 여성 이미지 비평에 많은 관심을 보이고 있다. 창작의 경우 리얼리즘적인 여성 현실 묘사에서 이제는 한 단계 진전하려 한다. 소박하나마 기존의 작품을 다시 쓰거나 되받아 쓰고자 하는 작업들도 있었고 '이야기 여성사'를 통한 여성인물 재해석, 그리고 신화의 여성중심적 해석 등으로 그 지평이 확산되고 있기도 하다.
 한국문학의 창작과 연구도 이제 페미니즘 비평의 수용을 통해 한 단계 전환이 이루어져야 할 때라고 생각한다. 여성 작가 연구나 여성 이미지 비평에만 머물고 있는 현재의 관심사들이 보다 폭넓고 깊이있게 확산되어 우리 문학에 영향을 미치기 위해서는 우선 이루어져야 할 과제들이 많다.
 가장 먼저는 현재 이루어지고 있는 문학관련 강좌에 여성시각을 도입하는 것이다. 문학개론은 물론 문학사도 양성성을 회복하여야 하며 여성작가의 작품이 전공시간 중에 읽혀져야 한다. 현재 각 대학 문학 전공자의 절대 성(性)이 여성이고 80년대 이후 그들의 여성의식이 급성장하는 추세임을 고려할 때 페미니즘 문학 강좌의 개설과 대학원 세미나 개설이 절실히 요청된다고 할 수 있다. 이같은 과정을 통해 연구 인력을 양성해야 함은 물론 여성문학연구가 일탈적인 것이 되지 않고 기존 문학의 견실한 연구와 병행해 이루어지도록 그 토대가 마련되어야 한다.

다음으로는 확고한 여성 시각이 뒷받침된 전문 문예지의 출간이 기대된다. 현재 페미니즘 문학에 관심을 보이는 연구자와 비평가들은 상당히 많아졌다. 그런데 문학전공자들에게 영향을 미칠만한 전문 문예지의 발행이 없어서 제각기 외롭고 고독한 산발적인 작업을 반복하는 경우가 많다. 상업성과 대중성이 문제가 되겠지만 한번쯤 생각해볼 만한 문제이다. 현재로서는 페미니즘 문학에 대한 토론이 집중화될 장이 마련되지 않아서 관심을 갖는 사람은 많아도 '누가 진짜인가?'에 자신있게 답할 수 없는 난점이 있다. 『제인 에어』중의 '버타 메이슨'의 광기(狂氣)가 너무도 쉽게 백신애의 「광인수기」의 주인공에게로 옮겨져 해석되는데 대해 아무도 좀더 정밀한 분석을 요구하지 못하는 것은 페미니즘 문학 출판물과 연구 모임이 없기 때문인 것 같다.

초창기와 다르게 이제는 소장 국문학자들 사이에 자신의 관심 분야를 페미니즘 시각으로 조명해 보려는 시도가 활발히 행해지는 것 같다. 또한 이제 여성작가 연구의 단계를 넘어서 한국문학의 남성 전통 속에 다각도로 파고 드는 문학사적 작업을 이루기 위한 공동연구들도 이행되고 있다.[22]

페미니즘 비평이 문학 비평으로 적합한가의 여부를 물을 단계는 이미 지났다. 다만 그것을 어떻게 보다 심화되고 정밀한 문학연구방법론으로 우리 문학에 수용, 발전시켜야 할 것인가를 물어야 한다.

---

22) 이런 점에서 현대와 고전을 망라해 안숙원을 비롯한 15명의 필자가 집필한 『한국여성문학비평론』(개문사, 1995)은 돋보이는 작업이라 여겨진다.

근대문학기의 작품 연구는 일정한 소주제를 좇아 여성성의 전통을 정립하는 방향으로 나아가야 하며 작품 창작도 여성문제 소재 차원을 벗어나 보다 유연하고 포용력있는 주제들로 확산되어야 한다. 모성의 확산을 통한 생명주의, 환경보호 등의 주제들도 새로운 글쓰기를 통해 감미롭고 부드럽게 설파되어야 할 것이다.

　이같은 페미니즘 비평의 실천은 한국문학의 지평을 보다 확산시킬 뿐 아니라 궁극적으로는 남성과 여성 모두의 삶을 향상시키는데 분명하게 기여할 것이다.

3. 1930년대 한국 여성문학비평론

우리 소설사 중 1930년대의 두드러진 특징 중 하나는 여성작가의 대거 등장과 창작활동이라 할 수 있다.[1] 물론, 초창기 여성작가인 金明淳이나 金一葉, 羅惠錫이 세간의 흔한 지적처럼 반드시 '작품 없는 문인생활'[2]을 했던 것 만은 아니지만, 이들의 활동은 개별적인 선구자적 의미를 지닐 뿐 문단의 한 흐름을 이루지는 못했다. 선배이기는 하지만 '찬성할 수 없는 공적과 결과를 지었음'을 유감으로 생각한다는 후배 문인들의 엄정한 질책이 뒤따랐던 것도 사실이다. 이에 비해 1920년대 후반부터 등장하기 시작한 여성작가들이 1930년대에 이르러서는 한 군단을 이루게 되면서[3] 이들의 작품은 우리 문학사에 여성문학으로서의 한 場을 점유하게 되었다. 이에 따라 이들의 작품과 활동에 대한 評이 성행했고 특히 30년대 중반에 이르면

---

1) 이재선, 『한국현대소설사』, (홍성사, 1979), 428면 참조.
2) 이러한 지적이 온당하지 못하다는 것은 이미 여러 차례 밝혀진 바 있다. : 송지현, 『다시 쓰는 여성과 문학』(평민사, 1995) 중 '한국문학사와 여성' 부분을 참고할 것.
3) 1925년에 박화성이, 29년에 백신애가, 그리고 31년에 강경애와 최정희가 등장하였다. 32년에 김말봉, 장덕조가 등단하였으며 이선희는 36년에, 그리고 임옥인,지하련이 39년과 40년에 각각 등단함으로써 활발한 작품활동을 한 여성작가만 해도 10여명 이상에 이르게 되었다.

그 어느 때 보다도 '여류문단'과 '여류작가'에 대한 논의가 활발해지는 것을 볼 수 있다.

그래서 1930년대에 활발하게 제기된 이같은 논쟁성 평문들은 한국의 초창기 여성문학비평론으로 검토하여 정리, 고찰될 수 있다.

1930년대에 이르러 여성작가들의 작품활동과 그에 관한 논쟁성 비평이 활발하게 이루어진 것은, 그 사회적 문단적 제현상들이 작용한 때문이다. 1931년 신간회 해소[4]로 인한 민족협동전선의 붕괴와 프로문학의 퇴조는 사상적, 문단적 과도기를 초래하여 다양한 논의와 모색을 가능케 했던 것이다. 또한 그 어느 때 보다도 저너리즘이 성행함으로써 일반 독자의 투고나 신인 작가의 지면 확보가 용이해지기도 했다. 그래서 한편으로는 흔들리는 사상축으로부터의 발전적 모색과 또 한편으로는 대중성과 상업성에의 영합이 1930년대 여성작가의 대거 진출을 도왔고, 이에 따라 그들의 작품과 활동에 대한 논쟁성 비평을 불러 일으켰다 할 수 있다.

현 시점에서 1930년대에 제기되었던 여성문학비평론을 고찰하는 작업은 2가지 의의를 지닌다. 먼저는 당대에 이루어진 여성문학 전반을 총체적으로 고찰하기 위한 준비작업이 되며, 리얼리즘론의 퇴조 이후 우리 비평계의 한 흐름을 읽어내는 작은 노력이 될 수 있고, 다음으로는 80년 이후 현저히 대두한 '여성해방문학'[5]과 '여성문

---

4) 1927년에 창립된 신간회는 비타협적 좌우협동적 성격으로 많은 사람들의 호응을 얻어 민족운동의 중심세력을 이루었다. 그런데 전시체제로 전환한 일제가 탄압을 강화하자 좌익의 지도부가 대거 검거되었고 신간회는 민족주의 우파의 지도를 받아 타협적 노선을 취하게 되었다. 그 결과 자치운동의 방향으로 전환하려는 지도부와 급진적 투쟁노선을 고수하려는 지회 사이의 알력이 심해지다가 1931년 5월 마침내 해소되고야 만 것이다. 이같은 신간회의 해체는 민족운동 좌경화에 대한 선언이기도 하며, 강령이나 이론이기 보다는 대중 속에서 투쟁을 통한 실천을 의미하기도 한다.

학'6)의 올바른 방향성 정립에 대한 지침을 마련할 수 있으리라 기대되는 점이다.

〈1〉 여성문인 존재 異論

여성문학에 대한 최초의 논의는, '여류문사' 혹은 '여류문단'의 존재 인정에 대한 異見을 교환하면서 시작되었다. 주장과 반박이 계속되었던 여성문학비평론은 발표된 이전의 주장을 반대하며 비판하는 글로 맞물려져 가는 논쟁의 성격을 띠는 점이 특징적이다. 그래서 그 출발은 문학론으로서의 구체성을 띠기 보다는 당시 문인들의 보수적 여성관이 강하게 드러나 보이는 수준에서 이루어졌다.

1. 여성문인의 존재 유무 異論

여성문인의 존재를 부정하는 주장은 "우리나라에도 여류문사가 있는가?"하는 물음으로 표출되었는데 이는 다음의 두가지 배경 하에

---

5) '여성해방문학'은 지금까지 이루어진 문학창작과 비평이 남성중심적이었음을 인식하고 여성시각에 의한 '다시-보기'를 강조하며 왜곡된 여성상을 극복하고 주체적이고 능동적인 인간으로 바로 서는 여성상을 정립하려 한다. 상실에 대한 회복과 기존 규범에 대한 반역을 내포하는 것이다.
6) '여성문학'은 원래 '여성적인 문학'이 '여성해방문학'의 단계를 거쳐 이르러야 할 이상적인 문학을 의미한다.하지만 현재 국내에서는 어떤 뚜렷한 관점을 지니기 보다는 그동안 소외되어 온 여성작가들의 작품을 발굴하여 연구하거나 '여성해방문학'보다는 훨씬 덜 강경한 여성연구자 혹은 문인들이 주장하고 있는 문학을 별 구분없이 통칭하고 있다.

서 제기된 것이다.

첫째, 이같은 물음은 곧 "조선에도 문사가 있는가?"하는, 朝鮮 文人 全無論에 뿌리를 두고 있다. 일본이나 외국의 저명작가들의 작품과 우리 작품을 비교하여 열등함을 자탄하던 사람들이 하물며 여성문인의 존재를 인정하기는 더욱 어려웠을 것이다.

둘째, 여성문인의 존재를 부정하는 물음의 또 한 배경에는 당대에 성행한 저너리즘의 횡포와 유행을 힐책하는 지적이 포함되어 있다. 이는 여성문인들에 대한 관심 자체가 객관적으로 보아 온당하지 못하게 출발한데 대한 반성이 되기도 한다.

안함광[7]은 여성문인들을 '여류문사'로 칭하며 너무 쉽게 과대평가하거나 또는 무조건 홀대하는 2가지 태도를 모두 비판하였다. 그는, '여류문사라는 이들을 輕氣球에 태워 한껏 치켜올리려는 저너리즘의 擧事'와 마찬가지로 여성문인이라고 무조건 경홀시하거나 모멸하는 태도도 경계하였다. 실제로 당시의 '문사' 호칭은 전문창작을 하는 문인에게 주어지기보다는 신문이나 잡지에 잡문이나 신변잡기류의 글 등을 기고한 사람에게까지 주어졌으며, 특히 여성에게는 더욱 후하게 주어졌다. 무슨 글이든지 일단 신문이나 잡지에 이름이 한 번 오르면 모두 '여류문사'로 취급되었던 것이다. 하지만 '여류문사'의 자격을 분명히 해야 한다는 고려도 없이 그 존재 자체를 온통 부정하는 부정론이 난무했던 사실은 안타까운 점이다.

30년대 초반에 있었던 좌담회나 사석에서 여성문인의 존재 인정에 대한 논의가 빈번하게 등장한 것은 여성의 이름으로 기고된 글이 많아진 때문이었지만, 작품보다는 이름으로 문사 취급을 하던 문단의

---

[7] 안함광, "文藝時評 - 두가지 문제를 가지고", 『批判』, 1933.1.

풍토는 문학적 열정을 지닌 여성작가들에게는 참으로 억울한 현상이 아닐 수 없었다.

그래서 여성작가의 입장을 대변한 이혜정[8])은 그 억울함을 호소하였다. 여성작가 대부분은 아직 습작시기의 작가이며 또한 자신들은 창작한 작품을 발표하였을 뿐 스스로 완전한 '여류문사'로 자처한 적이 없음에도 불구하고, 자신들의 의사와는 무관하게 '여류작가'라고 올려 앉혀서 욕을 먹게 하고 있다는 것이다. 그래서 이혜정은 당대의 문단을 향해, 엄정한 작품 평가도 없이 공연히 향상하려는 여성작가들을 害하지 말아달라고 당부하였다. 이같은 그녀의 반격은 평범하지만, 작품평도 없이 시작된 '여류문사 시비론'의 헛점을 가장 정확하게 지적한 것이며 여성문학비평론이 여성작가의 존재유무를 논하기 보다는 그들의 발전과 향상을 돕는 방향으로 전개되기를 원하는 바램이 표출된 것이다.

이러한 부정론과는 다르게 여성문인의 존재를 인정한 주장을 편 사람은 안회남이다. 하지만 안회남[9]) 역시 표면적으로는 여성문인을 인정했지만, 그것이 참다운 인정이 아니고 기성의 조선문단 전체에 대한 부정에서 비롯된 것임을 볼 수 있다. 그는 1932년 당시의 문단의 침체와 부진의 원인을 나름대로 진단하였다. 즉, 저너리즘의 횡포로 인해 발표기관이 독점「길드」化되어 있어서 편집자와의 정의 관계에 있는 소수가 전영역을 독점하고 있는 점, 카프계열작가들이 사회과학서적의 탐독에만 열중하였을 뿐 조선의 실정에 너무도 어두운 점, "「조선문단」이후에는 작가가 하나도 없다"는 이광수와 김동인의 오만한 편협성의 영향 등을 지적하였다.[10]) 이러한 이유로 문

---

8) 이혜정, "억울한 여류작가", 『신여성』, 1932.8.
9) 안회남, "文壇是耶非耶論 - 신인이 본 기성문단", 『제1선』, 1932.10.

단 전체가 저조한 상황인데, 여성문인에게만 가혹한 기준을 적용한다는 것은 부당하다는 것이다. 그래서 그는, 잡문은 물론 발표이전의 글까지도 고려하여 창작 행위를 했다는 그 자체만으로 충분히 '여류문사'로 인정할 만하다는 견해를 펴기까지 한다. 하지만 이같은 그의 주장은 여성문인의 존재를 정당하게 인정하는데 중점이 있는 것이 아니라 오히려 여성문인을 포함한 기성문단 전체를 비판하는데 중점을 두고 있다.

이처럼 30년대 초기에 시작된 여성문학 논의는 다분히 심정적이며, 구체적이지 못한 수준에 머물고 있다. 하지만 이러한 논의는, 바야흐로 '女流作家濫造時代'[11])가 이르렀으며, 여성작가의 '다량생산시대'이자 '기근시대', '暴落時代의 前兆'가 될 수 있음을 시사한 것이라 여겨진다.

2. 여성문학의 존립 타당성 異論

작가의 수준에 의문을 제기하는 위와 같은 논의와는 별도로, 한편에서는 '여류문학'이나 '여류문단'과 같은 성별 구분이 과연 필요한 것인가에 대한 異見들이 교환되었다. 이에 대한 주장은, 퇴조해가는 프로문학 정신의 계승을 강조하여 문학의 성별 구분을 반대하는 입장과 보수적인 여성관에 의존해 남성성과 여성성의 차이를 절대 불

---

10) 안회남의 이같은 비판은 상당한 타당성을 지닌다고 판단된다. 안함광도 이 점을 지적하였는데, 문인들과 情實關係를 갖거나 저너리즘과 유기적인 관계를 맺고 있는 자에게 국한해서만 '여류문사'라는 호칭이 주어지는 실정을 통탄하였다.
11) 洪 九, "女流作家의 群像", 『삼천리』, 1933.1.

변의 것으로 인정함으로써 여성문학의 영역을 고정화시키는 입장으로 나뉘었다.

여성문학의 존립을 반대한 민병휘[12])는 안함광의 글에 대해 반박했다. 그는 안함광이 저너리즘의 횡포로 인한 '여류문사' 호칭의 남발을 우려한 점은 동감하지만, 그들이 '여류문사'가 되어 橫行한다 할지라도 이미 그들의 사회적인 존재는 대중이 결정하고 있기 때문에 염려할 필요가 없다는 것이다. 이같은 그의 주장은 계급적 입장을 견지하는 작가만이 대중이 원하는 작가이며 '「맑시스트」는 문사'이고 '여류문사는 「맑시스트」'여야 한다는 단언으로 이어지고 있다. 문학창작에 있어서 계급적 입장과 이데올로기로의 무장만을 강조하였을 뿐, 여성문학의 존립 필요에 대해서는 부정적인 견해를 보인 것이다.

이에 비해 김기진[13])은 보다 구체적이고 설득력있는 견해를 피력하였다. 이 사회나 문단은 性別이 아닌 물질적 생산관계에 따른 계급의 분립만이 가능하므로 자신은 원칙적으로 '여류문단'이라는 용어에 반대한다는 것이다. 하지만 여성작가들의 수준이 4-5년 동안에 훨씬 향상되었음을 환영하며 이는 그들이 사상적으로 훨씬 성인이 되어서 구체적 생활상의 포착이 가능해졌기 때문이라고 판단하였다. 이같은 그의 견해는 성별이 또 하나의 계급이 될 수 있다는 점을 인식하지 못한 한계를 드러내기는 하지만, 그동안의 여성작가의 작품과 활동에 대한 진지한 관심과 격려를 보이고 있다.

이처럼 민병휘나 김기진은 여성문인을 무조건 경홀시하거나 매도

---

12) 閔丙徽, "女流文士에 對하야 - 同志 安含光君에게 보내는 一片書信-", 『批判』, 1933. 3.
13) 김팔봉, "舊殼에서의 탈피 - 조선여성작가 제씨에게 -", 『신가정』, 1935. 1.

하려는 태도에서 진일보해 일단 그들의 존재를 인정하였다. 하지만 그들의 주장처럼 계급적 입장을 견지하여 구체적 생활상을 포착하는 것이 중요하다 할지라도 그러한 작업이 여성에게는 어떻게 이루어져야 보다 효과적인가에 대한 숙고 없이 원칙의 제시에만 머물고 있음을 알 수 있다.

송계월[14)이 최정희가 제안한 '여인문예가 그룹 조직안'에 반발하고 나선 것도 이와 동일선상에서 이해할 수 있다. 그녀는 여성의 특수성도 BG:PT의 계급적 관계하에서 고려되어야 하며 정당한 대중운동과의 밀접한 조직적 관계밑에서 시인되어야 함을 강조하였다. 그래서 여인문예가 그룹을 따로 조직하기 보다 카프에 참가하여 그 중에 '부인部'로서 결성할 것을 제안한 것이다. 이는 당대의 맑시즘 자체가 억압적 존재로서 또다른 계급을 이루고 있는 여성의 위치에 대해 세분화된 관심을 보이지 못했던 까닭이기도 하다.[15)

이 청이나 임순득과 같은 여성문인들은, 여성문학에 대한 정당한 평가가 없이 이루어진 남성우월적인 입장에서의 구분을 반대하였다. 이 청[16)은 '여류문사'라는 호칭에 불만을 제기하였는데, 이는 '여류

---

14) 宋桂月, "여인문예가크룹문제", 『신여성』, 1932.3.
15) 마르크스주의자들은 여성 억압의 기원을 생물학적인 것이 아니라 사회조직의 어느 특정 체계에 둔다. 즉, 여성 억압은 사유재산제의 도입과 함께 시작되었으므로, 여성해방의 중요한 전제조건은 생산수단이 전체사회의 재산이 되는 사회주의 혁명이라고 보는 것이다. 그래서 사회주의 혁명이 일어나면 여성에 대한 편견은 자연히 사라질 것이라고 믿는다. 하지만 이러한 분석은 이미 사회주의 혁명이 완수된 제국가들에서 이루어진 가사노동의 사회화와는 별도로 여전히 엄존하는 성차별로 인해 그 헛점이 지적되었다.: P.스트릴/A.재거 편, 신인령 역, 『여성해방의 이론체계』,(풀빛, 1983), 153-162면 참조. : 한국여성연구회 편, 『여성과 사회』창간호, (창작과비평사, 1990), 379-389면 참조.
16) 李 靑, "여류작품총관", 『신가정』, 1935.1.

문사'나 '여류작품'과 같은 구분이 남자의 우월감에서 비롯된 것이기 때문이라 하였다. 임순득17) 또한 '작가'와 '여류작가'의 구별은 어느 얄궂은 의사로 모조된 존재로서의 의미일 뿐이므로 '부인작가' 혹은 '여자인 작가'를 '여류작가'로 전락시켜서는 안된다고 하였다. 사실 '여류작가'라는 구분은 다분히 남성중심적인 시각에서 본 주변적 위치의 여성작가를 지칭하기 때문에 사용되지 않는 것이 바람직하다. '여류시인' 또는 '여류문학'이라는 관습적인 호칭은 사라져야 하며, 이는 '여성시인' 또는 '여성문학'으로 대칭되어야 할 것이다. 하지만 이 청이나 임순득의 이같은 반대는 여성문학의 독자성이나 존립의 당위성에 대한 구체적 인식에 이르지 못하고 문학의 성적 구분 자체를 반대하는 정도에 머물고 말았다.

이에 비해, 여성문학의 존립을 장려하는 주장도 있었다. 하지만 이는 대개 '여자다운' 독창성을 살려나가는 쪽을 격려하고 있어, 사회적 경제적 관심은 남성의 것이고 가정적 개별적 정서는 여성의 것이라는 성적 구별론에 근거하고 있음을 볼 수 있다.

박용철18)은 '여자의 문학'을 인정하였는데, 여성성을 서정성과 유사한 것으로 파악한 듯하다. 즉, 여자의 체험은 남자와 달라서 정치, 경제보다는 염려하고 섬세한 자기 세계를 지키기에 유리하므로 서정시의 세계를 지켜 서정시 건설에 매진할 것을 당부하면서, 모윤숙, 장정심, 김오남의 시를 평하였다. 또한 김진섭19)은 여성예술가 전체에 대해 언급했는데, 기혼여성들은 경제적 책임을 면한 덕택에 남성

---

17) 任淳得, "여류작가의 지위 - 특히 작가이전에 대하야", 『조선일보』, 1937. 6.30. - 7.4.
18) 박용철, "여류시단총평", 『신가정』, 1934.2.
19) 김진섭, "여류예술가 소론", 『신가정』, 1934.3.

보다 훨씬 예술 활동에 매진하기 좋은 여건을 지녔다는 것이다. 그런데도 항상 여성은 예술에 있어서 남성의 영원히 충실한 학도 혹은 그 종속자에 머물고 마는 것을 애석해하였다. 그래서 그는 여성 예술가에게 대상의 묘사보다도 묘사되는 대상속에 滑落하려는 願望 즉 과도의 감정이입이라는 명백한 특징을 살려 나갈 것을 격려하였다. 실제로 당시의 여자 예술가들은 독자적인 활동을 해 나가기 보다 절대적으로 남자 예술가의 영향하에 있었으며 결혼을 통해 이를 추구하는 경우도 적지 않았다. 김진섭의 견해는 여성 예술가들에게 의존적인 사고에서 벗어나 스스로의 예술세계를 개척하기를 격려한 점에서 높이 살 만하지만, 그러한 독자성이 여성고유의 영역과 자질을 확정하는 전통적 시각에 의해 부여된 점에 있어서는 박용철의 주장과 맥을 같이 하고 있음을 볼 수 있다. 또한 경제적 궁핍으로부터 헤어나기 어려운 무산계층의 여성이 절대 다수였던 일제하의 국내 사정으로는 그의 견해 자체가 소수의 부유한 중산층 이상의 여성에게 국한된 것이었다는 한계를 지닌다.

 이무영[20]은 구체적 작품평을 통해 여성문학에 대한 의견을 제시하였다. 그는 최정희, 송계월, 강경애, 박화성, 장덕조 등의 작품을 평하면서, 여성들은 여성 아니면 안될 그러한 독창성, 특히 남성작가가 감히 손을 대지 못하는 데리케이트한 심경 묘사와 같은 영역을 개척하여 '여성다운 작가'가 될 것을 당부하였다. 그의 주장도 박용철이나 김진섭과 유사한 것같지만, 그는 실제의 구체적인 작품평을 통해 '조밀하고 침착하고 사실적인 표현'을 높이 사는 세밀함을 요구한 점에서 차이를 보였다.

---

20) 이무영, "여류작가개론(3)", 『신가정』, 1934.2.

〈2〉 여성문학 침체 극복론

30년대 중반에 접어들면서 여성문학 논의는 이제 여성문인의 존재 유무라든지 여성문학이 과연 필요한 것인가 하는 단계의 논의를 벗어나 보다 구체적인 문단 진단에 이르게 된다. 즉, 여성문학이 부진한 원인을 진단해 그 침체를 극복하기 위한 대책 논의가 진지하게 이루어져 여성작가들의 좌담회나 月評 등에서 활발한 의견 교환이 이루어짐을 볼 수 있다.

여성작가 자신들의 침체 원인 진단은 다분히 문단 외의 일상적 생활고에 관련된 변명과 생활의 변화를 해명하는 잡문으로 흐르고 있다. 초창기 신여성들의 자유분방한 삶과 그 실패에 대한 반성이었는지 30년대 여성작가들은 가정에 무척 충실하려고 애쓰는 모습을 보였는데, 그들은 계속적인 작품활동을 하지 못할 여러 사정과 일신상의 변화에 대체적으로 순응하였다.[21]

이에 비해, 윤경신[22]은 조선문단 전체의 침체 속에서 여성문학의 침체를 진단하였다. 현 조선문단이 침체를 보이는 것은 불리한 사회적 정세나 작가의 궁핍 때문이 아니라 사실은 조선작가의 교양부족에서 말미암은 것이라고 보았다. 즉, 문학은 광범한 상식의 종합인데 기교만 배워가지고 문학을 하려 한 점 때문에 이같은 침체가 오게

---

21) "여류문인군상", 『朝光』, 1935.11.
  "여류문장가의 심경타진", 『삼천리』, 1935.12.
  박화성, "여류작가가 되기까지의 고심담", 『신가정』, 1935.12.
  "여류작가좌담회", 『삼천리』, 1936.1.13.
22) 윤경신, "여류작가 침체에 대하야", 『조선중앙일보』, 1934.8.1.

되었다는 것이다. 그래서 여성문학의 침체는 애초부터 '여류문사'의 배출이 작품에 의해서가 아니라 경박한 저너리즘에 의해 이루어진 때문이므로, 오늘의 문학여성들은 자중하여 미래를 준비해야 한다는 것이다. '조선작가의 교양부족'이 무엇을 의미하는지는 알 수 없지만, 문학창작을 하기 위해서는 '작가적 소양'[23]이 필요하며 여성문학의 침체를 극복하기 위해서도 이같은 노력이 필요하다는 반성은 당대 문단에 어느 정도 공통적이었던 것같다.

여성작가의 창작 부진 현상을 전체 문단의 상황 내에서 비교적 객관적으로 파악한 사람은 백철[24]인데, 그는 1년에 10편 미만에 그치고 만 여성창작계의 부진은, 경향성을 띤 프로레타리아 리얼리즘이 퇴조하면서 과거와는 다른 새로운 창작 수법이 요구되는 사회적 상황의 암담한 분위기에서 비롯된 것이라 하였다. 카프의 해체, 그리고 리얼리즘 문학의 퇴조와 더불어 도래한 정신적 공백기를 맞아 새로운 방향을 모색해야 하는 시점에 이르른 당대 문단의 암담한 실정이 여성창작계에 그대로 반영된 것이라는 그의 지적은 1930년대 비평사에 있어서 여성문학비평론이 차지하는 위치를 시사한 것이라고 볼 수 있다. 즉, 너무도 다양해서 잡다하게까지 여겨지는 여러 비평적 입장들이 드러나는 과도기적 상황속에서 제기된 여성문학비평론은 이같은 상황을 반영할 수밖에 없었던 것이다.

---

[23] 최정희, "1933년도 여류문단총평", 『신가정』, 1933.12.: 이 글에서 그녀는 퇴폐한 문화정세에 의존하여 수필, 단편소설, 꽁트 등을 발표하여 자신의 무지한 실력을 폭로하는 문단의 현상을 지적하였다. 수필 중심이 되는 여성문학을 경계하면서 그녀는 여성문인들에게 작품 발표 이전에 먼저 작가적 소양을 가질만한 기본지식을 갖출 것을 강조하였다.
[24] 백 철, "금년의 여류창작계", 『여성』, 1936.12.

〈3〉 여성문학 지향점 異論

 여성문학이 바르게 정립되기 위해서는 어떤 지향점을 추구해야 하는가가 논해져야 함은 물론이다. 그리고 이러한 지향점이 구체적인 창작방법론의 문제까지도 제시할 수 있어야 성공적인 결실을 맺을 수 있을 것이다.
 당시 여성문학의 방향 정립에 대한 가장 첨예한 대립은 역시 '여성성'의 고수에 대한 異見이었다. 즉, 여성의 특성과 조건을 가장 잘 살리는 쪽을 지향해야 한다는 의견과 여성의 생활에서 취재한 소재보다는 보다 중심적인 문제에 접근해야 한다는 의견이 팽팽히 맞선 것이다.

1. 여성성의 고취

 여성문학의 존립을 인정하는 견해는 앞서 살펴본 바와 같이 주로 남성과 여성의 生來的, 기질적 차이를 절대적으로 고려해야 한다는 전통적 여성관을 배경으로 하고 있다. 이는 여성문학의 지향점을 논하는 평문에서도 가장 강하게 부각되어 '여성성'의 고취로 주장되었다.
 남성적인 여성작가를 체질적으로 거부한 대표적인 인물은 안회남과 김문집인데 이들은 여성작가는 철저하게 여성적이어야 할 것을 강조하며 박화성을 신랄하게 공격하였다.

안회남은 여성작가에 대한 고질적인 편견을 지니고 있었는데 자신은 여성작가의 글은 잘 읽지 않으며, 여자가 쓴 소설과 소설 쓰는 여자는 좋아하지 않는다는 발언을 공공연히 해 숱한 비난의 대상이 되었다. 그는 특히 박화성을 '남성적이 되려고 고심하는 여성모멸의 작가'라고 혹평하였다.25) 여성작가는 '이쁘고 사근사근하며 고요하고 깨끗한' 모든 여성적인 좋은 점을 소설에서 좀 더 잘 표현하고 옳게 탐구해 나가야 한다는 것이다. 그의 이같은 견해는 남성적인 특성을 지향하는 것이 올바른 여성문학이 아니라는 점26)에서 볼 때, 일리가 있기도 하다. 하지만 그의 주장은 여성에 대한 편견을 그대로 노출한 것에 불과하며 양성을 공유하는 보편적 인간으로서의 남성과 여성을 부인하고 性的 存在로서의 역할만을 강하게 부각시켰을 뿐이다. 여성들 내부의 요구에 의한 여성성의 인정과 가치 재평가와는 크게 다른 것이다. 그래서 여성을 어디까지나 매력적인 성적 존재로 위치시키려는 안회남의 주장은, 작가적 최고 감정은 연애이며 정열27)이라는 '연애지상주의'로 이어지고 있다.

예술이란 것은 이데올로기도, 이야기도 아니며 오직 표현이요 기교, 호흡이며 '藝' 즉 재주라고 보았던 김문집 역시 여성작가의 性的 歸還을 강력히 주장하였다.28) 그는 인생이란 고독, 즉 '반쪽'의

---

25) 안회남, " 소설가 박화성론", 『여성』, 1938.2.
26) 여성문학은 대개 '여성적인 문학'(Feminine Literature)과 '여성해방문학' (Feminist Literature), 그리고 '여성문학'(Female Literature)으로 대별할 수 있는데, 그 이상적인 단계인 '여성문학'은 남성에게 귀속된 제2의 性으로서의 여성이 아니라 주체적 존재인 여성으로서의 진정한 여성적 특성을 반영한 여성문화창조에 기여하는 문학이라 할 수 있다. : Elaine Showalter, *A Literature of Their Own*, (Princeton : Princeton University Press, 1977), pp.13-16.
27) 안회남, "연애와 결혼과 문학", 『조선일보』, 1938.9.20.
28) 김문집, "女流作家의 性的 歸還論", 『비평문학』, (靑色紙社, 1938).

슬픔을 벗어나 완전의 만족을 얻고자 하는 것이므로 남성의 문학이 '영원의 여성'에 이상을 두는 것과 같이 여성작가는 '영원의 남성'을 기원하여 작품 속에서 이를 찾아 나가야 한다29)며 고독을 창작의 近因으로 보는 주관적 인상평을 하였었는데, 이후에는 박화성의 작품과 작가적 특질을 토대로 하여 보다 구체적인 논리를 폈다. 즉, 김문집은 박화성이 '가장 유명한 조선의 여류푸로레타리아 소설가'이며 그 문장에는 견고한 뼈가 있고 소설구성에 믿음직한 성격이 있어 '여자에게 흐르기쉬운 센치멘탈리즘이 청산되어 있다'고 평가하였다. 그런데 이같은 화성문학의 특징이 그 장점이자 단점이 되어 대단히 견고하고 훌륭한 뼈가 있지만 보드라운 살과 기름기가 없는 것이 문제라고 보아, 이를 '女性性消失' 혹은 '女性性忌避'로 지적하였다. 작품에 튼튼한 뼈대와 아울러 기름진 살을 요구한 것은 정당한 주장이라 하겠다. 하지만 그가 말한 '보드라운 살과 기름기'는 작품 자체에 국한된 것이 아니고 여성작가들에게 여성으로서 지녀야 할 고유한 덕성인 유연성과 섬세함을 당부한 것이다. 그에 따르면, 결국 여성작가는 여성「홀몬」의 개성적 발로를 무시해서는 안되며, 다만 '남성으로서는 취급하지 못할 면을 남성으로서는 향유치 못한「쎈스」로서 표현한 여성적 작품'을 생산해야만 성공할 수 있다는 것이다. 여성이라는 성적 특수성을 무시하고 작가로서 남성에게 대항한다면 절대로 따르지 못할 것이라는 그의 견해는, 여성의 독자적인 영역을 인정한 것이기 보다 여성의 능력과 자질을 제한하는 남성우월주의를 표출한 것이라고 생각된다. 그래서 그의 주장은 나름대로

---

29) 김문집, "여류작가총평서설",『조선문학』, 1937.3.
　　──, "여류작가총평",『조선문학』, 1937.4.
　　──, "閨秀四人論",『비평문학』, (청색지사, 1938).

의 타당성을 획득할 수 있음에도 불구하고, 여성적이지 못한 작품을 쓰는 작가들은 마치 여성 홀몬이 결핍된 비정상적 존재인 양 매도[30] 하는 편견으로 치닫고 만다.

2. 여성문제의 취재

　여성문학은 여성들이 접한 현실의 문제를 취재하여 형상화하는 방향으로 발전해야 한다는 여성문제 취재에 대한 강조는, 당시의 많은 여성 작가들이 낭만적인 꿈과 센티멘탈리즘에 젖어 들고 있는 것을 경계하면서 비롯되었다. 여성작가가 가장 직접적이고 손쉽게 취할 수 있는 소재는 여성들의 현실 생활인데도 불구하고 남성작가들과 마찬가지로 그들의 고통을 외면해서는 안된다는 것이다.
　여성의 억압과 그 허위의식에 대하여 비교적 깊은 인식을 한 사람은 김남천인데, 그는 여성작가들에게 계급사회에서 남성의 예속물로서의 여성에게 길러진 '미덕'인 허영심을 버릴 것을 권고하였다. 즉, 추한 것을 아름다운 것으로, 또 貧을 富로, 악덕을 미덕으로 꾸미고자 하는 것은, 자기 자신 위에 아름다운 미덕의 베일을 씌우려는 여학생 기질이므로 버려야 한다는 것이다. 그래서 그는 여성작가 대부분이 자기 폭로를 기피하는 중에 최정희의 『흉가』는 빈궁한 생

---

30) 이같은 사실은 나중에 김문집이 박화성의 '예술의 여성홀몬의 결함'을 통탄했던 점을 '未知의 화성누님!'에게 정중히 사과하였는데, 그 사과의 근거가 박화성의 異性과의 만남이며, 그 만남에 경의와 축복을 표하면서 아울러 앞으로는 '여성으로 귀환한 그대의 예술작품'을 대망한다고 밝힌 점에 있어서도 잘 드러난다. : 김문집, "여류작가에 대한 공개장 - 박화성님께 드리는 연서", 『조광』, 1939.3.

활을 토로하는 자기 파괴를 수행했기 때문에 의의가 있다[31]고 보았다. 김남천의 이같은 주장은 리얼리즘문학론에 근거하고 있다. 추상적이고 낭만적이라 여겨지는 비현실적인 문학 보다는 현실 생활에 근거한 문학을 주장하는 그는 여성작가들에게도 그들이 빈번히 처하는 문제인, 신여성이면 응당히 맛볼 고유의 고민, 그리고 자본의 굴욕밑에서 허덕이는 직업여성에게 던져지는 수많은 유혹을 거침없이 폭로해 싸워나가야 한다고 한 것이다. 그의 이같은 주장은 실제 창작에 임하고 있던 많은 여성작가들에게 수용될 만한 설득력을 지녔다고 생각된다.

임순득[32]도 이와 유사한 주장을 하였다. 문학은 生과 정신의 조화적인 종합임에도 불구하고 여성작가들의 작품 주제가 빈약하며 왜소한 정신세계를 보이는 것은 잘못이라는 것이다. 그러므로 부인작가는 그 특징적인 세계의 것, 즉, 전통에 의해 전해진 부인의 生活, 운명, 감정, 성격, 심리와 사유의 방법 등을 취재해야 하며, '보드라운 미풍'이나 가을 하늘 아래 '코스모스의 탄식'이 아닌 '쩡쩡 소리를 내는 압록강의 해빙'이나 '항거하는 松栢'을 묘사해야 한다고 보았다.

최재서는 당시의 여성문학의 전반적 기류를, 말하는 재주는 능하면서도 할 말이 없는 주제의 빈곤과 육체 세계보다 영혼의 세계, 이

---

31) 김남천, "4월 창작평-여류작가의 난관과「홍가」검토의 중점",『조선일보』, 1937.4.8.
32) 임순득, "여류작가의 지위 - 특히 작가이전에 대하야",『조선일보』, 1937.7.4. : 임순득의 여성문제 취재에 대한 주장은 사실상 현실문제 취재에 그 중점이 있는 것같다. 이는 강경애의『어둠』과 박화성의『春宵』가 각각 '기억속에 생생하게 남아 있는「사건」을 유일하게 취재'한 점이나, 너무나 평범한 세계의 것을 자기 작품의 세계로 하려는 귀중한 노력을 보인 점을 극찬한 글에서도 드러난다. (임순득, "여류작가재인식론",『조선일보』, 1938.1.28.- 30.)

상적 연애만을 추구하려는 경향으로 파악하여, 이를 여성작가들의 인테리적, 지적 우월성에서 비롯된 것으로 보았다. 그래서 최재서[33]는 다음의 3가지 지향점을 제시하였다. 첫째는 조선여성이며 한 사람의 가정인인 그들 자신의 문제를 취급하여 조선여성들의 悲運을 사회문제화할 것, 둘째는 주제를 현실세계로 전환할 것, 셋째는 독자지반을 가정에 두고 조선가정에 파고 들 것 등이다. 그의 이같은 주장은 여성작가들에게 과거 '여류문사'식의 허영심을 떨쳐버리고 겸허한 자세로 문학창작에 임하기를 권하는 구체적이고 생생한 지적으로 평가된다.

3. 보편적인 문제의 포착

여성문학의 지향점을 제시한 앞서의 견해들과는 달리 여성작가들이 처한 현실적인 한계를 인정하고 그로부터의 도약을 권하는 또 한 주장이 있었다. 즉, 조선여성작가는 대부분이 가정부인이므로 본인의 확고한 각오나 치열한 의지없이 안일한 태도로 글을 써나가려는 생각은 버려야 하며, 보다 '중심적인 문제'에로 접근하기 위해 애써야 한다는 것이다. 이는 조선의 현실을 외면해서는 안된다는 문학적 입장의 표명이기도 하다.

김기진[34]은 여성작가들에게, 이데올로기에 있어서는 견실하고 용감하며 투쟁적이면서도 심리적으로는 박약하고 센치멘탈하고 도피적이기 쉬운 과거의 '여성적 구각(舊殼)'에서 벗어날 것을 당부하였다.

---

[33] 최재서, "여성·문학·가정", 『여성』, 1938.2.
[34] 김팔봉, "舊殼에서의 脫皮 - 조선여성작가 제씨에게", 『신가정』, 1935.1.

즉, 가정부인으로서 자족할 것이 아니라 좀더 넓고 큰 물결 가운데로 헤엄쳐 들어가 사회적인 관심과 세계적인 시야를 갖도록 힘써야 한다는 것이다. 그의 이같은 주장은, 카프 해체 후 작품상의 도식주의와 브르조아적 공리성은 비판하면서도 그 이념과 작가적 태도는 높이 사는, '보다 실천화되는 맑스주의의 지향'35)이라는 맥락에서 수용될 수 있다.

여성작가의 새로운 각오를 촉구하는 김남천의 진단도 김기진의 견해와 유사함을 볼 수 있다. 그는 여성 작가들에게 '팔을 걷어 붙이고 단단한 각오를 하고' 문학과 단판 씨름을 할만한 명예와 야심과 용기를 가져야 한다36)고 하였다. 부인작가들의 작품이 우리 문학의 '중심문제'에 접촉되어야 만이 현대문학과의 교섭점을 찾을 수 있다고 본 것이다. 이들이 말한 '중심적인 문제'란 계급적 시각에 의해 포착된 보편적 인간 문제를 의미한다.

한국 근대문학은 1930년대에 이르러 가장 활발하고 다양한 성과를 보여 사실주의론, 풍자문학론, 고발문학론, 세태소설론, 휴머니즘론, 행동주의론, 주지주의론, 세대론, 순수문학론 등의 문학론을 배태하였다. 또한 저너리즘의 발달과 발표지면의 확대로 인해 여성작가의 대거 진출이 이루어짐으로써 여성문학에 관한 활발한 논의가 교환되었다. 그래서 이같은 논의들은 앞서 살펴본 바와 같이 1930년대 '여성문학비평론'으로 정리, 해석되었다.

초창기의 여성문학비평론은 문학론 보다는 주로 여성문인의 대거 등장에 주목하면서 그들의 존재를 인정할 것인가를 논하는 글들이

---

35) 한 효, "박화성 여사에게", 『신동아』, 1936.2.
36) 김남천, "여류문학저조의 문제", 『여성』, 1939.6.

교환되었다. 다음은 여성문학이 침체된 원인을 진단하고 극복하기 위한 의견들이 교환되었다. 그 침체 원인은 두가지로 제시되었는데, 첫째는 주로 경박한 저너리즘에 의한 '여류문사' 배출과 이에 따른 전문작가로서의 소양 부족이 지적되었다. 그리고 둘째는, 프로 문학의 퇴조 이후 새로운 창작 수법이 요구되는 과도기적 문단 상황과 침체가 여성문학계에도 그대로 드러난 것이라는 진단이 있었다.

1930년대 여성문학비평론은 여성문학의 지향점을 제시하는 異論의 교환을 통해 본격적으로 전개되었다 할 수 있겠는데 이는 현재까지도 거듭되는 지향점 異論의 갈래를 잘 드러내 주고 있다. 여성성을 고취해야 한다는 주장과 추상적인 문제보다는 여성 현실에서 소재를 취하는 것이 좋다는 주장, 그리고 또 한편으로는 주변적인 문제보다는 인생의 보편적이고 중심적인 문제를 포착하려 애써야 한다는 주장이었다.

1930년대 여성문학비평론은 주로 남성 비평가들의 주도로 제기되었는데 이는 당대 여성작가들의 창작 활동이 전적으로 남성 의존적일 수밖에 없었다는 시대적 한계 때문이다. 하지만 이러한 한계에도 불구하고 1930년대 여성문학비평론은, 결과적으로 우리 문학사에 있어서 여성작가가 담당해야 할 몫의 작업을 일깨우는 최초의 논의여서 미흡하나마 한국문학 최초의 여성문학비평으로 인정될 수 있는 것이다.

제 2 부 페미니즘 비평과 여성 자아 정립

1. 페미니즘 비평과 여성자아의 정립
2. 1930년대 한국소설의 여성자아 정립의 네 양상
   〈1〉 하민층 여성의 수난과 저항 : 『인간문제』
   〈2〉 궁핍한 어머니들의 헌신과 대응 : 『적빈』, 「지하촌」
   〈3〉 전통적 여인의 체험과 좌절 : 『탁류』
   〈4〉 지식인 여성의 선택과 결단 : 『황혼』

1. 페미니즘 비평과 여성 자아의 정립

여성독자들이 기존 작품에 대해 '저항하는 독자'가 될 수 밖에 없는 것은 남성시각에 의해 왜곡된 여성인물을 볼 때 더욱 확연해진다. 자신들의 경험이나 꿈과는 무관하게 형상화된, 공감할 수 없는 여성인물들에게 자신들을 동일시할 수는 없다.

페미니즘 비평의 초기 단계에서 여성 독자의 개념은, 사회적 및 가족적 구조 내에서의 여성의 경험과 독자로서의 그들의 경험간에 연계성이 있다는 주장으로 받아들여졌다. 물론 여성이라고 해서 모두 성적 정체성에 대해 의식있는 '여성독자'이지는 않다. 여성들 자신도 사실은 지금까지 그래 왔고 현재에도 그러기 쉬운 것처럼 남성의 입장에서 읽을 우려를 언제나 내포하고 있는 것이다. 그래서 여성에게 여성으로서 독해하도록 요구한다는 것은 사실 이중이거나 구분된 요청[1]이라고 볼 수도 있다. 그것은 '여성'이라는 조건이 이미 주어진 것에 호소하며 이 조건을 창조하거나 성취해 낼 것을 요구하는 작업이기도 하다. 의식적인 '저항'과 반발을 통해 '여성독자'가 되어가야 한다는 것이다.

---

1) 조나단 컬러, "여성으로서의 독해", 김옥순 역, 『페미니즘과 문학』, 175-176면 참조.

동의하기보다는 저항하는 독자가 되어, 결국 여성으로서 독서한다는 것은 남성으로서의 독해를 피하고 남성 독해의 특수한 방어와 왜곡을 가려내고 교전을 갖도록 하는 것이다. 체험의 확인인 동시에, 그 체험의 반복을 거부하면서 여성의 정체성과 관련된 새로운 역할을 구해 나가야만 한다. 결국 여성으로서의 독해란 현실세계 속에서의 왜곡된 여성상을 읽어내고 비판함으로써, 독자 자신의 내면에 도사리고 있는 남성중심 이데올로기에의 오염지역을 추방하고, 분명한 성적 정체성을 획득한 '주체적 여성'으로서의 거듭나기를 유도하는 작업이 되어야 하는 것이다.

이런 의미에서 살펴볼 때, '여성독자'에게 가장 중요하게 읽혀지는 것은 다양한 형태로 구현되는 다중적 억압의 상황에서 작품 속의 여성주인공 또는 여성인물이 어떻게 그 상황을 인식하고 대처하며, 어떤 과정을 통해서 주체적인 모습으로 바로 서게 되는가 하는 문제일 것이라 여겨진다. 이를 여성 자아(female identity)의 정립 과정으로 볼 수 있다.

남성이든 여성이든 자아의 정립은 인격 성숙을 위해 필수적인 것이다. 그렇지만 성별에 따른 경험과 교육, 가치관 형성 과정의 차이로 말미암아 남성 자아와 여성 자아는 그 성적 정체성을 기반으로 구분될 수 있다. 전통적 시각으로 볼 때 이 둘의 차이는 더욱 확연한 것이었는데, 남성 자아는 대 사회적 양상을 띠며 사회적 성공과 명성, 부의 획득을 지향하는 진취성과 능동성을 주된 특성으로 하는데 비해 여성 자아는 가정내에서 필요한 관계적 양상을 띤다고 보았다. 그래서 모성을 특성으로 하는 헌신과 인내, 나눔과 봉사의 덕성을 익히는 것을 여성 자아의 본질로 생각한 것이다.

하지만 페미니즘 소설에서의 여성 자아 정립은 이와 확연히 구분된 특징을 갖는다.2) 기존의 소설들에서 여성이 자기 발견을 할 수 있는 공간은 부모의 집으로부터 결혼해 이룩한 집으로 한정되며 여주인공의 운명은 남편에게 영원히 종속된 것이었다. 그런데 페미니즘 소설에서 여주인공의 자기 발견(self-discovery)은 대개 이성과의 연애 플롯을 단호히 거부하는 특징을 보인다. 여성의 수동성과 의존성으로 특징지워지는 행복한 결혼의 성취가 더이상 여성 발전의 정점이 되지 않는 것이다. 그대신 여성 자아가 형성될 수 있는 서사적이고 상징적인 틀을 계발하려는 시도를 보인다.

여성 자아의 정립은 외적인 방향을 지향하기도 하고 내적인 방향을 지향하기도 하는데, 펠스키는 이를 '여성해방적 성장소설'(Feminist Bildungsroman)3)과 '각성소설'(The novel of awakening)로 구분하였다. 전자는 여성 자아 정립과정이 내적 세계로부터 외적 세계로, 내성으로부터 활동으로, 가정으로부터 사회로 향하며 반드시 유년시절과 성년까지의 성장에 관심이 있기 보다는 보다 광범위한 연령을 채택한다. 이에 비해 '각성소설'은 숨겨진 여성적 자기(a hidden female self)를 찾아 내적인 항해를 하며, 가정에서 공적인 세계로의 탈출보다는 도덕적이고 미학적인 전복(revulsion)에 근거를 둔다.

전자는 여성자아의 정립을 활동을 통해 지향되어야 할 목표로 보는 한편 후자는 회복되어야 할 본질로 여기며, 텍스트의 연대기적 서사 발전의 구조로 형성되는가 아니면 상징적이고 서정적인 차원의 문학적 구조로 다루어지는가도 차이가 있다.4)

---

2) Rita Felski, *Beyond Feminist Aesthetics*, (Hutchinson Radius, 1989), pp.122-125.
3) 서정자 교수는 이를 '페미니스트 성장소설'이라 칭하였으며 강경애의 작품이 이의 여건을 갖추었음을 밝힌 바 있다.: 서정자, "페미니스트 성장소설과 자기발견의 체험 -강경애의 <어머니와 딸>, <인간문제>, <소금>을 중심으로-", 『한국여성학』 제7집, (한국여성학회, 1991), 44-67면.

우리 근대문학기의 소설에서 찾아 볼 수 있는 여성 자아 정립 양상은 물론 '각성소설'보다는 '여성해방적 성장소설'의 요소를 지닌다. 식민지 통치의 강압 속에서 개인의 내적인 탐색을 추구하기는 어려웠기 때문이다.

그래서 한국 근대소설에 있어서의 여성 자아 정립은 보다 사회적이고 역사적이며 외적인 방향을 지향한다. 여성의 삶에 영향을 미치는 사회적, 물질적 환경의 상호작용에 관심을 보이기 때문에 가정을 떠나는 가출이나 여행이 자아 발견의 중요한 동기로 흔히 설정되며 자신의 존재를 구속하는 세력에 대한 여주인공의 투쟁은 표면적으로 보면 사회적으로나 성적으로 많은 위반을 범하게 되며 필연적으로 파멸을 수반하기도 한다. 하지만 그러한 갈등과 투쟁의 과정을 거쳐서 사회적 존재로서의 자신을 자각하게 되고 성적 정체성을 획득한 여성 자아의 정립을 이루게 되는 것이다.

하지만 모든 여성의 체험이 사회적 존재로서의 자신을 자각하게 되는 것은 아니다. 중산층이 아닌 대다수 농촌 또는 도시빈민 여성들이 처한 여성 현실은 오히려 가부장제 가족제도와 빈궁 속에서의 자녀양육이 가장 중요한 문제였기 때문이다. 이는 일제 강점기 한국 사회의 현실을 생각할 때 더욱 그러하다.

그래서 한국 근대소설에 있어서 여성 자아 정립은 작품 속에서 크게 두 방향으로 구현되었다고 볼 수 있겠다. 먼저는 작품 속의 여주인공이 민족모순과 계급모순, 성모순이 중첩된 상황에 위치하여 첨예화된 갈등을 경험하며 그 위기에의 체험이 여성의 성적 정체성을 획득하게 되는 중요한 近因으로 매듭지어지는 구조를 지니는 양

---

4) Rita Felski, 앞의 책, 141-142면.

상이다. 그리고 또 한편으로는 이와는 달리 극심한 궁핍과 가부장제의 억압 하에서 가정을 실제적으로 주도하고 자녀를 양육하면서 모성의 참된 가치와 의미를 양성적으로 획득5)하는 양상이다.

　여성 자아의 정립은 어느 시대를 불문하고 여성독자들에게 지대한 관심사가 아닐 수 없다. 이같은 작품을 발굴하여 정밀하게 분석함으로써, 문학작품의 독서가 현실세계에서의 우리 여성들의 삶에 되돌려주는 의미를 기꺼이 수용해 실천해 나가야 할 것이다.

---

5) 우리 근대사에서 많은 어머니들은 '자아'만을 탐색할 겨를이 없이 남편의 부재나 경제적 무능을 보완하기 위한 억센 경제활동과 생계유지에 투신해야 했으므로 전통적인 여성성으로 흔히 언급되는 '수동성'과는 거리가 멀었다.

2. 1930년대 한국 소설의
여성 자아 정립의 네 양상

　1930년대에 들어서면서 일제는 식민지체제를 준전시체제로 전환하면서 일본 독점자본의 국내 진출을 독려하고 사상탄압을 더욱 강화하였다. 또한 일본 독점 자본의 진출로 이 땅에는 수많은 공장들이 생겨나게 되었다. 일본 국내의 과잉자본의 새로운 투자지를 절실히 필요로 했던 일본 독점자본은 저렴하고 풍부하며 최저 임금의 노동력 착취가 가능한 한국에 눈을 돌리게 되었던 것이다. 일본의 재벌인 三井, 三菱, 野口, 伊藤忠, 東拓, 電力聯盟, 日産, 日棉 등이 국내에 진출하였으며 특히 제사 방적산업에의 침투가 두드러졌다.[6] 그래서 1930년대로 접어들면서 이 땅에는 공장들이 늘어나고 몰락한 농민의 도시 빈민화와 '기아임금' 노동자로의 이동이 현저히 증가하였다.
　1930년대의 또다른 특징은 20년대 후반부터 치열해지기 시작한 사회운동이 신간회 해소 이후 비합법적 투쟁으로 전환되어 더욱 극렬

---

6) 이는 일본의 산업혁명이 영국과 마찬가지로 제사 방적산업을 기반으로 하였기 때문이다.: 정근식, "일제하 鐘淵紡績의 蠶絲業 지배", 한국사회사연구회 편,『한국근대농촌사회와 일본제국주의』, (문학과지성사, 1986), 147면 참조.

하게 전개된 점이다. 이는 공장수와 공장직공의 수가 현저히 증가함으로써 이루어진 노동자계층의 전반적인 성장을 배경으로 한 것으로, 1929년의 원산총파업과 부산 고무공장 노동자들의 동맹 파업이 대표적인 것이다. 이는 한국의 노동자계층이 크게 각성하는 계기가 되었다고 평가된다.7)

농촌의 피폐와 식민지 한국가정의 절대 궁핍으로 인한 여성노동자의 형성은 일본 독점자본이 특히 여성 노동력과 유년 노동력에 눈을 돌림으로써 더욱 가속화되었다. 일제시대에 여성들이 노동에 참여한다는 것은 소작할 농토마저 잃어 기아상태를 체험한 채 무작정 이주하여 도시 빈민층으로 전락한 농민이거나, 남편의 경제활동이나 수입만으로는 도저히 살아갈 수 없는 절박한 상황에 처한 경우이기 때문이다.8) 이렇게 형성된 여성노동자들은 실제로 공장내에서의 부당한 대우와 노동력 착취의 실상에 대해 깨닫기 시작하면서 일본 자본에 대항하였는데, 1930년대 소설에서 여주인공의 이같은 모습을 찾아볼 수 있다. 여성독자에게는 이같은 여성노동자의 억압과 자각의 과정이 여성 자아 정립 과정으로 읽혀질 수 있으며, 작품의 중요한 주제로 탐색될 수 있다. 식민지 여성노동자들이 겪어야 했던 구체적인 억압의 실상은 여성노동자가 운집해 있는 제사, 방적, 고무, 선미(選米)공장에서의 저임금과 장시간 노동, 일본인 감독에 의한 희롱, 성적 모욕 등의 사례를 적은 여공의 수기와 신문지상에 보도된 노동쟁의 경위 기사 등에 드러나고 있으9) 한편,『인간문제』나『황혼』

---

7) 강동진, "일제하의 한국노동운동 - 1920-30년대를 중심으로", 안병직 외,『한국근대민족운동사』, (돌베개,1980), 541-543면 참조.
8) 이효재, "일제하의 한국여성 노동상황과 노동운동",『한국의 여성운동 - 어제와 오늘』, (정우사, 1989), 104면 참조.
9) 오빠가 병으로 죽자 17세에 연초회사 여공이 되어 '남공들의 색에 주린 무서

과 같은 소설의 중요한 제재가 되고 있다.

1930년대 전반에는 제사 방적공장 여공들의 파업도 빈번했는데, 평양 고무공장 총파업때 행해진 강주룡(姜周龍)의 7시간 40분에 걸친 을밀대 체공(滯空)[10]은 대표적인 경우이다. 이같은 저항은 필연적으로 일게 되었지만 사회주의계열의 여성운동가들의 원조로 조직화되었다. 「조선여성동우회」와 「근우회」도 대표적 여성단체인데 강경애와 백신애 등이 여기서 활동하였다.

일제 식민지 치하에서의 여성해방은 무산계층 여성의 입장을 강조했으며 한국인 남성들에게 대항하는 **對가부장제** 투쟁이기보다는 일본인 자본가를 남녀 공동의 적으로 상정하는 경제 중심의 투쟁이었다. 그래서 1930년대의 여성해방은 남성들과의 협조적 관계하에서 민족차별과 계급문제, 성차별을 해소하는 것이 우선적인 과제였다고 할 수 있는데, 이는 작품 속에서도 잘 드러나고 있다.

여성으로서 한 작품을 읽어내는 것은, 기존의 작품해석과 가치부

운 유혹'을 그칠 날 없이 겪어야 했으며, '감독이나 순사에게 아양을 부리면 하루가 곱게 넘어가고 비위를 거스르면 종일 욕먹고 고초를 받고' 임금까지 인하되며, 퇴사할 시에는 '그 무지한 감독 손에 유방에서 하부에 이르기까지 조사'를 당해야 했다는 「어느 여공의 하소연」(『동아일보』, 1929.11.3.) 외에도 『신여성』, 『신가정』, 『동아일보』 등에는 여성노동자들에 대한 억압의 참상이 자주 공개되었다.

10) 당시 평원고무공장 여공이었던 강주룡은 20세에 결혼하여 독립군으로 활약하는 남편을 돕다가 1년 후에 남편이 죽자 24세에 서간도에서 귀국하여 그때부터 줄곧 여공으로서 부모와 어린 동생들의 생계를 도맡아 왔다. 그는 평원고무공장에서 단식동맹을 조직하고 공장을 점령하였다가 경관에 의해 밖으로 쫓겨 나오게 되자 그 길로 40여척이나 되는 을밀대 다락 위로 올라가서 위협하면서 노동조건의 참상, 고용주들의 횡포와 착취를 폭로하고 노동자의 단결을 호소하는 연설을 하였다. 7시간 40분만에 끌어 내려졌다가 그 이후에도 단식으로 대항하였으며, 결국 평양 적색노조사건에 관련되어 옥사하고 말았다.: 최민지, "한국여성운동小史", 이효재 편, 『여성해방의 이론과 현실』, (창작과비평사, 1979).

여에 대한 도전이며 새로운 의미의 추구이다. 여성독자의 입장에서 중요한 것은 작품속에 묘사되는 여성의 삶이며, 그 여주인공을 둘러싼 제반 환경과 남성인물들이 그녀의 삶에 어떤 영향을 미치는가 하는 것이다.[11] 대개는 관습과 편견에 의해 소외와 억압을 체험한 여주인공이 어떤 계기에 의해서 자신의 삶을 냉철하게 인식하게 되며, 그러한 깨달음이 이후의 삶을 어떻게 변화시키는가 하는 것이 중요한 관심사가 될 수밖에 없는 것이다. 그래서 때로는 사회적으로 중요한 일만이 의미가 있는 것이 아니라 심각한 연애가 중요하게 부각될 수 있으며, 가정내에서의 잡다한 갈등의 처리와 대처에 새로운 의미가 부여될 수 있다. 즉, '지배적인' 이야기 속에 묻혀있는 '침묵하는' 이야기[12]를 찾아내야만 하는 것이다. 지배적인 집단에 대해 침묵하는 집단으로서의 여성의 체험과 저항은 사회전체의 침묵하는 집단과의 공감대를 획득할 수 있기 때문이다.

여성체험은 남성작가들에 의해서도 형상화되지만, 남성작가에 의한 묘사는 여성작가의 그것과 대개 차이를 지니게 된다. 여성은 작가이든 독자이든 간에 작품을 대할 때 자연스럽게 페미니즘적인 시각을 갖게 된다. 남성작가의 경우는 이와 다른데, 남성중심적 시각에서 왜곡된 여성상을 반복 재생하지 않고 최소한 여성문제에 대한 관심과 호의를 지니고 있다 할지라도 여성의 체험에 대한 이질성으로 인해 그것은 자칫 피상적이고 이중적이 되고야 마는 의식적인 창작

---

11) 예를 들면, 『제인 에어』를 여성으로서 읽을 때면 불가피하게, 결혼에서의 여성의 종속적 지위와 그 경제력 의미, 제인이 받은 교육과 그녀의 에너지를 활용해서 쓸 만한 기회의 제한성, 그녀가 사랑하고 쓸모있고 필요한 사람이 되고자 하는 욕구 등 페미니즘의 쟁점에 끌리게 된다.
12) Elaine Schowalter," Feminist Criticism in the Wilderness ", 박경혜 역, "황무지에 있는 페미니스트 비평", 『페미니즘과 문학』, 53-54면 참조.

행위에 그치기 쉽다.
 지금부터 분석하게 될 다섯 작품은 1930년대 전반과 후반에 각각 다르게 나타나는 여성 자아 정립 양상을 형상화하고 있다. 미혼의 여성노동자나 극빈의 어머니, 半봉건적인 전통적 여인, 지식인 여성 모두에게 있어서 당시 여성문제의 핵심은 식민지 통치로 인한 경제적 궁핍이었다. 그러한 탓에 작품 속에 보여지는 여성문제 역시 사회구조의 제반 모순들과 아울러 가부장제 내의 여성에게 부여되는 고충으로 드러나고 있다.
 그래서 필자는 '여성으로서의 독자'의 입장을 견지하고 남성중심 세력에 대한 성적 차별 항의에 치중하던 '여성의식'의 개념을 거부하면서, 1930년대 식민지 상황에서의 여성의 올바른 삶과 자아 정립의 과정을 추적하고자 한다.

〈1〉 하층민 여성의 수난과 저항 : 『人間問題』

1) 작가의 체험과 소설적 형상화

女性의 삶은 분명 男性의 그것과는 구별되게 주어진다. 이는 生來的인 차이와 사회 환경, 교육에 의한 것이다. 개개인에 따라 그 외양과 강요의 정도에는 차이가 있다 할지라도 여성에게는 '여자다운 미덕'이 기대되며, 이러한 기대는 빈곤층의 가정의 경우 경제적 압박과 관련되어 무한한 인내와 양보, 순종, 그리고 헌신과 희생을 당연시하는 관습을 떠받친다.

페미니즘 비평에서 여성작가의 작품에 주목하는 것은 그녀들의 삶의 체험 자체가 이같은 구별된 의식에 의한 훼손을 겪어낼 수밖에 없기 때문이다. 그들은 세계를 관찰하고 묘사하여 정당하고 온전한 삶에 대한 모색을 하되 '구별된 삶'이 아니라 '동등한 삶'을 추구한다. 즉, 남자와 여자는 경험이 다르므로 쓰는 것도 다르며, 여성작가가 쓴 여성 작품은 자신이 이해하기 어려운 기존의 현실을 여성 스스로의 힘으로 해결해보려는 의지를 내포하고 있는 것이다.[13] 그

---

13) William Morgan, "Feminism and Literary Study : A Reply to Annette Kolodny",

래서 여성작가의 작품과 여성으로서의 독자는 이같은 자신의 체험을 토대로 만나게 된다.

이러한 이유에서 우리는 作家 姜敬愛의 생애와 여성 체험을 소설적 형상화의 내적 동인(動因)으로 살펴 볼 필요가 있다.

강경애는, '하나의 人生으로서 너무나 기구하고 不遇 不幸했던 不過 三十餘年의 生涯'14)라는 한 知人의 회고가 대변해주듯, 참으로 외롭고 불우한 어린 시절을 보냈다.

강경애는 가난한 농민의 맏딸로 태어났으며, 4살 이후 의붓 아버지의 밑에서 살았다고 전해진다.15) 가난한 농가의 맏딸로 살아가는 것, 거기다가 그나마도 4살 때 아버지를 여의고 의붓아버지의 집에서 前妻소생의 자녀들과 새로 출생한 동생들 사이에서 자라나야 하는 것이 얼마나 지독한 소외와 외로움, 가난과 고통을 겪게 했을지 추정하는 것은 그다지 어렵지 않다.

아버지를 여읜 모녀에게 닥쳐오는 궁핍, 그래서 '하루의 두끼니조차도 배불리 먹지 못하였던'16) 시절에 고향 뒷산 솔밭에서 물오른 솔가지를 뚝 꺾어 물리던 어머니에 대한 추억, 어쩔 수 없이 改家를

『Critical Inquiry』, Summer 1976,p.810.
14) 崔泰應, "故鄕서 뵌 姜敬愛女史", 『현대문학』,(1963.2.), 264면 참조.
15) 강경애의 생애에 대한 자세한 조사를 했던 사람은 이상경인데("강경애 연구-작가의 현실인식 태도를 중심으로-", 서울대 대학원 석사학위 논문, 1984), 최근에 중국연변 조선족 자치주에서 발행된 박충록의 『조선문학간사』 (『한국민중문학사』, 열사람, 1988)에서 밝히는대로 그 생존연대를 1907-1943년에서 1906-1944년으로 수정하고 있다. 또한 간도에서의 생활시기에 대한 차이에도 강경애가 실제 거주했던 지역의 기록을 추종하는 것이 타당하리라 생각된다.: 이상경, "만주항일혁명운동의 문학적 수용-강경애론", 김윤식·정호웅 편, 『한국문학의 리얼리즘과 모더니즘』, (민음사, 1989), 152-153면 참조.
16) 강경애, "내가 좋아하는 솔", 『한국현대문학전집』11, (삼성출판사,1978), 227면 참조.

해 의붓 아버지와 그 전처 소생들에게 당해야 했던 수모와 따돌림17), 월사금이 없어서 겪어야 했던 유혹18) 등, 그녀와 그녀 주위의 사람들이 겪어야 했던 가난은 지독한 것이었으며, 식민지 치하 대부분의 조선 농민들이 감수해야 했던 것임을 체험적으로 터득할 수 있었던 것같다. 이러한 체험이 그녀의 소설 속에서 지독한 가난을 살아내야 하는 여성들의 비참한 모습을 형상화해내는데 토대가 되었으리라 생각된다.

가난과 고통, 외로움 속에서 어린 시절의 그녀는 소설을 통해 위안과 지식을 얻었는데, 『춘향전』을 통해 한글을 깨치고 『삼국지』, 『옥루몽』 등의 고대소설을 거의 독파하여 낭독함으로써 '도토리 소설장이'라는 별명까지 얻었다.

그녀는 어려운 중에도 다행히 형부의 도움으로 평양 숭의여학교에 입학하는 행운을 얻게 되었는데 이 때 또다른 세계를 경험하게 되고 비로소 식민지 조국의 현실에 눈뜨게 된 것 같다. 즉, 불우하고 궁핍한 가정의 여성으로서의 삶 위에 보다 더 큰 억압으로서의 식민치하의 부당한 세력을 깨닫게 된 것이다.

학생들의 동맹휴학과 관련, 퇴학을 당한 그녀는 그 후 고향에 돌아가 <홍풍야학교>를 세워 직접 교편을 잡는 한편, 습작에 몰두하였다고 전한다. 이때 고향에서 만난 양주동은 그녀의 스승이자 최초의

---

17) "의붓 아버지에게는 전처 소생 아들 딸이 있었으니 그들이 어찌나 세차고 사납던지, 거의 날마다 어린 나를 때리고 꼬집고 머리를 태를 뜯어서 도저히 나는 집에 붙어있을 수가없었다.": 강경애, "나의 幼年時節", 『신동아』, (1933.5.), 140면 참조.
18) 강경애, "월사금", 『신동아』, (1933.2.): 이 꽁트는 월사금이 없어서 졸리우던 셋째가 용돈을 자랑하던 봉호의 책상을 노리는 이야기를 소재로 한 것인데, 작가 자신의 체험을 토대로 했다고 판단된다.

연인이 된 셈이다. 1924년 이후의 서울 생활에서 『자본론』과 『맹자』를 가르쳐 달라고 조르기도 하였던 그녀[19]는 지식욕과 문학에의 열의가 대단했다고 회고되는데, 양주동과의 동거생활의 청산은 어떠한 연유에서 비롯되었든지 간에[20] 그녀에게 있어 의존적이고 他者的인 存在로서의 女性의 삶에서 벗어나 독립된 存在로서 자신의 삶을 개척해 나가게 한 계기로 작용했으리라 보아진다.

이후의 그녀는 당시의 여성운동에 상당히 적극적으로 참여했다고 판단되는데, 1929년에 근우회 장연지회[21] 회원이었던 그녀는 사회주의 계열의 여성운동에 관심이 많았으며, 이전의 여성운동과는 달리 '통일적'이고 '목적의식적'이기를 지향하며 광주학생사건 및 여공들의 파업 등에 대한 조사와 지원을 하던 근우회의 활동을 통해, 식민지 체제의 경제적 착취로 말미암은 여성 노동자들의 희생과 억눌

---

19) 梁柱東, 『文酒半生記』, (新太陽出版局, 1960), 237-238면 참조.
20) 확언할 수는 없지만, 양주동과의 이별은 개인적인 감정에 의한 것이었다기 보다는 성장체험이 다른 두사람이 이데올로기를 받아들이는데서 오는 체질적인 차이에서 비롯되었다고 판단된다. 양주동의 입장에서는 급진적인 '主義'에의 경도가 강경애의 단점이며 경직성이라고 여겨졌을 것이며, 강경애의 입장에서는 부르조아 지식인에 머물고 만 양주동의 태도가 역겨웠을 것이다. 이는 후일 강경애가 양주동의 작품평에 응수하는 글에서 암시되었다.
21) 3.1운동 이후 민족주의적인 계열과 사회주의 계열로 분립,병존하던 여성단체는 1927년 5월에 여성해방운동과 항일운동의 일원화라는 목표 아래 '분산적에서 통일적으로', '자연생장적에서 목적의식적으로'라는 기치를 내걸고 여성의 역량을 총집결하여 단일한 여성운동단체를 결성하였는데, 이 단체가 바로 '근우회(槿友會)'이다. 1928년에 지회(支會) 40을 헤아렸던 근우회는 1929년에는 70에 가까운 지회가 전조선 각지와 동경, 오오사까, 서북간도에까지 조직되어 상당한 기반을 가지고 광주학생사건 및 여공들의 파업 등에 대한 조사와 지원, 전주여고보 학생의 비밀결사로 인한 퇴학처분에 대한 항의문 발송 등 적극적 활동을 하다 허정숙 등 주요 간부들이 체포, 기소되기도 하였다. : 崔民之, "한국 여성운동 小史", 李效再 編, 『女性解放의 理論과 現實』, (창작과비평사, 1979), 244-246면 참조.

림, 성적 침탈이 만연하는 현실을 직시하게 되었으리라 생각된다.

그녀의 삶의 또 한 전환점은 1931년 장연군청 서기로 있던 장하일과의 결혼이었다. 1929년 겨울에 중국 간도 용정 일대에서 근 2년 동안 있으면서 임시교원직과 무직업, 가난의 고초를 겪다가 귀국한 그녀가 1931년에 장연으로 돌아와 결혼한 후 다시 간도로 가서, 장하일은 동흥중학교 교사로 근무하고 자신은 가사를 돌보면서 계속 소설을 썼다고 한다.

강경애는 '구여성을 전안해로 가졌던'[22] 보수적인 남편에게 가사일이 서투르다는 이유로 냉대와 비웃음을 받고 거의 날마다 싸움을 하는 세월을 3년이나 지내고서야 겨우 가사일의 의미와 보람을 깨달았다고 기록하였는데, 간도에서 항일유격대와 관련된 활동을 했으리라고 추측되며 철저한 동지애로 무장된 듯한 장하일도, 가정에서는 엄격한 가장의 위치에서 벗어날 수 없었던 것 같다.[23] 그녀는 이러한 보수적인 남편의 여성관에 부합되는 삶의 방식을 택해[24] 가사일의 중요성을 분명하게 인식하고 그에 충실하려고 무진 애를 쓰는 성실함을 보였다. 가정생활을 통해 여성의 결혼 후 부여되는 억압을 체험한 그녀는 이제 간도 용정지역의 많은 여인들의 생활을 지켜보고 그들과 대화하며 이를 형상화해내는 작업이 가능해진 것이다.

강경애는 병약한 몸때문에 오랜 기간 고통을 당했는데, 1936년 경부터 고질병이 도져서 늘 병석을 떠나지 못하다가 고향에 돌아왔지

---

22) 강경애, "漂母의 마음", 『新家庭』, (1934.6.), 13-14면 참조.
23) 결혼초 장하일의 태도는 참으로 비정한 것이었는데, 잿물의 양을 제대로 맞추지 못해 빨래를 하고 나면 손끝이 빨갛게 벗겨져 며칠이나 앓으며 눈물을 흘려야 했던 강경애에게 그 남편은 "흥! 흥"하고 비웃을 뿐이었다.: 강경애, 앞의 글, 14면 참조.
24) 조남현, "姜敬愛 硏究", 『한국현대소설연구』, (민음사, 1987), 116-117면 참조.

만 신병의 악화로 거의 작품을 쓰지 못한 채 병마에 시달리다가 결국은 1944년 4월 26일에 39세의 나이로 짧은 생애를 마감하고야 만다. 조국의 해방을 한 해 앞둔 애석한 죽음이었다.

특히 강경애에 있어서[25] 가난한 이웃들 속에서의 궁핍체험, 식민지 현실에 대한 인식과 대항의지의 획득, 남편을 통해 강요된 여성으로서의 순종 등은 수시로 그의 작품에 투사되어 소설작품으로 형상화되었음을 볼 수 있다. 그녀의 작품에는 사회 최하층에서 천대받고 멸시받는 머슴군과 부엌데기, 날품팔이군들의 비극적 체험이 주로 묘사되고 있다. 특히 당시 사회의 최하층에서 신음하는 여성들의 모습을 깊은 이해와 동정으로 치밀하게 묘사하였고[26], 그 공감대를 무산계층에게로 확대하고 있다.

강경애의 대표작으로 여겨지는 『人間問題』를 여성독자의 입장에서 읽는다면, 식민지시대의 가난한 한 여성이 자신에게 가해지는 현실 억압의 의미를 깨닫고 어떻게 이에 대항하여 자주적 인간으로 바로 서고자 하는 의지를 구현하는가에 초점을 맞출 수 있다. 한 개인의 삶은 현실 사회속에서 이루어질 수밖에 없기 때문에, 한 여성 주인공의 자아 정립도 역시 당대의 가장 핵심적인 모순구조의 인식과 그의 타파에 관련된 사회운동 속에서 이루어지는 것이 당연하리라고 본다. 그런 의미에서 1930년대 한국의 여성문학은 리얼리즘적인 전망을 통해 접근해 가되, 기존의 리얼리즘적인 해석과는 다른 새로운

---

25) 작가의 체험과 작품 속에 묘사되는 현실을 동일하게 읽어낼 때 생기는 오류는 물론 간과할 수 없다. 하지만, 강경애는 현실에 대한 정직한 인식을 통한 창작과 실천을 위해 평생동안 고심했던 성실한 작가라고 생각되며, 그 어느 작가보다도 자신의 체험을 소설적으로 형상화해내어 끊임없이 삶의 올바른 방향을 모색하는 열정을 지녔다고 생각된다.

26) 박충록,『한국민중문학사』, (열사람, 1988), 282-283면 참조.

의미가 첨가되어야 할 것이다.

작품의 면밀한 '다시보기'(re-vision)27) 를 통해『인간문제』에 얽힌 여성문제와 그 해결의 전망을 추적함으로써, 참된 여성문학은 현실사회의 건전한 변혁을 소망하는 리얼리즘문학과의 연계 속에서 그 位相이 정립되어야만이 바람직해질 수 있음을 증명해 보이려 한다.

2) '눈물'의 자아에서 '저항'의 자아로의 전환

『人間問題』는 1934년 8월1일부터 12월 22일까지『東亞日報』에 연재된 강경애의 대표작이다. 이 작품의 의미와 가치는 이미 여러 논문에서 연구된 바 있으며28), 특히 강경애는 1930년대의 현실문제를 여성이면서도 누구보다도 성실하게 모색하고 천착하였다는 평과 더불어, '여류'임을 거부하는 작가로 인정되었다.29) 그 외에도 1970년

---

27) 캐서린 스팀프슨, "여권론비평에 대하여", 데이비드 로지 편 /윤지관 外 譯,『20세기 문학비평』, (까치, 1984), 401면 참조.
28)『인간문제』에 대한 기존 연구는 다음과 같다.
    金鏞熙, "「인간문제」에 나타난 여성의식",『이화어문논집』10,(1988.3).
    송백헌, "강경애의 <인간문제> 연구",『여성문제연구』제13집, (1984).
    全基晧, "姜敬愛의 <人間問題>考",『어문논총7,8』, (전남대 어문학연구회, 1985).
    정혜영, "강경애소설연구 - 장편 <인간문제>를 중심으로-", 경북대 대학원 석사학위 논문, (1988).
29) 1930년대 여성작가를 지칭하던 '여류'에 대한 남성중심적 선입견과 여성작가 작품의 미숙성으로 인해, 강경애는 "여류작가이기보다는 명확한 자기 세계를 갖고있는 한 사람의 작가"(김윤식, "姜敬愛論",『(속)한국근대작가론고』,일지사, 1981.)이며, "정감성이나 여성원리에 근거하는 작가이기보다는 외향적이고 비판적 이념을 중시하는 리얼리스트"(이재선,『한국현대소설사』, 홍성사, 1979.437면)라는 점에서 高評되었다.

대에 들어서면서 진행되기 시작한 강경애연구는 상당한 분량에 이르고 있으며, 최근에는 특히 간도문학으로서의 성과와 항일유격대와의 관련여부에 대한 관심이 고조되고 있다.30)

하지만 무엇보다도 필자는 강경애의 『인간문제』를 1930년대의 그 어떤 여성작가의 소설보다도 식민지체제와 남성 지배에 시달리는 여성의 문제를 분명하게 제기하고 있는 작품으로 본다.

한 작품을 다시 읽으면서 여성독자의 시각으로 해석해내는 것은, 작품의 본래적 의미를 훼손, 왜곡시키는 것이라는 反論이 제기될 수

---

30) 류금휘, "강경애 작품 연구 - 인물의 현실인식과 대응태도 분석을 중심으로-", 충남대 대학원 석사학위 논문, (1988).
徐正子, "姜敬愛硏究 - 새로운 평가를 위한 시고", 『원우논총』, (숙명여대 원우회, 1983).
송지현, "姜敬愛 小說에 나타난 女性意識 硏究", 『한국언어문학』28집, (한국언어문학회, 1990.5.).
안숙원, "강경애연구", 서강대 대학원 석사학위 논문,(1976).
李康彦, "姜敬愛小說의 精神과 技法", 『여성문제연구11』, (효성여대 여성문제연구소, 1984).
이규희, "강경애론-빛과 어둠의 절규", 이화여대 대학원 석사학위논문,(1974).
이영숙, "1930년대 여성작가의 여성문제인식에 관한 연구 -강경애, 백신애, 박화성 작품을 중심으로- ", 이대 대학원 석사학위 논문, (1988.5.).
이상경, "강경애론", 『한국학보37』, (일지사, 1984.겨울).
──, "만주 항일혁명운동의 문학적 수용 - 강경애론", 김윤식·정호웅편, 『한국문학의 리얼리즘과 모더니즘』, (문학과지성사,1989).
──, "강경애의 삶과 문학", 한국여성연구회 편, 『여성과 사회』 창간호, (창작과비평사, 1990).
林善愛, "姜敬愛小說의 主題 硏究", 『국문학연구9』, (효성여대 국문과, 1986.2.).
정영자, "강경애 소설 연구- 인물의 성격과 피해의식을 중심으로", 『국문학연구』, (송랑 구연식 박사 회갑기념논총 간행위원회, 1985).
조남현, "姜敬愛 硏究", 『한국현대소설연구』, (민음사, 1987).
──, "192,30년대 소설과 滿洲移住모티프", 『한국문학』, (1987.9.-11).
조정래, "「지하촌」의 세계와 「사하촌」의 세계", 『國際語文』, (국제어문학 연구회, 1989.7).

도 있겠다. 하지만 여성작가의 작품에는 굳게 닫혀진 기존 현실의 문을 두드려 자신이 체험한 이중적 억압을 해결하려는 소망이 감추어져 있다. 이 소망은 때로는 다른 사회문제들과 아울러 복합적으로 제시되기도 하고 또 감추어진 비밀처럼 내밀한 빛을 발하기도 한다. 그래서 여성독자로서의 해석은 복잡하게 뒤얽혀 있는 실타래의 한쪽 끝을 찾아내는 작업을 도와주며, 작품의 총체적 의미를 밝히는데 꼭 필요한 '잊혀진 반쪽'을 재생시키는 작업이 된다.

이런 관점에서 『인간문제』를 읽어나갈 때 특히 주목하게 되는 것은, 가련하고 청순한 여주인공 '선비'가 짓밟힘의 체험을 통해 남성중심사회의 폭력성과 계급사회의 구조를 깨달아 자신의 자아를 정립하게 되는 줄거리이다.

작가는 이 작품에서 특별히 대조가 되는 두 공간을 배경으로 설정하였는데, '怨沼'의 푸른 물결이 넘실대는 용연이라는 농촌의 한 마을과 대공장과 도시 노동자가 즐비한 인천 부두의 한 방적공장이다. 전자에서는 개별적인 원한의 축적과 짓밟힘이 지주와 소작인이라는 대립적 관계를 통해 제시되며, 부유한 자의 사랑타령과 일하는 자의 험한 손이 또 하나의 축을 이룬다. 하지만 현상적인 생활 묘사와 없는 자의 설움에 대한 연민만이 넘실댄다. 이에 비해, 후자에서는 한 개인은 이미 거대한 조직의 일원이 되어, 자신의 설움과 억압을 동료집단의 것과 동일한 것으로 인식하고 이를 타파하기 위해 힘쓴다. 이러한 공간배경속에서 펼쳐지는 이야기의 의미축은 다음과 같이 네 단락으로 나누어 볼 수 있겠다.

제 2 부 페미니즘 비평과 여성 자아 정립   101

a. '눈물못'(怨沼)의 형성과 침탈의 수용

　텍스트를 읽는다는 것은 텍스트가 제시하는 다양한 자료에 최대한의 적절성을 부여할 수 있는 가설이나 틀의 체계를 구성하는 과정이라 할 수 있다.31) 비교적 적절한 가설을 설정하여 완성하기 위해서는 텍스트에서 제시하는 정보에 귀를 기울여야 하는데, 작품의 첫문장에서 제시되는 정보는 앞으로 진행될 이야기에 대한 중요한 조짐이 된다.32)
　『인간문제』의 첫문장은 용연마을의 구도를 보이는데, 대립적인 상징물의 묘사와 더불어 '원소'(怨沼)의 풍경과 내력이 설명된다.

> 　이산등에 올라서면, 용연동네는 저렇게 뻔히 들여다 볼수가잇다. 저기 우뚝솟은 저 양기와집이 바루 이앞벌 농장주인인 정덕호집이며, 그다음 이편으로 썩나와서, 양철집이 면역소며, 그 다음으로 같은 양철집이 주재소며, 그주위를싹 컴컴히 돌아앉은것이 모두 농가들이다.
> 　그리고 그아래 저푸른못이 원소(怨沼)라는 못인데, 이못은 이동네의 생명선이다. 이못이 잇길래 저동네가 생겼으며 저앞벌이 개간된것이다. 그리고 이동네 개짐생까지라도 이물을 먹고 살아가는것이다.33)

　산등성에 올라 바라다보는 용연동네는 '농장주인인 정덕호집'과 의료사업을 통해 가식적인 施惠사업을 펴는 '면역소'와 무력통치의 주기관인 '주재소', 그리고 '그 주위를 컴컴하게 돌아앉은 농가들'

---

31) Shlomith Rimmon-Kenan, 『Narrative Fiction: Contemporary Poetics』,(New York: Methuen,1983), 崔翔圭 譯,『小說의 詩學』, (문학과지성사, 1985), 174-182면 참조.
32) Wayne C. Booth, 『The Rethoric of Ficition』, (The University of Chicago Press,1961), pp.3-6.
33) 姜敬愛,「人間問題」,『동아일보』, 1934.8.1.

로 이루어져 있으며, 동네의 생명선인 '원소'(怨沼)가 보인다. 그래서, 지주인 정덕호와 면역소, 주재소가 대다수 농가와 원소와 맺게 될 관계가 중요하게 부상한다.

이 중 특히 중요하게 암시되는 '원소전설'은 강경애가 자신의 고향인 長淵郡에 있던 '용소'(龍沼)에 얽힌 전설을 소설적으로 변용한 것34)으로, 이는 작품 전반부를 지배하는 상징적 의미를 지닌다.

그런데 문제는 이 '원소' 상징의 해석에 있다. 몇 해를 거듭한 흉년으로 인해 굶게 된 농민들이 식량을 구하기 위해 장자첨지에게 애걸하였지만 거절과 내쫓김을 당하자, 하는 수 없이 첨지네 집을 습격하였다. 이로 인한 장자첨지의 고발로 며칠 후 농민들은 무수히 악형과 죽음을 당하고 만다. 그래서 부모와 자식을 잃은 이 동네 노인과 어린이들은 장자첨지네 마당가를 떠나지 않고 목이 터져 울었다는 것이다.

> 그래서 울고울고 또울어서 마침내는 장자첨지네 고래잔등같은 기와집이 하루밤새에 큰못으로 변하엿다는것이다. 그못이 즉나려다 보이는 저 푸른못이다.35)

---

34) '원소전설'의 설화 모티브는 "장자못전설에서 보이는 陷沒"인데, 이는 장연읍에서 한 이십리 되는 거리에 있는 '용소'에서 취한 전설이다. 수천석 부자인 長者 첨지가 지독한 깍쟁이어서 불타산의 도승의 시주를 거절하고 그 바랑에 쇠똥을 부으며 횡포를 부리자, 그 집이 비와 벼락을 맞아 함몰하게 되었다는 이야기이다. 그 중 마음착한 며느리에게만은 구원의 기회가 주어졌으나 이 역시 금기의 파괴로 인해 소멸되고 만다.
최래옥 교수에 의하면, 강경애는 이 설화 모티브를 빌어 변용하였는데, 특히 개인 학대와 천벌을 통한 응징을, 굶주린 농민들을 학대하여 그 집단의 원망의 눈물로 인해 장자의 집이 함몰하게 된 것으로 바꾸었다.: 최래옥, 『한국구비전설의 연구』, (일조각, 1981), 249-270면 참조.
35) 姜敬愛, 「人間問題」, 『동아일보』, 1934.8.1.

'눈물'에 의한 장자첨지의 몰락이 이 전설의 핵심이다. 이것은 힘 없는 다수의 저항으로 해석될 수도 있고 개인적 분노의 감정적인 표출로 해석될 수도 있다. '눈물'은 『인간문제』의 前半部를 관통하는 중요한 요소인데 자각하기 이전의 가련하고 청순하며 감상적인 '선비'의 자아를 상징한다. 용연마을에서는 온통 눈물에 젖은 궁핍의 恨과 막연한 解怨의 소망이 깔려있을 뿐, 현실에 대한 정확한 인식이나 구체적인 대응은 드러나지 않기 때문이다.

'눈물'과 '연못'의 공통된 소재인 '물'은 창조의 신비인 동시에 탄생・죽음・부활(소생)을 상징한다.36) 이러한 물의 이미지는 죽음으로부터의 부활, 즉, 현실의 인간문제의 해결을 암시한다. 하지만 용연마을의 '눈물'은 극한의 굶주림과 궁핍에 대한 연민이며, 부활을 위한 준비로서의 눈물의 축적일 뿐 재생의 실마리는 아득하게 묻혀져 있어 '극히 여성적인' 한계37)를 드러내 보인다고 지적할 수 있겠다.

용연마을의 인물들과 사건의 묘사는 대단히 여리고 감상적임을 볼 수 있다. 이는 남성비평가들에 의해 흔히 여성작가의 보편적 특질로 지적되는 예민한 감수성의 드러남이기도 하지만, 여주인공인 선비의 자아가 미각성된 채 지주인 정덕호에 의해 짓밟히고 훼손당하는 침탈의 수용을 보여준 것이기도 하다. '눈물못'(怨沼)을 형성한 그 눈물은 무산계층의 설움을 표명한 것이고 같은 처지에 있는 사람들끼리의 연민이며 공감대이지만, 지배계층에 대한 저항의지로는 분

---

36) 윌프레드 L. 궤린 外, 鄭在浣 譯, 개정증보 『文學의 理解와 批評』, (청록출판사, 1983), 169면 참조.
37) 金基喆, "姜敬愛의 <人間問題>考", 『어문논총7,8』, (전남대 어문학연구회, 1985), 432면 참조.

출되지 못한 채, 억압과 침탈을 수용하고 견디는데 그치고 있다.『인간문제』의 前半部에 계속적으로 반복되는 눈물 이미지는 지배계층을 향한 恨의 지향점을 갖지 못한 채, 같은 무산계층내의 나약한 연민에 머물고야 만 것이다.

그래서 동냥을 하며 살아가는 나무다리 이서방이 '첫째'에게 느끼는 공감과 동일성도 말못할 연민과 눈물로 표현되며, 선비의 아버지인 '김민수'가 방축골 채무자의 굶주림을 보고 가졌던 연민도 눈물로 회상된다. 밭도 없이 김을 매고 싶어하는 첫째에게서 일하고 싶어 날뛰던 자기의 과거를 읽는 이서방의 애정과 감격은 세상에 대한 원망으로 직결되기는 하지만, 개인적 차원의 설움에 불과하다.

몸이 고달프더라도 덕호의 명령이라면 물불을 가리지 않던 김민수가 방축골의 한 채무자가 겪는 가난과 어린 것들의 굶주림을 목격하고서 자신에게 다가올지도 모르는 비운을 상상해보며, 가슴이 짜르르해 오히려 일원짜리 지화를 건네주고 돌아오는 행적도 무산계층끼리의 공감이며 연민의 표현이다.

그의 눈물은 덕호에게서 돈의 행방을 추궁당하면서도 계속되었다.

> 덕호는 지전을 당기어 헤어보더니,
> 「이원뿐일세……?」
> 의아한듯이 바라본다. 민수는 머리를 번쩍들엇다. 그의 눈에는 어린애 같은 천진한 애원이 넘쳐흐른다.
> 「저 남성네 어린것들이 굶어…굶어 잇기에 주주었읍니다.」
> 마침내 그의 눈에는 눈물이 그득 고엿다.[38]

고뿔에 걸린 채로 나무다리를 빼앗겨 4,5일 동안 천신만고의 고생

---

38) 강경애, 앞의 글, 1934.8.16.

을 겪으면서도 집에서 자기를 기다릴 첫째와 첫째 어머니를 생각하며 무거운 동냥자루를 지고 돌아온 이서방과 첫째네의 상봉도 눈물의 연속이다.

> 첫째어머니는 그중 말근말근하게익은 찰떡을 골라 이서방을 주엇다. 이서방은 받아서 한입 씹을때, 눈물이 주루루 흘러나렷다. 첫재 어머니도 이모양을 바라보며 목이 메어 울엇다. 첫째는 휙 돌아 앉엇다.
> 「울기는 웨들 울어 정 보기 실여서」
> 이러케 중얼거리며 빨간문을 시름없이 바라보앗다.39)

이들의 눈물이 극도의 가난과 그 가난을 견디어내야 하는 어려움에서 나온 것이라면, 이와는 구별되는 여성체험에서 우러나는 눈물도 자주 볼 수 있다.

지주 정덕호로 상징되는 식민지 체제의 침탈이 남성 무산계층에게는 생존을 위협하는 경제적인 것이라면, 여성 무산계층에게는 그 위에 性的인 것까지 더해지는 이중적인 것이 된다. 정덕호의 後嗣를 잇기 위한 수단으로 채택된 '신천댁'과 '간난이'의 눈물은 곧바로 '선비'에게로 이어진다. 그녀 자신들조차도 후사 소망의 요구가 유효한 때까지는 자신들의 삶의 실상을 깨닫지 못한 채 그 생활에 젖어있다가 마침내 不姙이 확인되어 냉대를 받게 되면서야 비로소 비참한 처지를 인식하는 눈물을 흘리게 된다. 덕호에게 팔려왔다가 버림받게 된 '신천댁'의 눈물, 역시 덕호의 변심 후 마을을 떠나 도시로 간 '간난이'의 눈물에 이어 '선비'도 원하지 않는 성침탈과 그로 인한 시련을 눈물로 감수한다.

아버지의 죽음에 대한 의심도 없이 흉악하고 인색한 정덕호를 아

---

39) 강경애, 앞의 글, 1934.10.3.

버지처럼 의지하며 선량한 施惠者로 여기던 선비의 모습은 순결하고 가련한 어린 소녀에 불과하였다. 그러던 선비가 마침내 성적 유린을 당하고 자신의 처지를 인식하게 되었을 때 비로소 간난이의 떠남을 이해하게 되며 그 길을 따르는, 한 女性으로서의 자각이 있게 된 것이다. 이같은 자각은 하염없는 눈물의 축적 후에 가능했다. 덕호로부터 두번째의 배신을 겪고나서 '분리'에 대한 기원이 싹튼 것이다.

> 덕호는 눈을 무서웁게 뜨고 선비를 노려보앗다. 무엇보다도 간봄에 어린애를 배인줄 알고 가지 각색으로사다먹인 생각을하니 분하기 이를 때 없엇다. 선비는 덕호를 보니 이때껏 불이 붙는듯 하던눈에 눈물이핑 돌앗다. 그나마 덕호만 이야 그의 억울함을 아라 주려니하엿던것이다.[40]

먼저는 아버지처럼 믿고 의지하던 신뢰에 대한 배신, 그리고는 자신을 누구보다도 이해하고 감싸줄 줄 알았던 의존적 기대의 무산을 겪으면서 선비는 한 인간으로서 바로 서고자 하는 욕구를 깨달아, 자신을 휩싸고 도는 어두운 현실로부터의 분리를 기원하게 된 것이다.

'눈물못'(怨沼)이 있는 용연마을의 선비와 그 이웃들의 삶의 방식은 이처럼 눈물의 축적이며, 자각과 대항을 위한 잠정적 침묵과 수동적인 침탈의 수용으로 드러난다. '첫째'가 땅을 빼앗기고 추방당하게 된 것은 저항보다는 굴종으로 얻어내는 生存을 중시한 마을사람들 때문이다. 그들은 일시적으로 솟구친 분노를 조직적인 대항으로 구체화하지 못하고 결국 '첫째'만이 땅을 빼앗겨 추방당하게 하고야 만다.[41]

---

40) 강경애, 앞의 글, 1934.11.2.
41) 拙 稿, "姜敬愛 小說에 나타난 女性意識 硏究", 『한국언어문학』 28집,(한국언

「쥐뿔도 업는 놈이 맘만 살아서 그꼴이지 그저 업는놈이야 무슨 성명이잇나 죽으라면 죽는 모양이라도 내어야지」 곁에서 그들의말을 듣는 첫재는 버럭 화가 치받치는것을 억제하엿다. 그러니 뱃속이 꿈물 꿈물하며 얼굴이 뻘개젓다.
어제는 이타작 마당에서 그들이 일심이 되엇는데 겨우 하룻밤을 지나서 그들은 첫재를 원망하엿다. 첫재는 덕호에게서 욕먹은 것보다도 순사에게 밤새어 매맞은것 보다도 그들이 자기 하나를 둘러싸고 원망하는데는 그만 울고싶엇다. 그리고 캄캄한 밤길을 혼자 걷는듯한 적적함이 그를 싸고 도는것을 새삼스럽게 깨달앗다.[42]

빚독촉으로 볏섬을 빼앗으려는 덕호와 유서방에게 대들엇다가 땅을 빼앗긴 첫째가 난생 처음으로 '법'의 존재에 대해 인식을 하게 되지만, 법에 대한 두려움보다도 그를 서운케 했던 것은 주재소에서 하루를 지낸 후 풀려난 마을사람들의 태도의 변화였다. 이같은 '분리'에의 경험은 그를 마을에서 떠나가게 하는 중요한 요인이 된다.
용연마을에서 유일하게 전원생활을 즐기며 연애를 꿈꾸는 사람은 덕호의 외동딸인 옥점과 우연히 그녀와 동행한 방황하는 지식인 신철이다. 옥점과 옥점모는 유한계층의 여성을 대표하는 바, 하루 일과의 전부가 자신들이 꿈꾸는 남성이나 자신의 위치를 탄탄하게 지탱해주는 남편과의 관계유지에 골몰하는 것이다. 이들의 한가로운 생활은 '선비'나 '할멈'의 고된 노동과 자연스럽고 세밀하게 비교되어서, 용연마을의 많은 사람들이 흘려야 하는 눈물의 해소가 결국은 이들을 향해 이루어질 수밖에 없음을 뚜렷이 시사한다.
선비나 할멈과 옥점네가 다른 것은 계란이나 목화에 대한 태도에

어문학회, 1990.5.), 75-76면 참조.
42) 강경애, 앞의 글, 1934.9.25.

서 드러난다.

　날마다 바구니 속에 하나하나 모은 그 '귀여운 계란'을 옥점이 매일 먹어치울 때의 서운함, 더구나 하나도 남김없이 서울로 가져가기 위해 부산을 떠는 옥점모녀를 보면서 흘리는 선비의 눈물이나 계란 밑에 깔기 위해 햇솜을 찾는 옥점네를 보고 '작년 가을에 따 들이던 목화송이'를 생각하며 애석해하는 할멈의 심정은 자신들의 노동으로부터 정당한 가치를 획득해내지 못하고 빼앗기는 사람들이 겪는 근원적인 소외를 잘 드러내주고 있다. 그리고 땀흘리지 않은 자에게 부당하게도 그것을 온통 소유할 권리가 부여되는 차별성을 묘사하고 있다.

> 　　한송이 또 한송이를 알알이 골라가며 치마앞이 벌어지도록 따서 모은 그목화송이! 목화나무에 손이 찔리고 발끝이 상하면서 모은 저목화송이! 머리가 떨어지는듯한것을참고 이여날은 저목화송이! 자기들에게는 저고리솜조차도 주기 아까워 맥빠진 낡은솜을 주면서 계란 밑에 놓을것은 서울갈것이니 햇솜을 준다. 여기까지 생각한 할멈은눈가가 빨거케 튀어오르며 다시한번 재채기를 하엿다.[43]

　선비와 할멈과는 대조적인 옥점네의 생활 모습을 보면서 중간적 위치를 점하는 사람은 신철이다. 아버지의 제자라며 붙임성있게 구는 옥점을 우연히 만나 그 집까지 동행하게 된 최고학부 학생인 신철은 마음 속으로 늘 선비를 그리며 애태우는데, 옥점으로 인해 부여되는 안락한 휴식을 즐기면서도 머리와 가슴으로는 이를 거부하고 보잘것 없는 선비에 대한 戀情을 혼자서 키우며 단지 괴로와하는 지식 청년으로 묘사된다. 선비에 대한 이끌림은 실상 그 자신이 공감

---

43) 강경애, 앞의 글, 1934.9.12.

하여 이끌고자 하는 무산계층에의 이끌림을 상징하며, 그의 고뇌와 애태움 역시 행동하지 못하는 지식인의 나약함과 연결된다. 신철과 선비, 옥점의 관계는 무산계층과 유산계층, 그리고 그 사이에 선 진보적 지식인의 선택이라는 의미를 내포하는 것이다.

하지만 결국 불철저한 이해와 심정적인 동조에 그치고 말 신철의 한계는 작가에 의해 이미 하나의 장치를 통해 암시되는데, 이를 가장 첨예하게 드러내주는 것이 바로 선비의 '손'에 대한 신철의 과도한 거부감이다. 별을 바라보며 선비의 '티없이 맑은 얼굴에 빛나는 검은 사마귀'를 생각하며 고운 자태를 동경하던 신철은 울타리 너머로 넘어온 누군가의 손을 보며 흠칫한다.

> 신철이는 그손을 딸아 시선을 옴기니 호박닢에 반만쯤 가리운 호박 한개가 얼핏 눈에 띠웟다. 그리고 그손은 이슬에 젖은 호박을 뚝따 가지고 천천히 바자를 넘어가고 잇엇다.
> ....그 손! 마디가 굵고 손톱이 밉게 갈리어서 얼핏 누구의 손임을 짐작할수가 업엇다.
> ....누굴까? 할멈의 손이다! 선비의 손이야, 설마한들 그럴수가 잇을까? 아무리 일을 한다고 해도 나이잇는데.....그러지는 안하! 안하! 그는 머리를 좌우로 흔들엇다.44)

> 옥점의 뾰족한손끝이 깎인 배에 발가우리하게 보이엇다. 그때 그는 문득 바자밖으로 넘어오던 그미운 손! 그리고 호박을 든 그 손이 얼핏 떠오른다. 그게 누구의 손일가?45)

노동의 의미와 일하는 여성의 아름다움까지도 충분히 읽어낼 지적

---

44) 강경애, 앞의 글, 1934.9.14.
45) 강경애, 앞의 글, 1934.10.12.

능력을 소유한 신철에게도 노동으로 단련된 너무도 험한 손만은 섬뜩한 거부감을 불러 일으킨다. 이 의문의 '손'에 대한 회상은 계속 반복되는데 작품 후반부에서 동료 여공들의 질시에 의해 그것이 결국 선비의 손임이 밝혀진다. '손'에 대한 신철의 당혹감과 거부감은 그 자신 노동현장에서 견디지 못하여 단련되지 못한 육체를 확인하게 되는 後半部의 이야기와 한 줄기를 이루고 있다. 신철로 대표되는 진보적 지식인에게는 노동의 의미와 가치에 대한 동경이 있을 뿐, 노동의 실행과 그 수고로움에 대한 견딤이 있기 어려움을 시사하는 중요한 복선으로 작가는 선비의 '손'을 묘사한 것이다.

결국 눈물을 가장 많이 흘린 사람들 자신의 힘과 노력으로서만 원한의 해소가 가능함을 강조한 것이다.

그래서 이야기는 땅을 빼앗기고 궁지에 몰려 마을을 떠날 수밖에 없게 된 첫째의 떠남과 처녀성 상실을 통한 자각과 분리를 경험한 선비의 탈출로 이어지면서, 서서히 解怨의 소망을 실현하는 場으로 접어들게 된다.

b. 소극적 저항으로서의 탈출

마을의 모든 소작인들의 눈물과 성적으로 유린당한 간난이와 선비의 눈물이 넘쳐 흐르는 용연마을은 고난의 땅이며, 부정의 공간이다.

자신들의 궁핍과 억압의 근본적 원인에 대해서는 미처 생각하고 대항할 여지도 없이 눈물속으로 자꾸만 침몰하여 억눌리고 침묵하는 그들의 세계에서는 적극적 저항을 이룰 수 없다. 용연마을에서의 저항은 소극적으로 이루어지며, 첫째와 선비의 탈출이 유일한 대책이 된다.

땅을 빼앗긴데다 굶주림을 못이겨 도적질까지 한 첫째의 탈출은 무작정의 이주이지만, 동일한 처지에 있는 많은 사람들을 접하고 자신이 갖고 있는 수수께끼들을 풀 수 있는 기회를 제공하는 가능성의 공간으로의 옮김이다. 농토를 떠난 농민, 더구나 '술잘먹고 사람 잘 치기로 유명한' '부랑자놈'이 도시에서 차지할 위치는 빈민이나 일용 노동자에 불과하며 그나마도 보장되어 있지 않지만, '떠남' 자체만으로도 첫째에게는 앞길에 서광이 비치는 것이었다.

첫째의 떠남은 이서방의 배웅이 있을 뿐 너무도 돌연하고 막연하다. 이에 비해, 선비의 떠남은 상당한 기간의 숙고와 준비 후에 다부진 각오와 결심을 수반하였다. 처녀성 상실 이후 선비의 심정은 혼돈에 휩싸이는데, 이는 그녀의 처녀성의 희생이 결혼이라는 정당한 대가를 지불받지 못했기 때문이다.

    언제부터인지 모르나 그의 머리에는 뭐라고형용하기 어려운 안타깝고 초조함이 저바구니에 외가 들어 잇는것 보다도 더가득히 들어찬 것을 그는 새삼스럽게 깨달앗다. 동시에 그가 언제부터 옥점의 말과 같이 정신이 나갓는지 몰랏다. 어쨋든 그의 맑고 선명하던 그무엇인지는 모르나 그것이 확실히 자신에게서 떠나간듯 하엿다.[46]

덕호의 단순한 육체적 욕망과 자식을 낳고 싶어하는 종족 보존 의지가 요구한 간난이와 선비의 희생은 처녀성의 희생이 결혼으로 나타나는 보편적인 여자의 길이 아니다. 남성 주도의 사회에서 남자로부터 성적으로 더러워진 자신을 깨끗하게 할 수 있는 길이 어머니가 되는 길이라면, 간난이나 선비는 그 기본적인 바램마저 거부당한 여자들이다.[47] 그러한 여자들에게 있어서 처녀성의 상실은 더더욱 심

---

46) 강경애, 앞의 글, 1934.10.24.

각한 상실감과 공허감을 가져올 수밖에 없으며, 이러한 심정을 여성 작가인 강경애가 그 누구보다도 사실적으로 묘사하고 있는 것이다.

혼돈과 상실의 체험 위에 남자의 배신과 타인들의 학대가 가중될 때, 여자는 그 어떤 때보다도 심각한 자아상실의 위기를 경험하게 된다. 이제는 그 위기에 침몰되어 죽음으로 상징되는 침묵 속으로 가라앉든지 아니면 그 위기를 헤어나 주체적인 자아를 회복해가든지 결단을 해야만 한다. 정상상태의 파괴와 위기를 경험함으로써 사회적 관계의 실상과 직면하게 된 여성은 그 관계 속에서 헤어나지 못하면 무의식 상태에서 한낱 객체로 가라앉고 마는 것이다.[48]

선비의 탈출은 자아 침몰의 위기에 직면하여 한동안 혼돈과 침묵의 상태를 맞은 후에야 비로소 이루어지며, 첫째의 떠남보다는 훨씬 진지하고 심각한 결단을 통해 시행된다. 홀홀단신의 고아로 남겨진 선비는 자신과 동일한 상처를 안고 떠나간 간난이를 의지한 채로 그 누구의 염려나 배웅도 없이 길을 떠나는 것이다. 담대하고 단호한 선택과 결단이 수반된 길이다.

> 그날밤! 선비는 봇짐을 옆에 끼고 덕호의집을 벗어낫다. 사방은 먹칠을 한듯이 캄캄하엿다. 그리고 낮에부터 쏘다질줄 알앗던 비는 쏘다지지 안흐나 바람만 실실불기시작하엿다. 선비는 읍으로 가는 신작노에 올라섯다. 선들선들한 바람이 그의 타는 볼우에 훅군훅군 부디치고 지나친다.
> 저편 동쪽하늘에는 번갯불이번쩍 일어서 한참이나 산과 산을 발아게 비치어주엇다. 그때마다 우루루...타는소리가 들린다. 선비는 전같으면 이

---

47) 金鏞熙, "「인간문제」에 나타난 여성의식", 『이화어문논집』10, (1988.3), 578-579면 참조.
48) G.볼스, R.D.클레인 편, 『여성학의 이론』, (을유문화사, 1986), 정금자 역, 172면 참조.

런것들이 무서우련만 이순간 그에게 잇어서는 아무것도 두려울것이 없 엇다. 그는 죽음으로써 모든것을 당하리라고최후의 결심을 굳게 하엿던 것이다.49)

 이처럼 선비의 탈출은 첫째의 떠남과는 달리 죽음을 각오한 결단 이며 선택으로 묘사되고 있다. 그가 당한 심각한 억압과 침탈, 그로 인한 자아상실의 위기에서의 벗어나기 위한 필사적인 노력으로 그려 지고 있는 것이다.
 첫째의 떠남과 선비의 탈출로『인간문제』의 前半部인 용연마을에 서의 이야기는 일단 마무리되는데, 이는 後半部의 적극적 저항으로 이어지기 위한 소극적 저항의 의미로 귀결된다.

c. 여성 노동자의 생활과 자매애의 획득

 용연마을을 떠나온 첫째와 선비, 간난이는 이제 도시로 들어와 저 임금 노동자가 된다. 인천을 배경으로 한 후반부의 이야기는 세 장 면으로 구성된다. 당시 지하조직을 갖고 사회운동에 참여하던 인텔 리 청년들의 생활 모습과 지식인 전향 문제를 지식인 청년 신철을 중심으로 하여 묘파한 것이 그 하나의 이야기이다. 또 한가지는, 인 천 부두를 중심으로 보여지는 남성노동자들의 고달픔과 파업의 전개 이다. 하지만 무엇보다도 중점적으로 다루어진 것은 간난이와 선비 가 취직해 들어간 인천 대동방적공장 내의 여공들의 생활과 이들에 게 가해지는 이중적 억압의 실상, 그리고 억압의 타파를 위한 결연 한 의지와 노력에 대한 묘사이다,

---

49) 강경애, 앞의 글, 1934.11.2.

실제로 1930년대 전반에는 방적공장(제사공장) 노동자들의 수가 부쩍 증가했다. 특히 紡績공장은 부녀자와 나이 어린 유년공들을 기용한 저임금 장시간 노동력의 착취가 어느 분야보다도 극심한 곳이었다. 당시의 여성문제는 일제의 식민지 수탈에 의한 극심한 궁핍으로 인해 여성들까지도 노동시장에 진출하지 않으면 안될 상황 속에서 발생하였던 것이 대부분이다. 이런 점으로 미루어 볼 때, 작가가 특별히 방적공장의 여러 수탈제도와 日人 감독의 성적 희롱 등에 주목한 것은 여성문제의 핵심을 파악한 접근이라 하겠다.

한국여성이 자본주의 산업의 임(賃)노동자로 공장제 생산에 참여하며 저임금 노동력으로 착취의 대상이 되기 시작한 것은 일제의 자본주의침략의 역사와 궤를 같이 한다. 일본의 산업혁명은 영국과 같이 제사(製絲) 방적산업(紡績産業)을 기반으로 시작되었으며, 제사 방적산업의 급격한 발달은 한국을 그들의 수출시장과 저렴한 원료공급원으로 삼은 데서 가능하였다.50) 일제의 잠사업(蠶絲業) 정책은 우리의 전통적 잠사업을 해체하고 일본의 양잠업과 제사업을 강제적으로 이식하는 과정으로 파악될 수 있는데, 그 초기 정책은 일본의 제사업의 원료를 식민지에서 수집하여 반출해 가는 과정이었고 중기 이후는 조선에 직접 제사 자본을 진출시켜 여타의 잠사업 부문을 장악하도록 하는 과정이었다.51)

간난이와 선비가 들어간 대규모의 인천 대동방적공장도 일본 독점자본이 조선에 침투해 세운 공장으로, 철저한 감시와 통제로 재생산 부분까지도 교묘히 관리하고 있음이 잘 드러나 있다.

제 오백 번, 제 오백 일 번이라는 번호를 타가지고 공장으로 들어

---

50) 이효재, 앞의 글, 73-74면 참조.
51) 정근식, 앞의 글, 147면 참조.

가 일을 하게 된 이들의 작업과정은 다음과 같이 묘사되고 있다.

> 위선 남직공이 갖다 주는 초벌 삶은 고치를 펄펄 끓은 가마속에 들어 붓고 조고만 비로 돌아가며 꾹꾹 누른다.그러니 실끝이 모두 비에 묻어 나왔다.(처음에 나쁜 실끝이 모두 비에 묻어 나왔다) 처음에 나쁜 실끝은 비로 끌어내어 가마좌우에 꽂힌 못에 걸어노코나서 다시비를 넣어 실끝을 끌어 올리엇다. 이번에는 약간 누런색을 띠이운 정한 실끝이엇다. 간난이는 실끝을 왼손에 걸어줘고나서 바른손으로 실끝을 하나씩 끌어 사기 바늘에 붙였다. 그러니 실이 술술풀려 올라간다.[52]

간난이의 숙련된 모습을 보며 부러워하는 선비의 기대는 첫 식사를 대하면서 사그러진다. 쌀밥은 틀림없이 쌀밥인데 식은 밥 쪄 놓은 것같이 밥에 풀기가 없고 석유내 같은 냄새가 후끈 후끈 끼치는 '안남미 밥'에 소금 덩이가 와그르르한 새우젓 반찬을 대하며 눈물이 글썽글썽해져 버린 것이다. 게다가 일본인 '호랭이 감독'의 훈시는 공장내의 여러 제도를 설명한다. 일용품까지 배급하는 '소비조합', 3년후에야 찾아 나갈 수 있는 '저금제도', 여공들의 장래를 위해 풍기를 엄밀히 감독하여 개인의 외출을 불허하는 '기숙사 제도', 매해 춘추로 구두를 원가로 보급해 신기고 시행하는 '원유회', 소제를 깨끗이 하고 또 일의 능률을 특별히 낼 때 지급한다는 임금 외의 '상금', 반대로 게으른 사람에게 매겨지는 '벌금'제도 등이 소상히 드러난다.

이는 당시 일본 독점자본에 의해 조선에 세워진 숱한 제사공장의 한 실태를 나타낸 것이다. 1930년대 초 제사 노동은 여성과 소년 노동의 비중이 대단히 컸다. 15세 이하의 소년공이 27%, 16세-18세 여공이 52%나 되어 엄청난 저임금의 착취가 가능했던 곳이 제사공업

---

[52] 강경애, 앞의 글, 1934.11.2.

이었다. 또한 일본인 자본가들은 일본에서 시행되던 노동조건에 대한 여러 법률적 조치가 조선에는 적용되지 않았던 유리한 조건을 보장받고 있었다. 그런데도 이들은 생산성을 올린다는 명목하에 '벌금제'를 채택하여 노동자의 임금을 이중으로 압박하였다.[53]

당시 여공들은 고된 노동, 불결한 거처, 험악한 음식에 출입의 자유와 통신의 자유까지 빼앗긴 무리한 감금, 감독의 구타와 성적 희롱, 침탈 등 인간이하의 대우를 받아 그들의 육체나 정신이 파괴되는 것이 보통이었으며 수시로 탈주를 시도하나 대개는 발각되어 매를 더 맞게 되는 일도 자주 있어 소녀직공 학대문제와 그들의 참상이 사회문제로 제기되기도 하였다.[54] 여공들의 수기[55]를 통해 열악한 노동환경과 그 참상이 공개되기도 하였으며, 당시 빈번했던 방직공장 노동자들의 파업 경위 해명을 통해서도 잘 드러났다.[56]

이같은 노동력 착취와 부당 대우의 실상에 대해서는 전혀 무지한

---

53) 원래 일본의 제사업은 그 자본 축적 과정에서 장시간에 걸쳐 긴장된 노동을 여공들에게 강요하기 위해 '등급 임금제'라는 독특한 임금 형태를 발전시키고 있었다. 이것은 일정 기간 내 전체 여공의 평균 작업 성적에 비교하여 각 여공의 작업 성적의 우위를 결정함으로써 임금이 사후에 결정되는 것이다. 이것을 응용한 것이 조선에서 시행한 '벌금제'였다.: 정근식, 앞의 글, 189면 참조. 이 벌금제가 심하게 적용되는 경우에는 한달 내내 힘들여 일하고서도 임금은 한 푼도 건지지 못하고 식비와 기타 일용품비만 빚으로 떠맡게 되는 사례까지 발생하였다.
54) 『동아일보』, 1927년 6월 25일자 참조.
55) 그 중, 15세에 시집와서 큰 애를 낳고 백일도 못돼 19세 때부터 담배회사에 나와 27년동안 니코틴 냄새와 싸우며 시어머니를 비롯, 다수의 식구를 먹여 살리던 가련한 여공 안아지(安阿只)의 애화는 특히 참혹하였다.: 정오성, "27년간 근로하던 여직공 안아지의 애화 - 그가 공장에 쓰러져 죽기까지", 『신여성』 제7권 6호,(1933.6.) 123-125면 참조.
56) 강창호, "조선방직주식회사 2천2백명의 대파업", 『文藝戰線』 제7권 3호 (1930.3.), 배성찬 편역, 『식민지시대 사회운동론연구』, (돌베개, 1987), 376-377면 참조.

채 '시골에서 조밥도 못먹고 김매던 생각을 하니 가슴이 벅차도록 행복을 느끼는' 순진한 여성 노동자들을 각성시키는 것이 간난이의 사명이었다. 간난이는 이미 자기 몫의 시련을 겪어내고 우뚝 선 선각자의 역할을 감당하며, 선비는 간난이에 의해 각성되어가는 보통의 인물형으로 설정되고 있다. '조직'에 연결된 간난이는, 남자 동료들의 협조를 얻어 감독의 허울좋은 선전과 훈시를 적어 매일 밖으로 내보내고 그 실상을 분석 폭로하는 유인물을 비밀리에 공장 내부에 배포한다.

 이미 주체적 자아를 회복한 간난이는 다른 여성 노동자들의 언니인 셈이다. 그들의 문제까지도 감당해 이를 타파하려는 적극적 의지와 실천력을 보인다. 혼돈으로부터 탈출은 하였으되 아직 자신의 자아를 완전히 회복하지 못한 선비에게 간난이의 말과 행동은 대단히 놀라운 것이며 이해하기 어려운 것이었다. 하지만 그녀들이 가장 쉽게 공감을 느끼고 선비가 간난이의 말을 어렵지 않게 이해할 수 있었던 것은 그들의 체험에서 오는 공감 때문이다. 이는 공장 감독을 통해 계속되는 힘없는 여공들에 대한 성적 유린을 보고 더욱 강화된다. 간난이의 각오 또한 이 부분에서 특히 뚜렷해진다.

> 어쨋든 여공이 감독과 밀회하러 들어간것만음 틀림없었다. 그때 간난이는 어제밤 신철이가 하던말을 다시금 되풀이하며 이대로 두면 이 공장 내에서 일하는 수만흔 순진한 처녀들이 감독의 농락을 어느때나 면하지 못할 것 같앗다. 따라서 어리석은 저들의눈을 어서 띄워주어야 하겟다는것을 깨닫는 동시에 하루라도 속히 천여명의 여공들이 한몸이되어 우선 경제적 이익과 인격적 대우를 목표로 항쟁하도록 인도하여야 하겟다는 책임을 절실히 느끼다. 옛날에 덕호에게 인격적 모욕을 감수하던 그 자신이 등허리에서 땀이 나도록 떠오른다.[57]

여성이 체험을 통해 강해진다는 말은 자신이 여성으로서 받아야 했던 억압과 침탈의 원인을 깨달은 후, 끊임없이 현재 속에서 과거의 모습을 조명하고 다른 여성들의 삶 속에서 자신의 삶과 같은 모형을 발견할 수 있게 되었다는 의미를 포함한다. 이것은 수동적이고 의존적이며 혼돈에 빠져있던 자신의 자아를 밝고 건강하게 회복해내 적극적이며 주체적이고 명확한 상태로 바로 세우는 작업을 이행하게 됨을 의미한다.

남성이 대개 단순히 남성적임에 비해 여성은 남성다움과 여성다움을 동시에 구유하는 경우가 훨씬 많은데, 이는 남성중심사회 속에서의 여성의 체험은 여성을 강하게 하며 그래서 양성을 보유하는 쪽으로 이끌어지기 때문이다. 우리의 영혼에는 그것을 관장하는 남성적 힘과 여성적 힘이 있다고 울프는 상상하였다. 남성의 두뇌 속에서는 남성성이 여성성을 지배하고 여성의 두뇌 속에서는 여성성이 남성성을 지배한다고 보았지만 정상적이고 편안한 상태는 남성성과 여성성이 조화를 이루고 서로 협력할 때라고 하였다.[58] 여성에게 있어서 위기와 억압의 경험은 이같은 정상적인 상태로의 회복을 기도하게 되며 자신의 내면에 감추어진 또 한 性의 일깨움을 받게 하는 것이다.

대동 방적공장에서의 간난이는 사회의 모순을 타파하려는 적극적 의지에 차 있으며, 그 의지의 실현을 위해 행동하는 여성으로 변모하였다.[59] 이는 자신의 내면에 감추어져 있던 남성성인 적극성이 현

---

57) 강경애, 앞의 글, 1934.11.25.
58) 조무석, "버지니아 울프의 양성론에 대하여", 『외국문학』, (1988.겨울), 93면 참조.

실세계의 억압에 의해 깨우쳐져 표면에 분출된 것으로, 다른 동료 여성들을 이끄는 힘을 배태하게 하였다. 그래서 간난이는 선비와 또다른 여공들에게 감정적 유대를 가지게 되며 그들의 언니로서 역할하는 자매애를 발휘할 수 있게 된 것이다.

육체적 정신적 및 경제적인 억압에 대해 분노를 느낄 줄 모른다는 것은 곧 무자아의 의식상태와도 통하는 이야기다.60) 이런 경우 여성들이 흔히 해왔던 유일한 방책은 힘든 현실을 잊는 것이어서 전통적으로 신과 교회는 여성들에게 그러한 역할을 해왔다. 하지만 분노를 느끼고 그 억압의 현실로부터 탈출해 온 것만으로는 자아 회복이 이루어지지 않는다. 또다른 곳에서 유사한 형태로 반복되는 억압의 실상을 깨닫기 위해서는 현실에 대한 첨예한 인식과 깨우침이 수반되어야 한다. 간난이의 말을 쉽게 알아들을 수 없던 선비가 어렴풋이나마 그 말의 의미를 깨닫게 되는 것은, '덕호'로 대표되는 남성 폭력을 체험했기 때문이다.

> 그때 그는 간난이가 일상 하던 말을얼핏 깨다르며 세상에는 덕호와 같은 우리들의 적이 만흔 것이다 그것을 대항하랴면 우리들은 단결하지 안흐면 안될것이라던그말을 그는 다시 생각하엿다.선비는 어떤 힘을 불숙 느꼇다.61)

선비가 간난이의 사업을 이어받을 책무를 부여받게 되는 것은 '덕호와 같은 우리들의 적'에게 대항하기 위한 단결이라는 초보적이고

---

59) 김용희, 앞의 글, 591면 참조.
60) 심정순, "주체적 자아의 완성 -『보라빛』과 『여인무사』에서 여주인공의 경우",『외국문학』,(1988.겨울), 68-69면 참조.
61) 강경애, 앞의 글, 1934.12.2.

경험적인 이해를 통해서 가능해진다. 그리고 동일한 처지를 경험한 여성들끼리의 유대와 공감이 단결을 가능케 하는 힘으로 작용하고 있다.

d. 여성체험의 의미해석과 주체적 자아 정립

용연마을에서는 신철이가 선비를 그리워하며 애태우는 戀情이 지속되었다면, 인천에서는 선비가 첫째를 그리워하여 미처 깨닫지 못했던 과거의 사랑을 회상하여 다시 만날 것을 도모하는 기대가 지속되고 있다. 즉, 『인간문제』 전반부의 이야기 속에는 지식인 청년의 무산계층 여성에 대한 동경과 사랑의 연애담이 숨겨져 있다면, 후반부의 이야기 속에는 무산계층의 여성과 남성의 결합만이 자신들의 정당한 인간 회복을 위한 이상적인 결합이 된다는 작가의 견해가 감추어져 있음을 볼 수 있다.

첫째의 선비에 대한 사랑은 작품의 초두에 이미 시작되었는데, 이를 선비가 수용하게 된 것은 인천 방적공작 여공으로 생활하면서 자신의 처녀성 상실의 의미와 아픔을 확연히 깨닫게 된 이후라는 점이 주목된다. 앓아 누워 계신 선비의 어머니를 위해 소태나무 뿌리를 캐 온 첫째를 '술 잘먹고 사람 잘 치기로 유명'한 '부랑자놈'이라고 박대하며 거부했던 선비가, 도시 노동자가 된 이후로는 첫째의 그 소태나무 뿌리를 귀중하고 정겨운 것으로 연상한다.

그런데 첫째에 대한 그리움과 동시에 떠오르는 것은 자신의 처녀성 상실의 경험이다. '첫째를 만나볼 그 무엇을 잃은 듯' 하지만 선비는 안타까움과 분함때문에 진정한 사랑을 회피하려 하지는 않는다. 간난이의 가르침 덕분인지 선비의 여성체험은 첫째에 대한 그리움을 만남으로 실현시키기 위해 필요한 '힘'으로 전환되는 것이다. 선비와 첫째의 결합에 대한 기원은 수많은 노동자들의 결합과 단결을 상징하여 묘사된다.

> 선비는 어떤 힘을 불숙 느꼇다. 그리고 간난이가 가르처 주는 그대로 하는대서만이 선비는 첫재의 손목을 쥐어보리라 하엿다. 흙짐을 저서 과라진 첫재의 등허리! 실을 켜기에 부르튼 자기의 손끝! 그리고 수만흔 그등허리와 그손들이 모혀서 덕호와 같은 수없는 인간과 싸우지 안으면 안될것이라...하엿다. 보다도 선비의 앞에 나타나는 길은 오직 그길뿐이다.62)

선비가 순진하고 무지한 무자아의 상태로부터 벗어나 현실을 직시하게 된 것은 덕호로 인한 성 침탈에서 비롯되었지만, 그같은 여성 체험을 여성의식으로 성장시키고 자신을 주체적 자아로 정립하게 된 것은 간난이의 자매애를 통한 일깨움과 자신의 진정한 사랑을 회복하고자 하는 소망에 의해서이다. 인간의 자아는 개별적이고 사적이며 원자적인 자아로 구성된 것이 아니고, 우리가 태어나서부터 접촉하게 되는 많은 자아들의 집합으로 구성되는 것이다.63) 특히 식민지 한국사회에서는 동일 계층의 자아들간의 영향과 단결이 중시되었다. 여성문제 역시 무산계층 남성들과의 협조와 지원 속에서 공동의 목표를 설정하고 투쟁함으로써만 해결될 수 있음을 보여준 것이라 하겠다.

선비 뿐만 아니라 첫째도, 그를 이끌어주던 타인들로부터 심각한

---

62) 강경애, 앞의 글, 1934.12.2.
63) 웨인 C.부스, "해석의 자유 : 바흐쩐과 페미니스트 비평의 도전", 『페미니즘과 문학』,(문예출판사, 1988), 131면 참조.

분리를 경험하면서 의존적이던 자아로부터 주체적 자아를 확립하게 된다. 신철은 그의 정신적 지주였다. 그의 가출과 노동자 생활, 조직원으로서의 지도적 활동, 투옥과 사상전향, 옥점과의 결혼은 첫째에게 대단한 충격으로 수용된다. 얽혀있는 모든 수수께끼에 대해 명확한 해답을 제시해주던 신철이 전향을 하고 말았다는 소식은 첫째에게 낙심과 서글픔을 안겨 주었지만, 자아의 분리를 통해 마침내 자신의 문제에 직면케 되는 또다른 강인함을 낳게 하였다.

선비에게는 드높은 공장의 담을 넘어 조직의 지령에 의해 탈출해 간 간난이와의 이별이 분리의 경험이 된다. 여자인 선비의 경우, 이같은 분리는 훨씬 더 심각한 의미를 지닌다. 왜냐하면, 남자 아이가 자기를 돌봐주는 어머니와의 차이화 또는 분리를 통해 성 정체성(gender identity)을 획득하는 것과 달리, 여자 아이는 긍정적인 어머니와의 동일성, 연속성, 동일화를 통해 핵심적인 성 정체성을 형성하기 때문이다.64) 그래서 첫째의 경우 이미 어머니와의 차이와 분리를 경험한데 비해, 선비는 어머니와의 동일시 그리고 간난이와의 자매적 유대로부터 분리되는 최초의 경험을 한 것이다.

결국 선비의 자아는 성침탈에 의한 위기의 경험과 그 현실로부터 탈출을 거쳐, 간난이와의 자매애를 통한 현실 인식 능력의 습득, 첫째를 통한 진정한 사랑의 추구, 그리고 간난이와의 분리를 겪으면서 주체적인 모습으로 바로 서게 되는 것을 볼 수 있다.

그러나 현실은 여전히 강한 힘으로 이들을 압박하고 있어서 그 대결이 만만치 않음을 시사한다. 신철은 전향해서 조직을 떠나 안락한 생활을 찾아가고 힘겨운 과정을 거쳐 주체적 자아를 정립하게 된 선

---

64) 일레인 쇼왈터, "황무지에 있는 페미니스트 비평", 42-43면 참조.

비는 폐병에 걸려 죽음을 맞게 된다. 뒤에 남겨진 간난이와 첫째의 막막함과 분노는 '선비들'이 처한 여성문제가 인간문제의 큰 부분을 차지하며, 수년을 두고 자신들이 풀어내야 할 문제로 현실세계 속에 남겨져 있음을 강조하는 다짐으로 이어지고 있다.

> 이시커먼 뭉치! 이뭉치는 점점 크게확대 되어가지고 그의 앞을 캄캄하게 하엿다. 아니 인간이 걸어가는 앞길에 가루 질리는 이뭉치......시컴한 뭉치, 이뭉치야말로 인간문제가 아니고 무엇일까?
> 이 인간문제! 무엇보다도 이문제를 해결 하지안흐면 안될것이다. 인간은 이 문제를 위하야 몇천만년을 두고 싸워 왓다. 그러나 아직 이문제는 풀리지 안코 잇지 안는가! 그러면 앞으로 이당면한 큰문제를 풀어 나갈 인간이 누굴까?65)

시커먼 뭉치가 된 선비의 시체 앞에서 이것이 아무리 싸워도 해결되지 않을 인간문제임을 절규하는 첫째의 음성은, 앞으로도 싸움의 나날이 장구함을 암시하고 각성을 촉구하는 작가의 목소리이며, '경제적 이익'과 '인격적 대우'를 위해 단결해야 함을 주장하는 전 조선의 여성들을 향한 외침의 소리인 것이다. 따라서 식민지 억압의 역사를 극복하면서 여성 자아를 실현하는 것이 현실세계의 숱한 선비들에게 주어진 과제임을, 선비의 '저항'의 자아 정립을 통해 암시하고 있다.

---

65) 강경애, 앞의 글, 1934.12.22.(完)

〈2〉 궁핍한 어머니들의 헌신과 대응 : 『赤貧』, 「地下村」

1) 희생의 母性과 여성 자아 정립

　모든 여성들이 이중적 억압의 상태에 놓여있다는 말은 특히 빈민층 여성에게 있어서 그 무게를 더한다. 궁핍한 어머니의 가족양육의 부담과 가진 자의 횡포로 다가오는 性的 유린에 대한 대응 등은 어머니 자신의 인간적인 삶에 대한 기원을 품을 수조차 없는 심각한 상황에 직면하게 하기 때문이다.
　인류의 역사 이래로 母性은 여성의 가장 고유하고 아름다운 덕목이며, 그 누구도 그 어떤 것도 감히 도전할 수 없는 고귀한 영역으로 인정되어 왔다. 특히, 남성중심의 정치체제와 부계혈통중심의 가족제도가 서서히 정착되면서 부터는 여성 자신도 다만 자녀 생산을 통한 성취에서 삶의 의미를 찾으며 이를 적극적으로 수용하였다. 여성들이 결혼 이후의 시집살이와 굴종적인 삶을 견디어 낸 중요한 힘은 자식 특히 아들의 출산과 양육을 통한 자신의 지위 개선에 대한 희망과 무관하지 않다. 울프(Woolf)는 중국여성의 삶이 획득적인 성격이 두드러진다는 점을 강조하면서, '자궁가족'(uterine family)의 개념을 설명하였는데, 이는 한국의 전통적 유교 가정의 경우와도 흡사하다. 남편의 집에 편입된 가장 낮은 지위에 있는 젊은 여성은 점차 자신이 낳은 '핏줄'을 그 집안에 더해감으로 자신의 세력권을 구축해 간다. 자신이 낳은 자녀들과 며느리가 포함되는 이 가족은, 연속성이 중시되어 먼 조상까지를 포함하는 남성들의 조상과는 별 관계가 없는 사적인 가족이다. 어떤 뚜렷한 이데올로기나 형식적인 구조도 갖고 있지 않으며 주로 감성과 충성심에 기초하지만, 공식적 가족 못지않은 존재 구속성을 갖고 있다.[66]

울프는 여성을 철저히 배제시킨 유교적 가부장제가 여성을 상당히 성공적으로 흡수할 수 있었던 근거는 바로 자궁가족과 공식적 가족의 목표가 '다행스럽게도' 잘 맞아 떨어졌기 때문이라고 하였다. 즉, 노후의 보상은 여성으로 하여금 억압을 자발적으로 받아들이게 만들었으며 여성은 일생을 통하여 노력하는 성취적 삶을 살아왔다는 것이다.

우리 사회, 특히 조선시대에는 '효'(孝)에 대한 절대적 강조가 이같은 역할을 이행하였다. 즉, 여성들은 열심히 일하고 참기만 하면 언젠가는 어머니로서 보상을 받게 되며 남편 집안의 당당한 조상이 된다는 확신을 갖고 가부장적 체계에 자발적으로 충성을 하여 온 것이다.

하지만 산업화 초기단계인 일제시대에 접어들면서 이같은 사정은 달라진다. 수차례의 전란과 역사적 격변기를 지내면서 사람들은 빈곤과 혼란을 경험하게 되었는데, '생존'이 필연적인 삶의 목표로 대

---

66) 임돈희, "여성과 가족관계", 『여성학의 이론과 실제』, (동국대 출판부,1986). 조혜정, "가부장제의 변형과 극복", 박용옥 외 『한국 여성 연구1 - 종교와 가부장제』, (청하,1988), 248-250면 참조.

두된 일제 침탈의 시기에는 친족집단의 기능도 약화된다. 많은 사람들이 토지를 잃고 농촌을 떠나 광산노동이나 부두노동에 참여하기 위해 멀리 떠났으며, 남성들은 전쟁이나 징용에 끌려 일본, 만주 등지로 가버렸다. 당시 유행한 '서울가신 아빠'나 '비단구두를 사가지고 올' 아빠에 대한 기다림의 노래들이 이 현상을 단적으로 표현해 주고 있다.67)

1920년대 말과 30년대 초반에 걸쳐 진행된 식민지 체제하의 농촌사회의 붕괴와 피폐는 경제적인 붕괴만을 의미하는 것이 아니라 이에 따른 가족의 붕괴를 초래하여 '아버지의 不在'를 낳았고 이에 따라 어머니가 가장의 역할을 대행하게 되었다. 항일운동에 투신해 집을 떠나가 나라의 불행을 통탄하며 방황하고 다니거나 헛된 꿈을 꾸며 광산을 헤매고 다닐 때, 홀로 일꾼들을 데리고 대가집을 지켜나간 宗婦로부터 아들을 찾으러 만주로 떠나는 어머니, 시장에서 장사를 벌이거나 임금노동을 하여 가족생계를 꾸려 갔던 여성들에 이르기까지 여성들의 '바깥' 활동은 대폭 증대하였다. 여성들이 '아버지의 부재'를 메꾸면서 가정은 비공식적인 母중심적 성격을 더욱 강하게 띠게 된 것이다.68)

1930년대 소설에 있어서 가족 내에서의 여성의 위치와 그 억압의 참상에 대한 묘사와 고발은 대개 두 경우로 이루어졌다. 먼저는 과다한 노동에 허덕이면서 포악하고 게으른 남편의 폭력과 횡포에 시달려야 하는 나이 어린 부인의 이야기를 볼 수 있고, 다음은 남편이 부재한 경우에 가족의 생계를 꾸려 가기에 여념이 없으면서도 자식들에게 무한정 헌신하고 가정을 지켜나가는 침묵의 어머니의 이야기

---

67) 조혜정, 앞의 글, 265면 참조.
68) 조혜정, 앞의 글, 266-267면 참조.

를 볼 수 있다. 이를 페미니즘의 시각에서 살펴보면, 전자의 경우는 가부장제의 존립에 대한 근원적인 물음을 야기시키며69), 후자의 경우는 母性의 소유자로서의 여성의 한 모습과 먼저 인간이기를 선언하는 또다른 여성자아가 공존함으로써 야기된 갈등에 대한 물음을

---

69) 여성의 역할은 가사와 자녀양육을 책임지며 자녀에게 정서적 친화감을 느끼게 해주는 것인 반면, 남성의 역할은 외부세계로부터 가정을 보호하고 이 세계에 성공적으로 대처하는 방법을 제시하는 일이라는 고정된 시각에 대해 여성해방론자들은 각기 다른 의견을 개진한다.
자유주의의 경우 개인의 가정생활이란 궁극적으로 개인의 사적인 소관이므로 동거, 동성결혼, 집단결혼, 개방결혼, 공동생활 더 나아가 전통적 결혼까지도 용인한다. 다만 결혼은 일종의 계약이므로 가사노동자인 여성에게 그 남편은 보수를 지불해야 한다고 주장한다.
전통적 마르크스주의의 경우, '일부일처제' 결혼은 경제적 제도로 파악된다. 그래서 여성해방의 첫번째 조건은 전 여성을 공공산업에 투입시키는 것이라고 믿으며 가사 노동의 산업화와 사회화를 강력히 주장한다. 남성이 가족의 재산을 통제하기 때문에 부르조아의 아내들은 실제로 매음녀에 불과하다는 것이 그들의 주장이며, 여성이 가족 내에서 남성과 평등해지기 위해서는 남성들에게 진정한 권력을 부여하는 사유재산제도가 철폐되어야만 한다고 강조한다.
급진적 여성해방론에서는 이성 결혼 자체가 여성 억압을 초래하는 제도라고 봄으로써 결혼이 현재의 형태로 존속하는 한 여성해방은 불가능하다고 믿는다. 그래서 '전 여성공동체'(All Woman Communes)의 설립을 제안한다.
사회주의 여성해방론에서는 여성들이 하는 육아, 요리 등은 어떤 사회에서나 필수불가결하기 때문에 통상적인 의미에서 생산적이라고 지적한다. 노동계급 가정주부의 보이지 않는 생산물은 곧 노동력이므로 국가는 가정주부에게도 임금을 주어야 한다는 것이다. 가정형태의 변화를 경제체제의 변혁이 일어날 때까지 기다릴 수 없다고 믿으며, 그래서 소유욕과 의존 상태에서 해방되고 전통적 결혼 또는 배우(配偶)형태로부터 결별하도록 고취하는 여성의 생활 양식을 창조하는 것이 절박하다는 주장이다. : 앨리슨 재거 외 編,『여성해방의 이론체계』, (풀빛,1983), 357-368면 참조.
1930년대 한국사회에서의 가족 내 여성억압 문제는 이러한 시각으로 풀리기 어려운 특수성이 있는 것이 사실이다. 절대 빈곤으로 인한 인간성 훼손의 상황, 그로 인한 全般的인 비인간화 경향, 구조적 모순으로 인한 분노의 개인적 폭발에서 비롯된 부인 학대, 봉건적 遺習의 폐해 등을 고려해야 할 것이다.

불러 일으킨다.

　현대 사회에 있어서는 母性의 의미와 개념이 변화하고 있는 것이 사실이다. 자녀들에 대한 무조건적 애정이라는 점에 있어서는 변화가 없다 할지라도 소유욕과 애정의 구분, 자주적 인간으로의 양육을 위한 자율성 장려 등에 의해 그 실현방식이 과거와는 많이 다르게 요구되고 있는 것이다. 하지만 1930년대 우리 사회에서의 어머니의 삶은 이와 다를 수밖에 없다. 특히, 생존을 위협하는 극한 궁핍에 이르러 여성자아의 정립은 고립적인 자신만의 세계속에서 이루어질 수 없었으며, 일단은 생존을 위한 제반 활동과 몸부림에 뒤얽혀 잠재적으로 서서히 이루어질 수밖에 없었으리라고 보아진다. 이러한 점은 두 여성작가의 독특한 여성 시각에 의해 포착되고 있으며 특히『赤貧』과 「地下村」에서의 여성인물들에 의해 잘 드러나고 있다.

2-1) 무보상의 '나눔'과 헌신의 母性

　『赤貧』은 1934년 11월에 『開闢』에 발표되었던 백신애의 대표작으로, 참담한 가난 속에 선 한 늙은 노파의 생활고와 어머니로서의 삶을 묘파한 작품이다. 그런데 현재 전하는 대부분의 작품은 『現代朝鮮文學全集』 단편집 中 (조선일보사 출판부, 1938)에 실린 改作된 것으로, 改作『赤貧』은 원작에 비해 전체적인 줄거리의 변화는 없으나 부분적인 퇴고가 작품을 보다 생기있게 하고 있어, 보다 흥미롭고도 생동감 넘치는 묘사를 전개하고 있다.[70]

---

70) 원작과 개작을 비교 검증한 사람은 한명환인데, 그는 『赤貧』뿐만 아니라 『꺼래이』, 『糊塗』가 개작되었음을 밝히면서, 그 달라진 부분을 구체적으로

여성작가의 작품인 경우, 그 작가가 여성으로서 겪는 삶의 체험이 직접적으로든지 간접적으로든지 중요한 작품 내적 요인이 됨을 앞서 설명하였다. 강경애의 체험이 비교적 직접적으로 여러 작품에 반영되었다고 한다면, 백신애의 체험은 구체적인 디테일로 반영되기 보다는 그 지향점에 있어서 꾸준한 지속성을 보이는 작품의 정신사적 축을 형성하는데 기여했다고 생각된다.

길지 않았던 그녀의 생애(1906-1939)[71]를 살펴보면, 부유하지만 엄격했던 가정 분위기와 대담하고 열정적이었던 그녀의 기질 사이에 빈번한 갈등과 충돌이 있었음을 볼 수 있는데, 이로 인해 그녀의 작품에는 꾸준하게 여성문제에 대한 인식과 여성의식이 표출되고 있다.

慶北 永川에서 미곡상과 정미소를 경영하여 巨商으로 꼽히던 白乃酉씨의 외동딸로 귀여움을 독차지하던 미모의 백신애였지만, 그 부친의 완고성으로 인한 차별적인 교육기회의 제공에 항의하고 축첩으로 인한 어머니의 고통을 바라보면서 커야 했다. 하지만 대담하고 열정적이었던 백신애는 이같은 가정에서의 탈출을 시도하며 자신의 길을 찾기 위해 몸부림하였는데, 1년 8개월의 교사생활 끝에 '서울로 뺑소니쳐 올라간'[72] 후 사회주의 여성단체인 「朝鮮女性同友會」[73]

  인용 비교하였다.: 韓明煥, "白信愛硏究", 고대 대학원 석사학위 논문, (1986). 작가 자신의 의도적인 개작은 수용되어야 하며 실제로 현재의 독자들이 대하는 작품도 대부분 개작본이므로, 이 글에서는 개작본을 텍스트로 삼고자 한다.
71) 백신애의 生年은 대개 1908년으로 전해지고 있으나, 한명환은 그녀의 호적 등본이 1923년 3월12일에 정정 신청에 의해 明治 39년(1906)생으로 정정되었음을 밝히고 있다.: 한명환, 앞의 글, 15면 참조.
72) 白信愛, "自敍小傳", 『女流短篇傑作集』, (조선일보사 출판부, 1938), 273면 참조.
73) 「조선여성동우회」는 鄭鍾鳴, 許貞淑, 丁七星, 朴元熙 등이 발기하여 1924년 5월 발족된 사회주의 계열의 여성단체로, 부인의 해방은 결국 경제적 독립

와 「京城女子靑年同盟」74)에 가입하여 겁없이 매사에 뛰어드는 정열과 담력으로 '노란 氣焰을 막 吐'75)하는 적극성을 보이기도 했다.

자신이 처한 현실세계로부터의 탈출과 변화를 시도하던 백신애는 무작정의 시베리아행76)까지도 시도하였다. 귀국 후 부친과 별거중이던 어머니와 지내면서 어머니의 육친적 사랑과 자신의 의지 사이에 빚어지는 갈등을 그린 「나의 어머니」를 『朝鮮日報』 신춘문예에 응모, 당선됨으로써 문단에 데뷔하였다. 그의 두번째의 가출은 동경유학을 위해서였다. 하지만 학비조달에 어려움을 느끼던 중 부친의 귀국명령에 의해 귀국, 결혼하였다가 이내 파경을 맞고야 만다. 부친의 축첩으로 인한 어머니의 외로움과 고통을 지켜봐야 했던 백신애 자신에게 이제는 '하늘'로 군림하려는 남편의 존재가 느껴져와 비참한 여성의 처지를 실감하게 된 것이다.

그녀가 가난한 사람들의 생활을 지켜 보았던 것은 결혼 前後, 그의 부친이 가꾸던 반야월의 과수원에서 지내던 때였다. 백신애가 즐

을 통해서만이 가능하다고 보아 사회주의 경제체제로의 변혁을 주장하였다. 각 지방에 40여개의 지회를 조직하고 문맹퇴치, 농촌 계몽, 토론, 교양강좌 등을 개최하던 이 회에서 백신애는 상무위원으로 활약하여 순회연설을 하기도 했다.: 崔民之, "韓國女性運動小史", 이효재 편, 『여성해방의 이론과 현실』,(창작과비평사, 1983), 241-244면 참조. 『東亞日報』 1926.5.23.참조.

74) 「경성여자청년동맹」은 火曜會, 北風會의 지도 후원 아래 1924년 許貞淑, 朱世竹의 주도로 조직되었던 사회주의 여성단체이다. 이 회의 창립 2주년 기념식 때 백신애는 자발적으로 사회를 맡아 진행하였다.: 백신애, "철없는 司會者", 『中央』, (1936), 148면 참조.
75) 白信愛, "自敍小傳", 앞의 책, 273면 참조.
76) "맨발로 시베리아를 헤매었다"(소설가 강노향 傳言)고도 하고, "사흘을 굶어 기진맥진하여 초원에 쓰러진 것을 러시아의 한 노파가 구해 닭을 고아 먹여 살려냈다"(사촌 여동생 백복잠 傳言)고 하는 것으로 보아 무계획적인 여행으로 추측된다.: 김용성, 『한국현대문학사탐방』, (현암사,1984), 230-231면 참조.

겨 다루던 소설속의 인물들에 술과 노름으로 놀아나는 寄生者인 남편과 품팔이로 생계를 유지하는 아내가 많음은 이 때 과수원에서 일하는 여인네들에게서 받은 인상이었을 것이라고 추측된다.77) 강인하면서도 예민한 감수성을 지녔던 그녀는 이혼 후 심각한 실의와 좌절에 빠졌다. 과자 한 두 개만 먹어도 소화해내지 못할 정도의 심한 위통으로 고통을 당하다가 1939년 5월 췌장암으로 마침내 34세의 짧은 생애를 마치고야 만다.

 21편의 작품78)을 남긴 그의 활동기간은 10여년이지만 실제로 작품을 쓰고 발표한 시기는 1934-1939년의 6년간이었다. 그녀의 작품창작은 짧은 기간동안에 이루어졌으며, 그나마도 외부 문단과 차단된 채 그 누구의 가르침 없이 스스로 이루어야 했던 독자적인 세계로 형성되었다. 그녀의 창작 활동은 내면의 깊은 외로움이나 갈등, 그리고 여성이기 때문에 제약받아야 했던 인습의 굴레에 대한 불만 등을 표출할 수 있었던 유일한 출구였다고 여겨진다.

 그녀의 작품군은 주인공의 내적 갈등과 내면 심리를 묘사한 자전적 작품으로 평가되는 「나의 어머니」(1929), 「落伍」(1934), 「混冥에서」(1939), 「아름다운 노을」(1939)등과 주변 인물들의 관찰을 통해 얻게 된 무산계층 여성과 구식 여성에 대한 동정과 공감을 묘사한 「福先伊」(1934), 「彩色橋」(1934), 「食因」79)(1936),「小毒婦」(1938), 「狂人手

---

77) 백신애는 과수원에서 지내면서 특히 가난한 여인들의 생활에 주목했던 것같다. 참으로 인자한 면도 있어서 과수원에서 일하는 아이들을 모아놓고 글도 가르쳤다 한다.: 김용성, 앞의 책, 232면 참조.
78) 서정자 교수는 백신애의 작품을 21편으로 보았는데, 여기에는 자신이 새로 발굴한 장편 「의혹의 흑모」(『中央』, 1935.8.)와 꽁트 「賞金參圓也」(『동아일보』, 1935. 7. 31.- 8.1.), 꽁트 「가지말게」(『白光』, 1937.6.)를 포함하였다.: 서정자, "일제강점기 한국 여류소설연구", 숙명여대 대학원 박사학위 논문,(1987), 197-198면 참조.

記」(1938) 등으로 크게 나눌 수 있다.80) 이에 속하지 않는 몇 작품81) 중에서 「써래이」(1934)와 『적빈』(1934)은 특히 주목할 만한 작품인데, 「써래이」는 작가 자신의 시베리아 유랑체험이 반영되어 고향을 버리고 무작정 이주를 감행할 수밖에 없었던 식민지 조선인의 설움과 참담함이 형상화된 독특함을 볼 수 있고, 『赤貧』은 극심한 궁핍을 묘사한 것이기는 하되 그 궁핍에 의한 희생자이기보다는 하염없는 수여자이기를 원하는 늙은 어머니의 끈끈한 생의 의지가 묘파된 점이 탁월하기 때문이다.

여성독자의 시각에서 볼 때, 『적빈』은 두 방향에서 읽힐 수 있다.

---

79) 「食因」은 여러 작품집과 논문에서 그 작품명이 「食困」으로 잘못 기재된 채 다루어지고 있는데 이는 분명히 고쳐져야 한다. 「食因」은 『批判』, (1936.7.)에 발표되었다가 후에 「糊途」로 改題되어 『女流短篇傑作集』(조선일보 출판부, 1939)에 수록되었다. 이 때 '糊途'는 2가지로 해석될 수 있는데, 먼저 문자 그대로 이해한다면, 입에 풀칠을 하고 생계를 유지해야 하는 길, 즉 생계조차도 해결하기가 힘든 삶의 노정을 의미한다고 볼 수 있다. 또 다른 해석은 '糊途'를 '糊塗'의 誤記로 보는 것이다. 그렇다면 '糊塗'는 명확히 결말을 내지 않은 애매모호한 상태를 말하는데, 옥계댁의 생계가 막연하고 삶의 고통이 그 끝이 보이지 않음을 의미한 것으로 이해된다.
80) 지금까지의 연구는 대부분 이같은 분류에 동의하고 있다. 현재까지 이루어진 백신애 연구 성과는 다음과 같다.
徐正子, "백신애소설연구-女性리얼리즘의 양상", 『원우론총』, (숙명여대대학원 원우회, 1984).
──, "<아름다운 노을> 攷 - 白信愛文學의 志向點 硏究", 『청파문학』 4집,(1984).
──, "日帝强占期 韓國女流小說 硏究", 숙명여대 대학원 박사학위 논문, (1987).
李貞玉, "韓國女流小說硏究 - 1920,30년대를 中心으로", 서강대 대학원 석사학위 논문, (1988).
周貞淑, "백신애소설연구", 계명대 대학원 석사학위 논문, (1989).
韓明煥, "白信愛硏究", 고려대 대학원 석사학위 논문,(1986).
81) 「顎富者」, 「써래이」, 「적빈」, 「멀리간 동무」, 「鄭賢洙」, 「貞操怨」, 「學士」, 「어느 田園의 풍경」, 「一女人」 등이 있다.

먼저는 '매촌댁 늙은이'와 그 며느리인 '벙어리'를 통해 묘사되는 여성수난에 대한 관찰과 고발이며, 다음으로는 그러한 궁핍과 억압에 대응하는 늙은 어머니의 독특한 수용방식에 대한 물음이다.

여성수난에 대한 고발은 '매촌댁 늙은이'의 신분하락에 대한 암시로부터 시작된다. 은진송씨(恩津宋氏) 송우암(宋尤庵)선생의 후예로 '귀남이'라는 유식한 이름까지 지니고 성장했던 그녀의 전락은 게으르고 심술사나운 남편으로 인한 가난에서 비롯된 것임을 알 수 있다.[82] 착취자에 불과했을 남편은 그녀의 삶에 아무런 도움도 되지 않았을 것이고, 남편의 부재로 인한 가족부양의 책임은 막중한 것이어서 어머니 家長의 생활 역시 순탄치만은 않았을 것을 알 수 있다. 그래서 험난한 과거를 지나 현재 소개되는 그녀의 모습은 '더럽고 불쌍하고 얄미운 거러지보다 더 가난한 늙은이'이며 뭇사람들의 멸시의 대상이다. 매촌댁 늙은이에게 보내는 멸시는 '얄미운'이 던져주는 미묘한 뉘앙스를 통해 보통사람들과는 다른 그녀의 삶의 방식에서 비롯된 것임을 짐작할 수 있다.

가부장제 가정에 있어서 '아들'은 여성의 지위를 돈독하게 하고 노후의 보상을 기약하는 것이 일반적인데, 매촌댁 늙은이에게는 이러한 기약조차도 全無하다. 그 아들들은 孝를 수행하기는 커녕 한 가정을 이루고 살면서도 여전히 그 어머니에게 의존하는 寄生者이다. '모든 일에는 돼지같이 둔하고 욕심 굳고 철딱서니 없고 소견 없는 명짜이면서도 술 먹고 담배 피우는 데는 그야말로 일당백(一當百)'인

---

[82] 실제 여성들의 삶과 마찬가지로 많은 문학작품에 있어서 여성의 수난은 폭력적인 처녀성 침탈과 잘못된 결혼에서 비롯됨을 볼 수 있다. 그런데, 한국의 문학작품에 있어서는 반드시 경제적 궁핍이 여성수난의 중요한 요인으로 결부되며 그래서 그 수난과 억압의 상태는 더욱 가중된다.

큰아들 '돼지'는 남의 일을 해주고도 삯전은 받지 않고 술만 얻어먹고 돌아올 뿐 아니라 그나마도 동리에서 쫓겨나게 되어 남의 집 곁방살이로 들어가게 된다.

큰아들 '돼지'가 그 어머니에게는 경제적 기생자, 착취자라면, 그 부인인 '벙어리'에게는 육체적 학대자이며 비인간적인 폭력자다. 그래서 '돼지'라는 별명이 끝없는 허기와 탐심을 연상케 해 기아선상에서의 경쟁과 남성적 폭력을 상징한다면, 이에 비해 '벙어리'라는 신체적 불구의 여건은 입은 있어도 고통을 제대로 표현하지 못하는 여성억압의 현실을 표징한다[83]고 하겠다.

'돼지'의 부인학대와 게으름은 인간 이하의 것이다. 임신한 부인에게 폭력을 행사하며 가족 양육은 커녕 자신의 굶주림조차 해결하지 못하는 상태에서 '턱없는 꿈을 꾸며 딩굴딩굴 구르기만 하는' 돼지의 게으름은, 가난 속에서 서로를 위로하고 의지하며 밝은 미래를 꿈꾸는 소망을 품는 건전한 부부상을 여지없이 깨뜨리고야 만다. 가난한 부부는 자신들이 동일한 처지에 있다는 사실을 인식하고, 장래에 인간답게 살아가기 위하여서는 모든 인간을 자유인으로 하는, 근본적으로 평등한 사회가 이루어져야 한다는 것을 깨달을 때 두 사람 사이에 행복한 관계가 성립한다.[84] 그렇지 않은 상태에서 두사람은 부부이기 이전에, 부족한 먹이를 두고 힘으로 겨루어 상대를 억압하는 동물적인 결합의 관계일 뿐이다. 심지어는 자신의 부인이나 자식까지도 자신의 먹이를 침탈하려는 경쟁자로 인식하며, 자신의 힘앞에 굴복하여 먹이를 구해다 바치는 연약한 복종자 정도로 생각

---

[83] 李貞玉, "韓國女流小說研究 - 1920,30년대를 中心으로", 서강대 대학원 석사학위 논문, (1988), 85면 참조.
[84] 아우그스트 베벨/ 정윤진 譯, 『女性과 社會』, (보성출판사, 1988), 146면 참조.

하는 것이다. 그야말로 인간성의 毁損이며, 철저한 비인간화이다.

『적빈』에서의 게으른 남자의 횡포는 무엇보다도 그 부인에게 가장 직접적임을 볼 수 있는데, 해산 후의 부인을 먹을 것을 쪼개야 하는 귀찮은 경쟁자로 생각할 정도의 '먹을 것' 우선의 세계를 보여준다.

"그년 아이를 낳고 아프지도 않나베. 밥이야 억세게 처먹는다. 나도 배가 고파 죽겠다. 제---기."
돼지는 태를 태우며 버럭 소리를 지르는 것이었다.85)

이같은 父性의 상실은 1930년대 여성작가의 작품에 숱하게 등장하는데, 그에 비해 母性만은 절대적으로 지켜지고 있음이 대조적이다. 극한의 상황에서 굶주림에 지쳐 생명을 잃을 듯하면서도 '아이'만은 기어이 지켜내려는 어머니들의 모습86)에 비해, 목숨을 걸고 간신히 낳은 아이까지도 죽게 하며87) 마약을 구하기 위해 간난 아이를 떼어 놓은 채 그 부인을 팔아먹는88) '父性의 상실'은 인간의 가장 기본적인 혈육관계조차도 거부하는 극한의 궁핍 속의 남성 횡포이다.

극한의 궁핍 속에서 드러나는 父性의 상실과 母性의 고수는, 출산에 있어서의 상이한 체험과 역할 분담이 여성과 남성간의 사유방식의 차이로 이어진 것이라 할 수 있다. 오브라이언에 따르자면, 출산과정에의 참여가 극히 미미한 남성의 체험에 있어서 종(種)의 존속은

---

85) 백신애, 『赤貧』, 앞의 책, 141면.
86) 예를 들면, 남의 집 헛간에서 굶주림에 시달리다 못해 눈물을 흘리며 파뿌리를 씹어 넘기며 기운을 차리려 애쓰는 『소곰』(강경애作)에서의 '봉염어머니'나 밭고랑에서 흙묻은 무우를 뽑아 잎사귀째 마구 씹어 삼켜 해산의 힘을 얻는 「糊塗」(백신애作)에서의 '옥계댁' 등을 볼 수 있다.
87) 「糊塗」에서 결국 아이 넷을 모두 발길로 차 맞아죽게 한 셈인 '옥계댁'의 남편 최씨
88) 「麻藥」(강경애作)에서의 보득아버지

여성에 비해 훨씬 추상적이며, 이러한 체험의 결여는 남성이 자연을 통제하고 남을 지배하려는 경향을 갖게 된 것과 상관 관계를 갖는다는 것이다.[89] 반면 여성은 출산 직후 아이와의 분리되더라도 여전히 그 아이가 자신이 진통을 해서 낳은 자신의 아이라는 구체적 느낌을 갖고 있어서 통합의 경험을 하게 된다. 이같은 여성의 출산과 육아의 체험은 자연과 조화로운 관계를 맺게 하며 그 연속성을 확인하게 하여 지배나 정복에 의존하는 남성과는 다르게 조화와 통합, 수용의 능력을 소중히 여기게 된다. 『적빈』에서의 이같은 여성성의 확인은 두 며느리보다는 '매촌댁 늙은이'에게서 이루어지고 있으며, 자신의 허기는 돌보지 않은 채로 수행하는 며느리의 解産 뒷바라지를 통해 표현되고 있다.

'돼지'의 게으름이 천성적이고 무지한 것으로 보여지는 반면, 둘째 아들인 '매촌이'는 한때 건실하지만 턱없는 욕심으로 인해 동네 알부랑 노름꾼에게 그동안 번 돈을 날려 보내는 급격한 전락을 보인다. 이는 식민지 농촌사회의 피폐와 허욕으로 인한 '한탕주의'[90]를 드러낸 것으로 비교적 사회성이 짙다. 그래서 『적빈』의 두 아들은 일반적인 남성의 전횡적 횡포와 사회구조적 요인에 의한 어쩔 수 없는 전락을 동시에 보여주고 있다. 이러한 횡포와 몰락을 견뎌내야 했던 것이 궁핍한 식민지 한국사회의 여성의 삶이었던 것이다.

잘못된 두 아들을 묵묵히 보살피는 '매촌댁 늙은이'의 생활 전략

---

89) M.O'Brien, 『The Politics of Reproduction』, (London:Routledge Kegan Paul, 1981). 조혜정, "性의 사슬 풀고 자기언어 가지기", 『文學思想』, (1990.2.), 75-76면 참조.
90) 일제 독점 자본의 침투로 말미암은 자본주의의 악영향은 일반 서민들에게 무노동의 수확에 대한 기대로 이식되었는데, 노름, 미두, 광업 등이 이에 해당한다 하겠다.

은 母性의 현실적 발휘에서 비롯된 것인데, 참으로 기발하다. 짓밟힘을 당해도 결코 짓밟히지 않을 것이며, 멸시를 해도 결코 멸시당하지 않은 채로 '히에—'하고 고양이처럼 웃어넘길 것, 슬퍼할 줄도 낙심할 줄도 모를 것, 하지만 절대 공평할 것 등이다. 체념과 인내, 無心의 경지를 보이는 한편, 공평분배의 원칙만은 지켜낸다.

백신애는 이 『적빈』에서 分配라는 패턴을 사용함으로써 이 작품을 리얼하고 보다 그럴듯하게 보이게 했는데, 말하자면 이 분배의식은 母性의 기본요소로부터 治家의 原理에까지 확대가 가능한 패턴이다.91) 작은 며느리의 해산때 쓰려고 감춰둔 명태를 큰며느리집으로 옮기면서 주위를 살피는 조심성은 물질의 정확한 분배가 어머니의 공평한 애정 분배로 이어지고 있음을 알 수 있게 한다. 이는 여성작가가 아니고는 포착하기 어려운 정밀한 묘사라 하겠다.

또 한가지 '매촌댁 늙은이'를 돋보이게 하는 것은 치유의 기능인데, 서투른 의원보다 아는 것이 많은 그녀의 치유력은 교육과 전문적 기술에 의해 습득된 것이 아니어서 마치 生來的인 것인 듯한 느낌을 준다. 이는 손자의 탄생을 통해 받는 기쁨과 마찬가지로 그녀의 체념과 인내, 無心의 경지가 생명력의 고수와 무관하지 않음을 시사한다 하겠다. 즉, 앓던 아이를 소생시키는 그녀의 치유력과 '예순 셋에 처음으로 보는 손자'에게서 얻은 감격은 무보상의 '나눔'과 헌신을 그럴 만한 것으로 바꾸어주는 것이다.

'사내'의 표징에 기뻐하는 전통적 사고의 한계를 보이기는 하지만, 그녀 삶의 고생과 허기가 일순간에 씻겨지는 듯한 탄생의 기쁨은 특히 여성에게 있어서 감격적인 것이며, 의미있는 것이다. 이는

---

91) 서정자, "백신애 소설 연구 - 女性리얼리즘의 樣相", 『원우론총』2집,(숙대 대학원 원우회, 1984), 51면 참조.

억압 체제에의 도전과 평등의 쟁취를 위한 제반 시도와는 거리가 먼 것이지만, 굴종과 인내를 요구하는 상황 속에서 누구보다도 자신을 당당하게 지켜내게 하는, 모든 것을 빼앗겨도 생명만은 지켜내는 모성적 원리이다. 모성적 원리는 쟁취나 도전보다 오히려 설득력있는 통합과 조화의 원리이기 때문이다.92)

그런데 문제는 이같은 母性이 여성중심적 가치로 수용되지 못할 때 그것은 기존의 남성중심적 가치관에 의해 규정되어 온 그대로 '암컷의 강한 동물적 충동'이거나 '처절한 아름다움'이라는 본능적인 희생욕구의 실현에 불과한 것으로 규정되고야 만다는 점에 있다. 이는 결과적으로 부당한 지배자들에게 악용되어 그들의 권력유지와 존속에 간접적으로 기여하게 되는 오류를 발생케 하는 것이다. 어머니의 희생과 고통은 본능적인 만족에서 기인한 것이 아니고, 그들이 임신과 출산의 수고 그리고 자녀를 보살피는 과정에서 자라나고 길러지는 문화적 활동의 산물임을 기억해야 한다.93)

'매촌댁 늙은이'에게서 볼 수 있는 이같은 '나눔'과 헌신도 어쩔 수 없이 감내해야 하는 희생적인 것으로 여기기보다는, 궁핍한 가정의 중심에 선 어머니로서 자기 삶의 의미를 찾고 그 삶을 충분히 보람있는 것으로 이끌고자 하는 여성 본능의 지혜에서 비롯된 자아의 확산이라고 보아야 한다고 생각된다. 살벌하고 황폐한 최악의 상황 속에서 자신을 지켜내는 한 가지 지혜가 사랑의 나눔인 것과 같이 『적빈』에서의 어머니는 절대 궁핍의 가정에서 자신의 삶을 피폐하지 않게 지켜내는 참다운 지혜를 母性의 발휘로서 체득하여 표면상의

---

92) 정영자, "현대 여성소설의 특성과 그 문제점", 한국여성연구회 편,『여성과 문학』1집,(문학세계사, 1989), 9면 참조.
93) 조혜정, 앞의 글, 76-77면 참조.

무자아의 상태속에서 자신의 참된 자아를 추구하는 모습을 보여준다 하겠다.

여성이 자신의 억압상태를 인지하고 이를 극복하고자 하는 긍정적인 힘을 이끌어내어 억압집단의 형성과 참여를 이루어야 함에도 불구하고 이를 수행하지 못할 분산적, 고립적 상황에서 처했을 때, 무보상의 '나눔'과 헌신을 통해 발휘되는 母性은 자신을 당당하게 지켜내고 삶의 의미를 찾게 하는 큰 힘이며 여성 본능의 지혜였음을 인식해야 할 것이다. '텅빈 뱃가죽은 등에 가 붙고 입안과 목안을 송진으로 붙인 듯'한 상태에서도 '사람은 똥힘으로 사는데...'하면서 배설의 욕구까지도 참고 마는 우스꽝스러운 한 노파의 모습은, 오랜 억압과 극심한 궁핍의 상황 속에서 母性의 발휘를 통해 한없이 자신을 비우면서 사실은 자신을 지켜낸 참으로 지혜로운 인간의 모습이다 하겠다.

2-2) 관계의 중심에 선 어머니

「地下村」은 1936년 3월 12일부터 4월 3일까지『朝鮮日報』에 연재되었던 강경애의 作品으로, 지독한 가난을 묘사하고 있다. 그 가난에 대한 적나라한 묘사는 '소설이 과연 이런 지경에까지 이르러도 좋은가를 묻지 않을 수 없는 벼랑에까지 몰고'[94]갔다는 탄식이 나올 정도이다.

우리 문학사에서 1930년대 소설문학은 1935년을 전후해서 그 내적

---

94) 김윤식,『한국현대문학명작사전』, (일지사, 1979), 268-271면 참조.

형식에 커다란 변화를 보이며 전반적으로 리얼리즘 문학이 퇴조하는 데, 이는 1920년대말부터 1930년대 초에 강성했던 사회운동과 카프 소속 작가들의 치열한 현실대결 의지, 창작방법론의 모색 등이 1935년을 고비로 현저히 약화된 까닭이라고 할 수 있다. 그래서 1930년대 후반의 소설에서는 현실 변혁의 낙관적 전망을 성취하는 긍정적 주인공이 점차 자취를 감추며, 出獄 後 生活苦에 시달리며 현실의 압박을 느껴야 하는 무기력한 주인공과 전향한 지식인에 대한 동정적 묘사가 우세함을 볼 수 있다.

강경애의 소설들도 대체로 이같은 변모를 보이고 있다.95)

올바른 여성의 삶을 모색하려는 그녀의 주제의식 역시 어느 정점을 계기로 현저히 약화됨을 볼 수 있는데, 변혁에의 전망을 지녔을 때는 주로 역경과 환난을 딛고 '일어서는 여성상'으로 보여지던 낙관적 현실 인식과 대결 의지가 사라지면서, 저항할 의지조차 추스리지 못한 채로 자포자기의 절망에 빠져 이중적 억압에 짓눌린 여성들의 참혹한 삶을 현실고발적 차원에서 묘사한 작품들이 쓰여졌다.96)

여성독자의 입장에서 살펴볼 때 「지하촌」은, 생존을 위협하는 극한의 가난 속에서 여성이기 때문에 겪어야 하는 또다른 체험이 치밀하게 묘사된 작품으로 읽혀질 수 있다.

---

95) 강경애 소설작품의 변모는 국내적 요인과는 다소 다르다고 보아야 하는데, 그녀는 만주에서 생활하였고 그 남편 장하일이 중학교 교사 생활을 하면서도 여러 '동지'들과의 관계를 중시한 점으로 보아 항일유격대 활동에 관여했을 가능성이 높기 때문이다. 그래서 이상경은 일제의 만주침략으로 인한 간도지방에서의 항일유격 활동의 약화를 강경애의 현실인식 퇴조의 직접 요인으로 파악하고 있다.: 이상경, "만주 항일혁명운동의 문학적 수용 -강경애론", 김윤식·정호웅 편, 『한국문학의 리얼리즘과 모더니즘』, (민음사, 1989), 149-151면 참조.
96) 이 책의 3부에 실린 "식민지 시대 한 여성작가의 현실인식과 여성의식-姜敬愛 小說에 나타난 女性意識 硏究"를 참조할 것.

강경애가 포착한 궁핍에 의한 인간성 훼손은 '不具者'와 '病者'로 표징되며, 이들의 처참한 생활로 묘사된다. 어릴 때의 병으로 팔다리가 망가진 채 동냥을 다니는 칠성이, 옆집의 소경된 큰년이, 그리고 칠성이가 멀리 동냥 나갔다가 만난 어느 사내는 전자의 부류이며, 후자의 예로는 칠성이 엄마와 큰년이 엄마, 그리고 칠성이의 간난동생 영애 등이다.97) 이로 인해 가난이 안겨다주는 비극적 참상의 무게가 현저히 증가하고 있다. 이들의 고통은 견디기 어려운 것이어서 누군가로부터의 위로와 보살핌을 요구하게 되는데, 바로 이러한 요구의 중심에 선 사람이 그들의 '어머니'이다.

어릴 때의 병으로 약 한 첩 써보지 못하고 불구자가 되어 놀림을 받으며 동냥을 다니는 칠성이와 동냥갔다 온 형을 따라 다니며 먹을 것을 얻어내려 보채는 칠운이, 그리고 머리에 종기가 나서 파리와 구더기가 이글거리는 채로 굶주림에 헉헉대며 피똥을 싸대는 어린 영애의 뒤에는 그 어머니가 있다. 지독한 일과 피로에 시달리면서도 동냥나간 아들을 염려하며, 극심한 궁핍으로 인해 가족간의 다툼과 증오가 쌓여가는 상황에서 그들을 서로 이해시키고 보살펴야 하는 어머니에게는 '자신을 위한 생'보다는 울음과 애닯음의 그침이 우선 필요하다. 굶주림과 짜증, 아귀다툼의 세계에서 투박한 욕설로 애정표현을 대신하며 서로 학대하고 저주하는 극도의 궁핍을 겪어내면서, 그 어머니는 또한 그들을 달래고 위로해야 하는 또다른 책무를 지닌 것이다.

자신의 피로와 고통은 생각할 겨를도 없이 각 자녀들의 고충을 헤아려 위로하는 역할을 이행해내는 것이 어머니의 모습이다. 동냥 나

---

97) 조남현, "姜敬愛 硏究", 『한국현대소설연구』, (민음사, 1987), 149-150면 참조.

갔다 돌아온 아들의 짜증에 대한 대응, 또 온종일 굶은데다 젖이 부족해 보채는 어린 아이에 대한 애닯음, 둘 사이의 대립의 중재 등 어머니의 할 일은 너무도 많다. 그 애정의 배분과 표현에 있어서 절대적인 공정성을 요구받는 것이다.

그래서 '어머니'의 눈에는 눈물이 채 마를 새가 없고 안타까운 한숨만이 연속된다. 말소리도 크지 않게 그저 바라보고 응답할 뿐이다. 언제나 칠성이가 화를 낼 때면 어머니의 음성은 가늘어지고 기운이 없어지며 절반 울면서 사정하며 달랜다. 그리고는 또 살아간다. '남편을 잃은 뒤 그나마 저 병신 아들을 하늘같이 중히 의지해 살아가는 어머니'의 마음은 모든 것을 묵묵히 수용해내고 조심히 살피는 靜的인 것이어서 아무런 적극적인 행동도 하지 않은 듯하지만, 모든 것을 견디어내고 모든 것을 살피는 사려깊음으로 정착된 것이다. '어머니'로 서술되는 칠성 어머니의 이같은 모습은 식민지 한국 농촌가정에서 흔히 볼 수 있는 '어머니들'의 모습으로, 삶에 지쳐 아무런 대항의지도 지니지 못한 채로 마음만은 가장 넓고 깊게 보존하여서 가족들의 본능적인 애정 욕구와 정서적 기대를 충족시키려 애쓰는 모습이다.

궁핍한 가정에서의 어머니의 역할이 이같은 정서적 요구의 충족과 평화의 유지에만 있는 것은 아니다. 쉴 새 없는 과다한 노동으로 인해 지칠대로 지친 육신을 스스로 추스려야 하며, 出産의 고통을 혼자서 감내함은 물론 산후 조리까지도 포기해야 한다.

산후 조리도 하지 못한 채 일을 계속해야 했던 어머니들의 삶은 칠성어머니 뿐만 아니라, 밭고랑에서 일을 하다가 어린애를 낳아 흙투성이가 된 아이는 죽게 되고 또다시 그 다음날 김매러 나서는 큰년 어머니의 비참한 생활에서도 볼 수 있다. 산후 조리의 不實로 인한 부인병과 관절염의 발생은 현재까지도 농촌 여성들에게 심각하고 빈번하게 볼 수 있는 것으로 '죽지 않을 병'이기 때문에 대개의 농촌 여성들은 아파도 누울 처지가 못되고 치료 받을 형편이 안되는 것을 견디며 신체적 고통을 안고 살아가게 된다.[98]

>영애를 낳아놓고 그 다음 날로 보리 마당질하던 그 지긋지긋 하던 때가 떠오른다. 하늘이 노랗고 핑핑 돌고 보리 이삭이 작았다 커보이고, 도리깨를 들 때 내릴 때 아래서는 무엇이 뭉클뭉클 나오다가 나중엔 무엇이 묵직하게 매어 달리는듯 해서 좀 만져 보았으나, 사이도 없고 또 남들이 볼가 꺼리어 그냥참고 있다가, 소변 보면서 보니 허벅다리에 피가 흔전했고, 또 주먹같이 살덩이가 축 늘어져 있었다. 겁이 더럭 났지만, 누구 보고 물어보기도 부끄럽고 해서, 그냥 내버려두엇더니, 그 살덩이가 오늘까지 늘어져서 들어갈줄 모르고 또 무슨 물을 줄줄 흘리고 있다.
> 그것 때문에 여름에는 더 덥고 또 고약스런 악취가 나고, 겨울에는 더하고 항상 몸살이 오는듯 오삭오삭 치웠다. 먼 길이나 걸으면 그 살덩이가 불이 붙는듯 쓰라리고, 또 염증을 이르켜 퉁퉁 부어서 걸음 걸을수가 없으며, 나중엔 주위로 수없는 종기가 나서, 그것이 곪아 터지느라 기막히게 아팠다. 이리 아파도 누구에게 아프다는 말도 할수 없는 그런 종류의 병이었다.[99]

칠성 어머니의 이같은 고통은 큰년 어머니에게서도 드러난다. 이는 식민지 한국 농촌의 대부분 여성들이 겪어야 했던 것으로, 자신의 고통 감내만으로 그치는 것이 아니라 정상적이고 건강한 아이의 출산까지도 가로막는 장애가 된다. '눈에 귀에 흙이 잔뜩 들어' 살았더라도 병신이 되었을 어린 아이의 죽음은 큰년이의 소경됨이 그

---

98) 李知恩, "오늘의 농촌여성", 이효재 편, 앞의 책, 295-297면 참조.
99) 강경애, 「지하촌」, 앞의 책, 31-32면.

어머니의 과다한 노동과 출산에 무관하지 않음을 시사한다.

이 작품에서 유일한 소망과 빛으로 드러나는 것은 칠성이의 큰년이에 대한 사랑이다. 절대 궁핍의 상황 속에서 분노하고 반항하고 어린 동생들을 발로 차버리며 악을 써대는 칠성이지만, 큰년이를 생각할 때만은 맑고 새로운 기운이 솟구친다. 그런데 문제는 이러한 유일한 결합의 소망마저도 '가난' 때문에 외면당하고 좌절되고야 마는 것이다. 동생들의 눈을 낫게 할 안약을 사기보다는 큰년이에게 줄 옷감을 사서 가슴에 품고 자던 칠성이에게 던져진 소식은 큰년이의 결혼이었으며, 그나마도 '복좋은' 일로 언급되는 비극적 상황을 맞게 되고야 만다.

소경으로 살면서 허드렛일만 하던 그녀가 아버지의 결정에 의해 '읍에서 무슨 장사를 해 돈푼깨나 있는' 집의 씨받이 첩 중 한 사람으로 채택되어 실려간 것이, '그런 집'에 시집가는 행운으로 인식되기까지 하는 것이다. 극한 궁핍의 상태에서는 여자의 인신매매혼조차 타고난 복이며 행운으로 간주된다.[100] 철저한 비인간화의 상황이다.

「지하촌」에서는 인물의 뚜렷한 행위가 서술되지 않는다는 점이 주목된다. 칠성이와 큰년이의 애정관계도 행동으로 진전되지 않고 정황적이며, 어머니가 살아 온 과정도 사회구조 속에서 설정되지 않고 있다.[101] 자폐적이고 절망적인 세계이며 그 속의 인물들이다. 이러한 세계는 변혁운동이 좌절된 이후의 세계[102]로, 운동의 과정을 거친 후

---

100) 임선애, "강경애 소설의 주제 연구", 『국문학연구』 9집, (효성여대 국문과, 1986.2.), 96면 참조.
101) 조정래, "<지하촌>의 세계와 <사하촌>의 세계", 『國際語文』 9·10합집, (국제어문학연구회, 1989.7.), 124-125면 참조.
102) 이전에 변혁운동의 시도가 있었음은, 칠성이가 곤경에 빠졌을 때 만난 한

에 겪는 좌절과 체념의 성격을 지닌 것이다. 1935년 이후, 전반적인 지적 분위기는 일종의 '혼돈' 상태였고, 정세가 악화되면서 현실을 분석하고 비판하고 종합하는 적극적인 노력을 하기에 힘이 부쳐 세태를 묘사하는 작품들이 많아진 것도 이같은 맥락에서 이해할 수 있다. 여성운동가들의 지하 조직과 노동운동에의 참여가 정세의 악화로 현저히 감소하면서 드러난 현상이기도 하다.

'아버지 부재'의 상태에서 대다수의 가족이 어머니 중심으로 될 때, 그 어머니는 대개 집안을 일으키는 근면하고 과단성있고 억척스런 모습으로 나타난다. 그런데 「지하촌」에서의 어머니에게서는 어떤 강인한 생활력이나 억척스런 생명력은 찾아 볼 수가 없다. 이같은 '서사없는 묘사'에의 치중을 어떻게 이해해야 할 것인가 하는 문제는, '어머니'를 비롯한 여러 여성들의 생활에 대한 묘사를 어떻게 이해해야 하는가 하는 문제와 직결된다. 억압상태 속에서 가족의 중심에 서서 묵묵히 자신의 역할을 이행하는 어머니의 모습은 패배이고 절망인가 아니면 현실고발이며 묵시적인 분노인가 하는 것이다.

제도 속의 인간을 그려내는 문학의 작업이 변혁에의 전망을 내포한 '현실 고발'의 임무를 수행하지 못할 때, 그것은 자칫 조각난 '보여주기'에 그치고 말아 단순한 트리비얼리즘(trivialism)에 불과할 우려가 있다. 관찰은 고발을 위한 필연적인 전제이지만, 작가가 여러 사건들을 일정한 세계관으로 해석해내지 못한다면 현실세계의 여러 현상들에 대해 아무런 해결의 실마리도 제공하지 못하고 만다. 이는 어떤 작품에서 드러나는 여성의식을 구분하는 문제와도 관련이 되는데, 현실세계의 환난과 역경을 딛고 일어서는 여성을 그려내지 않는

'다리병신' 아저씨에 의해 알 수 있다. 이 사내의 전력은 공장노동자였으며, 노동운동을 실천하였던 자로 암시된다.: 조정래, 앞의 글, 125-126면 참조.

한은, 남성중심사회의 이중적 억압에 시달리는 여성들의 참상을 일정하게 제시하여 문제의식을 높이거나 또는 동일한 여건내에서 여성이라는 신분때문에 감당해야 하는 또다른 몫의 부담을 구체적으로 형상화할 수 있어야만이 여성의식을 내포한 작품으로 볼 수 있을 것이다.

「지하촌」은 극한의 상황에 처한 인간의 모습을 형상화하였으되, 자신의 삶을 보존하기 위해서는 결단하지 않을 수 없는 순간에까지 몰아갔다고 생각된다. 즉, 이 작품에서 보이는 여성억압의 현실과 그 현실의 중심에 선 어머니의 모습은, 더이상 그대로는 살아갈 수 없는 극한적인 것이어서 마침내 비명을 지르며 절규하고야 만다. 세 자녀의 중심에서 애닲음과 설움만으로 그들을 보살피던 어머니에게 닥쳐온 극한 상황은 '놀램'을 유발하였고, 이러한 놀램은 정체모를 敵에 대한 분노로 이어질 것이 예고된다.

> 아기는 언제 그 헌겊을 찢었는지 반쯤 헌겊이 찢어졌고, 그리로부터 쌀알 같은 구데기가 설렁설렁 내달아 오고있다.
> 「아이구머니 이게 웬일이야 응, 이게 웬일이여!」
> 어머니는 와락 기어 가서 헌겁을 잡아 젖히니, 쥐 가죽이 딸려 일어나고 피를 문 구데기가 아글바글 떨어진다.
> 「아가 아가 눈 떠, 눈 떠라 아가!」
> 이같은 어머니의 비명을 들으며, 칠성이는 「엑!」소리를 지르고 우둥퉁퉁 밖으로 나와버렸다.[103]

자기 자신의 독립된 생활이나 정서적 요구는 돌아볼 겨를도 없이, 남편이 없는 가정의 온 가족을 돌아보며 그 관계의 중심에 서서 다

---

103) 강경애, 앞의 책, 72면.

툼과 미움을 삭혀내고 화해와 평화를 창조해내려 애쓰던 '어머니'마 저도 이제는 그대로 머물 수밖에 없는 극한 상황에 이르고야 만 것이다. 머리에 난 어린 아이의 종기를 치료하기 위해 이웃집 사람의 권고를 받고 구해다 붙인 쥐가죽은 마침내 부패되어 살아 있는 아이의 머리에 구데기를 번식케하고 철모르는 아이를 죽음에 이르게까지 하고야 말았다.

이는 '어머니'의 묵묵한 현실 대응이 갖는 한계를 지적한 것이며, 닫혀진 가족 내에서의 개인적 역할 수행만으로는 최저의 생존마저도 불가능한 식민지 농촌의 피폐된 가정의 모습을 고발한 것이라고 생각된다.

'어머니'의 수동적이고 개인적인 현실 대응만으로는 감당하기 어려운 분노는 칠성이를 통해 표출되고 있다.

　　　칠성이는 묵묵히 저 하늘을 노려보고 있었다.[104]

「지하촌」에서 보여지는 '어머니'와 다른 여성들의 삶에 대한 묘사는 극한적 상태의 가난에 처한 여성들에게 특히 가중되는 억압의 현실을 여성작가 특유의 치밀한 시각으로 고발한 것인 한편, 자신의 현실을 직시하여 스스로 그 억압상태를 타파하고 여성자아를 정립하려는 의지조차 추스리지 못한 채 가족의 중심에 서서 침묵 속에 그 역할을 이행하는 '어머니'에게서 보이는 한계가 더이상 계속되어서는 안됨을 묘파한 것이다.

---

104) 강경애, 앞의 책, 73면.

⟨3⟩ 전통적 여인의 체험과 좌절 : 『濁流』

1) 작가의 반(半)봉건 체험과 여성주의

일제 식민지 통치하의 한국 사회는 반(半)봉건적이면서도 반(半)자본주의적인 이중적 특성을 지녔다. 이같은 과도기적 사회 성격은 많은 사람들에게 가치관의 혼란과 이중적 질곡을 부여했는데, 지식인에 있어서는 이것이 부정적 가치의 고발과 거부로 드러났고 그 외의 생산계층에게는 실제적인 착취의 경험으로 다가왔다.

작가 채만식의 생애는 이같은 식민지 한국사회의 반봉건성과 반자본성에 의해 크게 영향을 받았다. 특히 그 폐해에 대한 경험은 그의 문학작품이 긍정적인 것보다는 부정적인 것에 대한 고발과 풍자에 경도될 수밖에 없었던 제요인을 형성하였다고 할 수 있겠다. 사람들이 일반적으로 취하는 삶의 방식은, 세상에서 긍정적인 것만을 찾으려 애쓰며 그것으로써 자신을 위안하거나 합리화시키는 것이거나 아니면 현실과 정면대결하는 것이다. 채만식의 경우는 실천적 행동은 없으나 현실의 모든 것을 낱낱이 관찰, 분석하고 비판하는 시대적 증인으로 자기의 시대를 살아냈으며 소설작품을 통해 시대적 증인으로서의 발언을 이행하였다105)고 볼 수 있다.

여성독자의 입장에서 볼 때, 채만식에 주목하게 되는 것은 그의 왕성한 작품활동과 여러 문학양식 속에서 일관된 '여성문제'에 대한 관심을 볼 수 있기 때문이다. 이는 한국근대문학기의 남성작가 중에서 드물게 발견되는 현상인데, 무엇보다도 남성의 입장에서 당시의 여성문제를 어떻게 인식하고 그 해결책을 전망하였는가가 중요한 관심사로 부각된다. 즉, 여성작가의 경우, 그 자신의 체험이든 혹은 주변 여성들의 삶을 관찰한 간접적인 체험이든지 간에 대부분 그녀들의 작품에 드러나는 여성문제는 생활 자체와 밀접하게 얽혀있는 체험적인 것으로 생생하게 묘사되는데 비해, 남성작가의 경우 사실은 동일한 피해자일 수 있으면서도 가해자의 시각을 고수하는 편협성을 보이는 경우가 많기 때문이다. 이러한 이유때문에, 그동안 남성작가의 작품에서는 왜곡된 여성상과 남성 우월적인 묘사를 지적해내는 것이 '여성으로서의 독자'에게 부여된 일차적인 과제인 것처럼 생각되어 온 것이다.

하지만 남성작가의 체험 자체가 여성의 그것과 마찬가지로 또다른 희생과 피해의 체험이 될 수도 있다. 즉, 어떤 사회에서 유지되고 있는 확고한 제도에 대해 그것을 유지하려는 세력과 수정하거나 개혁하려는 세력이 공존할 때 그 사회는 과도기적 성격을 띠게 되며, 결과적으로는 피해자나 가해자의 구분이 없이 양자 모두가 원하지 않는 상황을 경험케 되는 것이다. 봉건적인 인습으로 인해 발생한 여성문제의 경우, 물론 여성에게 가해진 억압의 굴레와 정도가 훨씬 심하지만, 새로운 지식을 섭렵하고 향유하려는 남성들에게도 이 또

---

105) 李注衡, "蔡萬植 문학과 否定의 논리", 전광용 외, 『한국현대소설사연구』, (민음사, 1984), 245-246면 참조.

한 가볍지 않은 불행의 단초를 제공하였다. 이런 점에서 볼 때, 채만식이 남성작가로서 여성문제를 다룬 점은 출발부터가 명백한 한계를 내포하면서도 우리에게 흥미로운 관심사를 부여하는 것이라 하겠다.

채만식의 여성문제에 대한 관심은 『人形의 집을 나와서』(1933)와 『濁流』(1937-1938), 『아름다운 새벽』(1942), 『여자의 일생』(1943) 등의 작품에서 계속적으로 드러나고 있다. 그 출발점은 그의 자전적 소설로 평가되는 미발표 遺作인 「過度期」(1923)[106]에서부터 찾아볼 수 있다.

작가의 생애에 대한 참조는 작품 해석에 필요한 정보를 얻기 위한 예비작업이 될 수 있다. 왜냐하면, '비평이란 본질에 있어서 부분적으로는 전기적 과정(biographical process)'[107]이며 더구나 여성문제에 대한 인식은 실제 생활의 체험적인 요인들에 의해서 형성되는 경우가 많기 때문이다.

채만식은 1902년[108] 全北 沃溝郡 臨陂面에서 부친 奎燮氏와 모친 趙氏 사이에 5남1녀 중 다섯째 아들로 태어났다. 祖父때 곤궁하던 살림이 그의 父親代에 오면서는 상당한 가산을 이루게 되었는데, 채만식이 성장하면서 그의 가정은 서서히 몰락하고야 만다. 채만식의 생애에 가장 충격적이었던 두가지 경험은 모두 식민지 사회의 반봉

---

106) 「過度期」는 『文學思想』 제11-12호(1973.8.-9.)에 유고로 발표되어 일반 독자에게 소개되었다.
107) Leon Edel, 『Literary Biography』, 김윤식 譯, 『作家論의 方法』, (삼영사, 1983), 11면 참조.
108) 채만식의 출생년도는, 그의 자필이력서를 따르면 1904년이고 호적상의 기록에 의하면 1902년으로 되어 있는 실정인데, 대개 호적상의 연도를 따르고 있다.

건성과 반자본성에서 기인한 것이었는데, 일찍 경험한 결혼 실패와 뒤이은 경제적 몰락이다. 갑작스런 귀가명령에 의해 이행된 결혼과 수차례의 경매와 차압에 의한 몰락은 거의 평생토록 그를 고뇌와 궁핍에서 헤어날 수 없도록 한 결정적인 사건이었다. 그러나 그는 이러한 자기 체험을 사회적인 문제로 확산시켜 자기문학의 한 모티브가 되게 하였다.109) 조혼풍습을 봉건적 질곡으로, 그리고 인테리의 실업과 기존 경제체제의 붕괴에 따르는 빈궁을 하나의 사회문제로 이해하여 그것을 작품으로 구체화시킨 것이다.

그의 早婚은 중앙고보에 재학 중이던 1920년 부모의 결정에 의해 이루어졌는데, 조혼으로 맺어진 비자의적인 부부관계는 평생토록 그의 업보가 되었다. 수용할 수도 없고, 그렇다고 무작정 거부할 수도 없었던 그의 입장으로서는 별거의 방식을 지속하였다. 이런 불행한 결혼은 그에게 심한 내적 갈등을 겪게 했는데, 그것은 말하자면 인습과 전통을 거역할 수 없었던 前近代的 自我와 그것을 克服하려는 近代的 自我가 충돌하는데서 오는 심적 갈등이었다. 이는 당시의 신교육을 받은 대부분의 사람들에게 있어서 공통적인 것이었다. 남성은 남성대로 여성은 여성대로 이같은 과도기적 상황에 의해 개인의 일생을 불행으로 이끄는 일이 허다했던 것이다.

물론, 여성의 경우 이같은 반봉건성에 의한 굴레는 훨씬 극심했다. 전통적 여인인 경우 유학가서 돌아오지도 않는 남편을 기다리면서 어려운 시집살이를 견디는 일이 허다했으며, 신여성인 경우 자신의 이상적인 배우자를 만나지 못한 채 신문물의 매력에 취해 자유연애를 주창하는 연애지상주의자가 되었다가 性的으로 放從해지거나 결

---

109) 李來秀, "蔡萬植 小說硏究", 동국대 대학원 박사학위 논문, (1985), 30-32면 참조.

국은 돈많고 지위가 높은 남자의 후처나 재취로 정착하는 경우를 자주 볼 수 있었다.

채만식의 경우, 이러한 여성문제에 대해 비판적인 관찰자의 입장을 취하고 있다.

「過度期」는 봉건적인 모랄과 신세대의 진보적 모랄이 충돌을 일으키는 과도기적 청년들의 애정윤리가 그 기조를 이루고 있는 작품이다.[110] 처녀작임을 실감케 하는 미숙한 구성에도 불구하고 당시의 지식인 남성들의 결혼에 얽힌 갈등을 형상화하였다는 점에서 주목할 만하다.

세사람의 일본 유학생, 봉우와 정수, 형식은 부모의 강권에 못이겨 구식여성과 결혼하였으나 모두 그 결혼에 불만을 품고 나름대로의 대응책을 모색하는 인물들이다. 가장 비극적인 경우는 봉우와 그의 妻의 관계인데, 그가 열 네살되던 해에 장가를 들었던 봉우는 그의 처를 격렬한 性慾을 해갈할 수 있는 대상 정도로 여길 뿐 날이 갈수록 쌀쌀하게 대하고 멸시하여 마침내는 죽음에 이르게 한다. 그런데 얌전하고 마음씨 좋았던 孝婦였던 그의 아내가 비참하게 죽는 광경을 목격하면서도 그는 여전히 덤덤하고 무관심할 뿐이다. 심지어는 스물 네 해로 마감된 아내의 죽음에 대해 잘된 것으로 수용할 정도이다.

> 말을 하고 나서 마지막으로 봉우는
> "한편으로 생각하면 잘 죽었다구 할 수가 있지…… 물론 불쌍하기두 하지만…… 사람이 그 지경이 되어가지구 좀더 살면 무어야? 누구든지 그 지경이 되었건 진즉 죽어버리는 게 편치……"[111]

---

110) 李來秀, 앞의 글, 44-45면 참조.

문제의 원인이 자신에게는 전혀 있지 않고, 그것도 자신과 전혀 무관한 사람의 불행한 죽음을 대하는 듯한 냉담한 태도를 보이는 평가자의 입장에 서있는 봉우를 볼 수 있다.

형식은 그윽한 육감적 분위기를 풍기는 일본 여인 '문자'와 사랑하는 사이가 된다. 고향의 부인과는 '情이 꿀같이' 지내다가 일본에 온 후 마음이 변하여 외면하게 되고 새로 만나게 된 일본여성과 사랑에 빠져, 현실적인 염려를 하지 않는 바 아니나 '태평양이나 대서양 가운데로 가서 무인도나 하나 발견하여 가지고 그 곳에서 살겠다는 둥' 공상을 일삼는다.

이에 비해 정수는 그 나름의 뚜렷한 인생관과 비판의식을 소유한 인물이다. 정수도 물론 본처와의 이혼을 원하지만 정수가 이혼하려는 이유는 신여성과의 결혼을 위해서가 아니라 '결혼생활이란 환경을 내 손으로 만들어 놓고 내가 요구하는 자유를 빼앗기고' 싶지 않다는 '절대자유'에 대한 동경 때문이다. 하지만 형식의 애인인 문자에게 유혹을 받다가 마침내 귀국을 결심한다. 그를 아름다운 옛 애인 '영자'가 파리한 얼굴로 배웅한다.

「과도기」는 봉건적 모랄의 질곡을 포착하기는 했지만, 당시 유학생들의 결혼과 연애에 얽힌 풍속도를 무비판적으로 제시한 수준에 머물고 있다. '차라리 죽는 것이 나은' 구식 여성의 삶에 대해서도 그 제도적 원인을 분석해내기 보다는 귀찮은 이야기거리 정도로 다루어지며, 신여성과의 사랑을 꿈꾸는 청년들의 심정도 그럴만한 절실한 것이 되기보다는 본능적 충동에 의한 공상에 사로잡혀 있어서 심각한 비장미를 자아내지 못하고 있다. 문자에 대한 성적 호기심을

---

111) 채만식, 「過度期」, 『蔡萬植全集』 5, (창작사, 1987), 185면.

애써 자제하고 고향으로 떠나는 정수에게서도 어떤 정당한 해결책을 제시받지 못한다.

결국 작가는「과도기」에서 봉건적 제도에 의해 희생된 여성과 남성의 모습을 포착하지는 못했다고 생각된다. 심각한 도전을 주는 문제가 아니라, 자신의 주변에서 흔히 일어나는 사건들을 묘사하였을 뿐이다. 그래서 작가가 유지하고 있는 거리감은 정당한 효과를 획득하지 못하였다.

초기에 보인 채만식의 여성문제에 대한 인식은 이처럼 주변적 체험에 대한 서술에 불과한 것이어서, 근원적 원인에 대한 포착을 이루어내지 못하고 말았음을 볼 수 있다. 이러한 인식은 그가 사회주의 사상을 수용[112]하여 피상적으로나마 계급문제에 눈을 뜨게 되면서 다소 변화를 맞게 되는데, 그의 최초의 장편『人形의 집을 나와서』는 자유주의적 여성해방운동의 어려움과 한계를 형상화한 작품이다.

『인형의 집을 나와서』는『朝鮮日報』(1933.5.27.-1933.11.14.)에 연재되었는데, 진정한 여성해방이란 무엇이며 어떠한 방향으로 이루어지는 것이 가장 바람직한가를 '노라'라는 한 여성의 행적을 통해 형상화하려 한 작품이다. 결국 노라의 방황은 건전한 노동의 길을 택함으로써 마감되게 되고 자신의 처지를 비참하게 인식하기보다는 참된 자유를 얻기 위한 싸움을 기꺼이 이행하겠다는 결의를 보인다. 하지만 이러한 결단과 정착의 과정이 설득력있게 제시되기 보다는 의도

---

112) 채만식은 1926년 동아일보사를 사퇴하고 실직자가 되어 낙향하였는데, 1927-29년 사이의 실직기간 동안에 고향에서 주로 이념서적을 탐독한 것으로 알려져 있다. 그래서 이후의 작품세계는 私小說의 세계를 벗어나 사회문제과 계층문제에 대한 적극적 관심을 펼치게 된다.

한 결론을 예정대로 지향하는 무리함을 보이고 있어, 단지 베벨 (A.Bebel)의「婦人論」에 의거하여 부인해방운동의 문제를 해결해보려는 작가의 한 견해로 드러나고 있을 뿐이다. 하지만 장기간 연재되는 신문소설에서 여성문제를 다룸으로써 긍정적으로든지 부정적으로든지 여성해방운동을 世人들의 관심사로 부각시킨 공적은 인정해야 할 것이다.

19세에 변호사 현석준과 결혼한 '노라'는 입센의「인형의 집」의 여주인공과 흡사한 인물로, 남편에게서 '우리 종달새'니 '우리 다람쥐'로 불리우며 지극한 사랑과 귀여움을 받고 행복해하던 여자다. 그런데 남편의 중병으로 인해 고리대금업자에게 돈을 빌려 쓴 것이 화근이 되어 남편의 심한 욕설과 저주를 받게 되며, 그 일 이후에 자신의 처지를 깨닫게 된다. 그래서 마침내 가출한다. 어설픈 가출을 감행한 노라는 당장에 원하지 않는 남성의 유혹에 직면하게 되고 무대책(無對策)의 혹독한 현실을 실감하게 된다. 농촌에서 잠시동안 머무르면서 야학에서 여성해방론을 피력하지만, 그것은 너무도 현실과 동떨어진 것이 되고 오히려 배척을 받고 만다. 이후 그녀의 생활은 '돈'을 구해야만 하는 절박성을 띠게 되어, 가정교사, 화장품 행상, '사탄' 카페의 여급으로 전락하는 과정을 겪게 된다. 그러다 마침내 정조를 유린당하고 자살을 기도하였는데, 그것을 계기로 자신이 원하던 자유의 의미에 대해 숙고하며 인쇄소 제본공의 생활을 시작함으로써 새 삶을 찾는다는 결말로 마무리된다.

그런데 이 작품의 의미는 노라의 행적보다도 오히려 상이한 가치관과 인생관으로 자신의 상황에 대응하는 여러 여성들에 대한 묘사에서 드러난다.

비교적 원만한 신여성인 '김혜경'은, 3년전에 남편을 여읜 젊은 미망인으로 노라의 학창시절의 동무이며 원조자이다. 옛 애인과 결합한 후 노라의 위기를 해결해 줄 뿐 아니라 지속적인 원조자가 되어준다. 성격이 활달하고 적극적이며 현실 대응력을 갖춘 그녀는 남편과 무리없는 생활을 영위하며 함께 장사를 한다.

'옥순이'는 고향의 동창으로 보통학교 졸업 후 시집을 갔다가 소박을 맞고 돌아와 있던 구식 여성이다. 신식 여성과 살면서 이혼을 조르는 남편 오재환에게 시달린다. 노라를 따라 상경하고 결의 자매를 맺었으나 결국 재환과 그의 처에게 폭력을 당하며 싸움을 겪은 후 비관하여 자살하고야 만다. 그녀는 '묵은 도덕의 노예'이며 '봉건도덕의 노예'로 묘사되지만, '자유인의 죽음'이라는 심각한 물음을 야기하는 점에서 중요성을 띤다. 이혼을 통해 봉건적 질곡에서 스스로를 해방시키고 독자적인 삶을 꾸려갈 수 있는 자유를 획득한 것으로 볼 수 있음에도 불구하고, 출구를 찾지 못한 상태에서 던져진 자유는 결국 '빛깔좋은 자유'에 불과하다는 비극적 인식을 보여주고 있다.

'성희'는 노라가 기거하는 집의 주인댁인데, 아들 하나만을 데리고 사는 과부이다. 생계를 위해 개가를 결심, 결국 옛애인이었다가 자신이 떠나왔던 남자의 '돈'으로 인해 그의 첩이 되어 산다. 하지만 이내 파탄과 멸시를 당한다. 자신도 결국 돈을 추구하는 '상품경제시대의 노예'이면서 전당국 주인이 되어 '돈'에 사로잡혀 있는 현재의 남편을 경멸하는 아이러니칼한 모습을 보이는 것이다.

이에 비해 '김정원'은 허영심이 가득한 스물 셋의 자유여성이다. 실리를 좇아 애인을 바꾸어가며 사귄다. 그녀의 생활태도는 자신의 육체를 담보로 출세를 지향하며 상승욕구를 실현하려는 가장 세속적이고 실리적인 것이다. 그러한 허영기가 재환의 방탕함과 맞아 떨어짐으로써 그들도 이내 파탄을 겪게 될 것이 암시된다.

　이같은 인물들의 형상화를 통해 채만식은 여성해방의 실현의 어려움과 그 왜곡되기 쉬운 실상을 제시한 셈이다. 노라의 人生流轉과 정착을 통한 해결책의 제시는 너무도 미흡하고 무리가 있는데 비해, 그가 지적한 여러 여성들의 삶에서 드러나는 문제점은 대단한 설득력을 지닌다. 그래서, 그가 『人形의 집을 나와서』를 통해서 강조한 점은 '가출 이후의 혼돈'과 '더욱 극심한 불행'이 되고 말았다. 오히려 노라의 귀착점은 작품의 결말을 위한 무리한 매듭에 불과할 뿐이다.

　병택이 준 베벨의 『부인론』을 읽고난 후, 은행에서 인쇄소를 감독하러 온 옛 남편 '현'과 마주친 그녀의 여유있고 단호한 선언은 너무도 갑작스럽고 작위적인 것으로 비쳐진다.

> "옳소, 그 말이 옳소...... 내가 당신의 가정에서 당신 한 사람의 노예질을 싫다고 벗어져 나왔다가...... 인제 다시 또 당신한테 매인 몸이 되었소. 그걸 보고 당신은 승리나 헌 듯이 통쾌하게 여기겠지만, 그러나 당신허구 나허구 싸움은 인제부터요. 내가 아직은 잘 알지 못허우만은 이 세상은 (中略) 싸움이라구 헙디다. 아마 그게 옳은 말인가 싶소. 그러니 지금부터 정말로 우리 싸워봅시다."[113]

　이 말을 마친 후 혈관에서도 더운 피가 힘차게 뜀을 느끼었다는 노라의 모습이 왠지 석연치 않게 보인다. 그래서 실제 작품의 결말과는 달리 오히려 노라의 남편 '현'의 힐책에 공감을 하게 되어버리는 셈이다.

---

113) 채만식, 「人形의 집을 나와서」, 『채만식전집』 1, 297면.

"흥...... 말만은 잘헌다...... 그렇지만 그렇게 기세 좋던 사람이 요렇게 거지가 되어가지구는, 더구나 필경은 내 지배 밑으로 다시 굴러들어온게 참 구경다운걸."114)

그 수많은 대가를 치르고서 들어선 자유의 길에 대한 묘사가 너무 미흡한 까닭에, 작가가 제시하려 한 여성해방의 길은 오히려 부정적인 방향으로 경도되고 말았다. 그래서 결국 여성해방운동을 노동운동이나 계급투쟁에 접속시켜 풀어내려 한 작가의 의도는 벽에 부딪히고, 실제 작품 속에서는 해결보다는 문제의 제시, 긍정보다는 부정을 산출하고야 만 아쉬움을 보인 것이다.

「과도기」에서의 혼란상 제시, 『인형의 집을 나와서』에서의 여성해방운동의 부정적 가능성 나열과 사회주의 여성해방론의 무리한 수용 등을 거쳐, 채만식의 여성주의가 리얼리즘과 만나게 된 작품은 바로 『濁流』이다.

채만식의 중요 체험 중의 또 한 축은 일제 식민지 사회의 반자본성으로 인한 경제적 몰락과 궁핍의 경험이었다. 수리조합이 생기면 거저 빼앗긴다는 소문때문에 그의 부친은 많은 전답을 헐값에 방매해버렸고, 수차례의 경매와 차압으로 인해 그의 가정은 몰락해버렸다. 광산을 하는 형에게 자금을 대었다가 그것마저 참담한 실패로 끝나 더욱 지대한 금전적 손실을 입게 된 채만식에게 있어서, 금광이나 미두, 수형할인 등의 재산증식 방법은 부정적인 것으로 인식될 수밖에 없었다. 그래서 『濁流』에 이르면, 새로운 문물로 인한 삶의 실패가 여성의 인생전략과 결부되어 나타나게 된다. 이 작품에서는 자본주의의 부정적 萌芽가 이루어지는 시기의 희생자가 된 여성의

---

114) 채만식, 앞의 글, 같은 면.

삶을 '초봉'이라는 한 전통적이고 수동적인 여성 주인공을 통해 묘파하고 있다.

2) 수동적 자아의 순응과 파탄

『濁流』(『조선일보』, 1937.10.12.-1938.5.17.)는 '物貨'의 욕망에 사로잡힌 사람들의 혼탁한 삶의 풍경을 묘파한 작품으로, 일제 식민지치하의 '역사적 탁류'[115]에 대한 인식을 보이고 있다.

채만식은 1970년대 이후에야 비로소 식민지 시대의 중요한 작가로 부각되기 시작[116]하였는데, 그 이후 현재는 가장 많은 학위논문의 연구 대상자가 될 정도로 활발한 연구가 이루어졌다. 그의 문학세계 전반에 대한 검토와 고찰도 이루어졌고, 소설 외의 쟝르에 대한 관심도 고조되었으며, 세계관과 창작방법에 대한 고찰도 찾아볼 수 있다. 하지만 무엇보다도 채만식의 작품에 있어서 가장 으뜸되는 성과가 『濁流』와 『太平天下』라는데는 일치된 의견을 보이고 있다.

『탁류』는 일찌기 세태소설로서의 특성이 논란이 된 적이 있는데, 이는 작품 해석에 있어서 중요한 관건이 되고 있다. 즉, 『탁류』가 갖는 사실적 묘사의 탁월성은 인정한다고 할지라도, 이 작품의 내면

---

115) 홍이섭, "채만식의 탁류", 『창작과비평』 27호, (1973.봄) : '물론 그것은 역사의 탁류이다. 그 탁류는 사회의 역사적 추이이며, 동시에 그 질곡속에서 생활하는 인간적 삶을 함께 뜻한다.'고 한 그의 지적은 이제 '탁류'에 대한 공통적 인식이 되고 있다.
116) 채만식의 재평가는 김윤식·김현 교수에 의해 이루어졌는데, 그들은 채만식은 식민지 한국의 궁핍화된 현실 속에서 "인간의 진보와 역사의 합목적성을 믿는 개방주의적인 진보주의자의 견해"를 가졌던 작가로 평가하였다.: 김윤식·김현, 『한국문학사』, (민음사, 1973).

에 흐르는 작가 정신이 치열한 현실대결 의지와 극복에의 전망을 내포하고 있는가 여부가 중요한 쟁점이 되어 온 것이다.

『탁류』를 세태소설로서 평가한 대표적인 사람은 임화[117]인데, 그는 이 작품을 박태원의『천변풍경』과 함께 세태소설의 범주에 넣고 있다. 현실의 세력이 강성하여 시대의 이상과 현실의 거리가 너무도 클 때 작가들은 자신의 환경에 대한 경멸과 악의를 토하거나 자기 무력을 증명하게 되어 '세태소설'이나 '내성소설'이 발달할 수밖에 없다는 것이다. 세태소설이라는 평가 속에는 통속적 흥미의 유발이라는 의미가 내포되어 있고, 한 여인의 운명적 人生流轉이 당대의 타락한 세태를 보여주는데 기여하고 있다는 평가가 동시에 이루어지고 있다. 여기에 대해 김남천[118]은『탁류』에는 세태 속에서 '모랄'을 살려가려는 의지가 드러나고 있어, 결코 통속소설로 떨어지지는 않았다고 보았다. 채만식[119] 자신은 '세태소설'이라는 평가에 반발하면서, 자신의 문학정신과 어떤 적극적인 작가의 의욕을 존중해줄 것을 강조하였다.

『탁류』를 평가하는 또다른 관점은 리얼리즘 소설로서의 성과에 대한 관심이다. 이는 작품의 대부분이 할애된 제반의 부정적 가치의 묘사에도 불구하고, '계봉'과 '승재'를 통해 제시되는 긍정적 가치에 대한 관심을 드높이는 해석의 입장이다.[120] 이에 비해『탁류』의

---

117) 임 화,『文學의 論理』, (학예사, 1940), 354-355면 참조.
118) 김남천, "「탁류」의 매력-연재소설의 새경지",『조선일보』, 1940.1.15.
　　이 글에서 김남천은「탁류」를 '신문소설로도 적당히 성공하면서 그래도 통속소설로 완전히 떨어지지 않은 작품' 중의 한 편으로 들었다.
119) 채만식, "自作案內",『청색지』, (1939.5.)
120) 정한숙 교수는 이를 '붕괴'에 대한 '생성'의 의지가 구현된 것으로 보았다.(정한숙, "붕괴와 생성의 미학",『현대한국작가론』, 고대출판부, 1976) 이후 많은 석사논문들이「序曲」이라는 마지막 장의 제목에 의거하여 이같은

리얼리즘 소설로서의 성과를 비교적 객관적으로 평가하였다고 생각되는 한지현121)의 연구는, 등장인물들의 전형성을 중심으로 세밀한 분석을 시도해서 그 성패를 논한 점이 주목된다. 그런데 이같은 관점에서 논할 경우, '초봉'의 떠밀려가는 삶과 전반적인 '탁류'와의 일체감이 해명되지 못한 채로 그녀가 좀더 '지적 면모'를 갖춘 인물이 되었어야 함을 요구하는 무리가 따르게 됨을 볼 수 있다.

여성독자의 입장에서 『탁류』를 대할 때, 무엇보다도 관심의 대상이 되는 것은 우리의 가련한 여주인공 '초봉'의 인생이다. 즉, 그녀의 전락과 불행이 시대적인 필연성에서 기인한 것이어서 그녀의 모습은 '희생자로서의 면모'로 비춰지고 있는지, 아니면 다만 좀더 꿋꿋하고 강인할 수 있었음에도 불구하고 늘상 수동적인 자세를 견지함으로써 자신의 처지를 더욱 확실히 망쳐 마땅한 '어리석은 여자'인지 하는 문제를 해명할 필요가 있는 것이다. 이는 초봉이 식민지 황폐의 제물인지 아니면 한갓 세태의 희생물인지를 판가름해야 하는 선택의 강요이기도 하다.

『탁류』가 '구세대의 봉건적인 여성관과 여성을 둘러싼 사회의 온갖 비인간적인, 마치 탁류와 같은 사회상을 파헤친 일종의 사회개혁 소설' 또는 '여성의 새로운 윤리관을 주인공 계봉으로 하여금 독자에게 전달 계몽하려는 의도적인 작품'122) 으로 읽혀지는 경우, 역사적인 현실 상황은 완전 도외시된 채로 남자와 여자의 대립만이 강조

생성의지를 높이 평가하고 있다.
121) 한지현, "리얼리즘 관점에서 본 『탁류』연구", 연세대 대학원 박사학위 논문,(1987) : 이 글에서 필자는 리얼리즘소설로서의 성취를 의도했던 채만식의 노력은 현저했지만, 결국 계봉을 중심으로 한 긍정적 인물들의 '지적 면모'가 너무도 미약하게 제시되고 말았다고 평가했다.
122) 성낙희, "풍자문학론", 숙명여대 『청파문학』 9호.

되는 것을 볼 수 있다. 그에 비해 식민지 체제하에서 몰락되어 가는 등장인물들의 전형성 획득 여부에만 중점을 둘 경우, 초봉의 전락은 다른 인물들의 전락과 구분되지 않는다.

사실, '초봉'이 서있는 자리, 그리고 '초봉'이 걷게 되는 전락의 과정은 이중적인 현실세력에 의해 지정되고 있다. 그 한 줄기는 식민지 시대의 가련한 한국인의 몰락이 될 것이며, 또 한 줄기는 여러 남성들의 음모에 의해 매장을 강요당하는 억압받는 여성의 파탄이 될 것이다. 초봉의 이야기는 통속적인 흥미거리만도 아니고 필연적인 역사의 산물만도 아니다. 하지만 작품의 등장인물로서의 행적 묘사는 주어진 상황 속에서 가장 그럴 듯하게 이루어지고 있다. 이는 우리의 실제 삶이 그러한 것과 마찬가지로 역사적인 사실성과 일상 생활에서의 잡다한 생활사가 분리된 것이 아님을 제시한다. 그래서 우리의 논의는 두 문맥이 중첩된 지점에서 출발[123])하기 시작하며, 초봉이라는 여성 주인공의 삶의 과정을 추적하면서 그 얽힌 매듭들을 풀어내고자 한다.

a. 몰락한 가정의 소녀 가장

초봉의 등장은 몰락한 가정의 소녀 家長으로 시작된다. 이 소녀는 이미 몰락해 군산으로 왔지만, 군산에서도 米豆로 더욱 몰락한 '인간기념물' 정주사의 맏딸이다.

『탁류』는 그 구조상으로 보아 크게, 이야기의 배경이 되는 서두부분과 본 이야기에 해당하는 전체적인 부분으로 구분해 볼 수 있다.

---

[123]) 이경훈, "이중의 탁류-채만식의 「탁류」에 대해-",『연세어문학』22집,(연세대 국문과, 1990.3.), 184면 참조.

자주 언급되어 온 바와 같이, 『탁류』를 가장 리얼리즘 소설답게 만든 부분은 작품 서두의 항구 군산에 대한 배경 설명이다. 그리고 금강에 대한 묘사는 한 여인의 파란만장한 삶을 예견하는 상징적 장치로 설정된다. 백마강과 금강의 물줄기를 따라 추적하다가 본 무대인 군산을 등장시키기까지의 도입부의 긴 묘사는 작가의 포부를 드러내주기에 충분한 것이며, 그 탁월함으로 인해 많은 연구에서 거듭 인용되어 왔다. 중요한 것은, 군산이 마도로스의 정담이나 이별의 정감을 풍기는 항구로서가 아니라 일제의 '米穀輸出 海港'이라는 사실이다. 군산은 일본의 자본 침투에 의해 형성된 신흥중심지와 그에 반비례한 한국인들의 빈민가가 첨예하게 대비되는 공간으로 묘사된다.

群山은 木浦에 이어 1899년 2월에 개항되었는데, 錦江河口의 수륙교통의 중심지이며 충남과 전북의 광활한 평야와 어종이 풍부한 수많은 諸群島를 배후에 두고 있다. 군산의 개항은 일제의 '南部地方의 침략거점' 확보를 위해 필연적인 것이었다.[124] 개항과 더불어 전국의 상업권이 변동됨은 물론, 1931년에 경남철도(私有, 뒤에 장항선) 등이 개통됨으로써 全北一圓은 물론이요 忠南의 大田, 洪城, 全南의 長城, 松汀里, 谷城까지 群山의 商圈에 들게 되었다. 군산 개항 후 航路, 陸路, 통신, 금융 등 이른바 수탈에 필요한 제반 기반과 기구를 정비하여, 일제는 토지수탈, 미곡수탈을 본격화하였다.

바로 이 군산에서 이야기가 시작됨으로써, 작품의 배경은 '식민지 사회의 구조적 모순' 및 '식민지의 전략 속에서 몰락, 궁핍화해 가는 생활상'을 집약한 장소가 되는 것이다. 군산에서도 특히 작가의 시

---

124) 崔洛弼, "日帝의 土地收奪과 全北經濟의 停滯에 關한 硏究 - 群山港의 開港을 中心으로", 전남대 대학원 박사학위 논문,(1990.2.), 35-38면 참조.

선이 멈춘 곳은 '미두장'이었으며, 초봉은 이 미두장에서의 여러 몰락 인물들 중의 한 사람인 정주사네 맏딸로, 가족의 실제적인 생계를 책임지는 힘겨운 家長 노릇을 하고 있는 것이다.

다음과 같은 금강의 묘사는 식민지 수탈 뿐만 아니라 한 여인의 파란만장한 삶의 노정을 상징화하고 있음을 볼 수 있다.

> 여기까지가 백마강(白馬江)이라고, 이를테면 금강의 색동이다. 여자로 치면 흐린 세태에 찌들지 않은 처녀 적이라고 하겠다.
> 백마강은 공주 곰나루(熊津)에서부터 시작하여 백제(百濟) 흥망의 꿈 자취를 더듬어 흐른다. 풍월도 좋거니와 물도 맑다.
> 그러나 그것도 부여 전후가 한창이지, 강경에 다다르면 장꾼들의 흥정하는 소리와 생선 비린내에 고요하던 수면의 꿈은 깨어진다. 물은 탁하다.
> 예서부터가 옳게 금강이다. 향은 서서남(西西南)으로, 빗밋이 충청, 전라 양도의 접경을 골타고 흐른다.125)

물맑던 백마강 줄기가 장꾼들의 흥정하는 소리와 생선 비린내에 의해 혼탁해진 것과 마찬가지로, 한 여인의 세태에 찌들지 않은 처녀 시절이 심상치 않게 혼탁해질 조짐을 암시하고 있는 것이다. 그래서 물의 맑음과 흐림은 초봉의 맑고 깨끗하던 결혼 이전의 시절과 결혼 이후의 轉落에 비유되고 있다126) 하겠다. 세태의 탁류는 식민지 수탈에 의한 몰락에서 기인한 탁류의 형성에 덧씌워지고 있는 것이다.

선비의 후손인 정주사는 군산으로 이사 오기 전 잘 살아보려고 갖

---

125) 채만식,「濁流」,『채만식전집』2, (창작사, 1987), 8면.
126) 金美英, "채만식의「濁流」연구", 충남대 대학원 석사학위 논문, (1983), 13-14면 참조.

은 노력을 다했지만, 근대문명과 식민지 시대의 사회적, 경제적 및 심리적 혼돈의 격류 속에 휩쓸림으로써 갈수록 몰락해 가는 자가 되어 버렸다.127) 정주사의 이같은 몰락은 적어도 근대문명과 일제 식민지의 반자본성에 깊이 관련되어 있으며, 21세난 소녀 가장을 탄생케 했다. 정주사네의 딱한 형편은 초봉에 의해 풀려나갈 수밖에 없는 절박성을 띤 것으로 설명된다.

> 앞뒷동이 뚝 잘려서 도무지 어떻게 할 도리가 없는 게 정주사네다. 그러나마 식구가 자그마치 여섯.
> 스물한 살 먹은 맏딸 초봉(初鳳)이를 우두머리로, 열일곱 살 먹은 작은딸 계봉(桂鳳)이, 그 아래로 큰아들 형주(炯柱) 이애가 열네 살이요, 훨씬 떨어져서, 여섯 살 먹은 병주(炳柱), 이렇게 사남매에, 정주사 자기네 내외 해서 옹근 여섯 식구다.
> 이 여섯 식구가, 아이들까지도 입은 자랄 대로 다 자라, 누구 할 것 없이 한 그릇 밥을 내놓지 않는다.
> (중 략)
> 이러한 적지 않은 세간살이건만, 정주사는 명색 가장이랍시고 벌어들인다는 것이 가용의 십분지 일도 대지를 못한다.128)

어머니 유씨 덕택에 삼년제의 S여학교를 마친 초봉이 이제 그 짐을 짊어지고 아버지와 교분이 있는 박제호의 양약국에 근무한다. 하지만 '돈'의 필요와 위협에 줄곧 시달린다. 경제적 궁핍과 가족들의 '먹을 것' 해결을 초봉이 책임지게 된 것은, 정주사의 '미두' 놀이와 어쩔 수 없는 식민지인으로서의 몰락에서 온 것이라 할 수 있다. 그만큼 그 원인이 구조적으로 해명되도록 배치되어 있다.

---

127) 朴德垠, "韓國 現代 長篇 小說의 文學的 리얼리티 硏究", 전북대 대학원 박사학위 논문, (1985.8.), 68-69면 참조.
128) 채만식, 앞의 책, 13-14면.

하지만 작가는 초봉의 운명을 심상치 않게 암시하는 또 한편의 초상화를 그려내고 있으니, 마치 관상학을 연구한 듯한 자세한 인물묘사는 초봉을 운명적으로 가련할 수밖에 없는 여자로서 보여지게 한다.

> 초봉이의 그처럼 끝이 힘없이 스러지는 연삽한 말소리와 그리고 귀가 너무 작은 것을, 그의 부친 정주사는 그것이 단명(短命)할 상이라고 늘 혀를 차곤 한다.
> 말소리가 그럴 뿐 아니라 얼굴 생김새도 복성스러운 구석이 없고 청초하기만 한 것이 어디라 없이 불안스럽다.
> 티끌 없이 해맑은 바탕에 오똑 날이 선 코가 우선 눈에 뜨인다. 갸름한 하장이 아래로 좁아내려가다가 급하다 할 만큼 빨랐다.
> 눈은 둥근 눈이지만 눈초리가 째지다가 남은 것이 있어 길어 보이고, 거기에 무엇인지 비밀이 잠긴 것 같다.
> 윤곽과 바탕이 이러니 자연 선도 가늘어서 들국화답게 초조하다. 그래서 보는 사람으로 하여금 웬일인지 위태위태하여 부지중 안타까운 마음이 나게 하던 것이다.[129]

말하자면, '청승스런 얼굴'로 그리고 있는데, 남자의 운명이 대개 역사적 격동기의 전쟁 체험이나 이데올로기에 의한 희생과 관련되는 것에 비해, 여자의 운명은 특히 '팔자'가 심상치 않은 경우에 숱한 남자들과의 만남, 배신으로 점철되는 것으로 규정되는 것이 일반적이어서, 앞으로 펼쳐질 초봉의 인생도 혼탁한 세태의 물결 특히 숱한 남성들과의 만남과 배신으로 전개될 것을 암시받게 된다.

식민지시대의 전형적인 몰락 가정의 소녀 家長으로서의 위치와 또 한편 작가의 지나친 친절함에 의해 묘사된 '청승맞은 관상'에 의해

---

129) 채만식, 앞의 책, 28면.

예견된 여자의 운명이 동시적으로 작용하여, 이제 초봉은 사실은 냄새나는 '화려한 결혼'에 돌입하게 된다.

b. 화려한 결혼의 허위성

초봉의 결혼은, 그녀만을 제외한 뭇사람들의 이해관계에 합당한 것으로 맞아 떨어져 '일종의 음모'로서 은폐된 채 계획되고 진행된다. 초봉의 몫은 거기에 소녀다운 순진한 선망을 더하는 것 뿐이다.

그녀의 결혼에 가장 기대를 걸고 신바람이 난 사람은 역시 정주사 내외이다. 가난에서 헤어날 수 있는 기회가 거저 굴러 들어온 것이다. 처음 혼담이 들어왔을 때 막연하던 '태수'의 정체가 '혼수비용'과 '장사밑천'의 제의에 의해 차츰 선명하게 미화되어 떠오름으로써 이미 주사위는 던져진 셈이다. 그래서 의심의 여지가 있는 것을 애써 감춘 채로 부부간의 묵시의 합의에 의해 '태수'는 훌륭한 사윗감으로 결정된다.

'자식매매', 그렇지만 사실은 아들이 아닌 딸, '여자의 매매'가 1930년대의 상황에 맞게 적절하게 위장된다. 즉, 궁핍에 쫓긴 비정한 어버이의 문제가 아니라 가부장적인 남성중심의 질서에 동조하는 주위사람들의 관심 속에서, 여자를 '파는' 것이 아니라 그녀 자신을 위해 '좋은 곳'에 시집보내는 당연한 행위로 가장되는 것이다. 이러한 정황은 작가의 지나치게 친절한 설명에 의해 확연해진다.

> 그들은 진실로 이러하다. 그들은 딸자식 하나를 희생을 시켜서 나머지 권솔이 목구멍을 도모하겠다는 계책을 적극적으로 세우고 행하고 할 담보는 없다. 가령 돈 있는 사람을 물색해내서 첩으로 준다든지, 심하면

기생으로 내앉히거나, 청루(靑樓)에다가 팔거나 한다든지 그렇게 하지는 못한다.
 비록 낡은 것이나마 교양이라는 것이 있어 타성적으로 그놈한테 압제를 받기 때문이다.
 교양이 압제를 주니 동물적으로 솔직하지 못하고 인간답게 교활하다.130)

 이같은 결혼은 사실상 오늘날까지도 계속되고 있는데, 자본주의사회의 物貨의 추구, 사용가치의 지향에 의한 현대판 '매매혼'이다. 초봉의 부모의 이같은 '교양있는' 위장과는 다르게, 생존의 위기에 직면한 부모의 노골적인 '여자매매'는 승재가 치료해준 어린 '명님'을 통해 보여진다. 하지만 작가는 사실 자체에 대한 예리한 주시를 통해 냉소를 보일 뿐, 분노도 저항도 없이 오히려 '그럴 수밖에 없는' 일로 지켜보는 눈치빠른 관찰자에 머물고 있다.
 같은 여성이면서 이같은 음모를 적극 주선하고 추진하는 사람은 한참봉의 부인 김씨이다. 그녀는 남성중심사회의 절대적인 힘과 제도의 위력을 적극적으로 수용하되 나름대로 삶의 계책을 마련하여 실속을 차리는 영악한 인물이다. 후사가 없는 탓에 한 달에 보름은 바깥 잠을 자는 탑삭부리 한참봉의 부인 김씨에게 태수는 남첩(男妾)인 셈이다. 초봉에 대한 질투에도 불구하고 태수의 청을 들어 중매에 나서는 그녀는, 태수에게 누군가를 소개하여 서서히 관계를 정리하고 자신의 위치로 돌아가려는 눈치 빠른 계산을 보인다.
 '막가는 인생'의 전형인 고태수는 이미 걷잡을 수 없는 전락의 길에 접어든 자이다. 사실은 가난한 과부의 외아들로 겨우 보통학교를 졸업한 후 급사로 근무하다가, 男色家인 어떤 과장의 눈에 들어 정

---

130) 채만식, 앞의 책, 136면.

식 행원이 된 처지이다. 그런데도 그의 해사한 외모와 허세는 군산의 사람들에게 그가 부자집 외아들이며 대단한 배경을 지닌 인물로 믿겨지게 했고, 초봉이마저도 그의 '해맑고 준수한' 인상을 그리면서 가슴이 두근거림을 경험한다. 썩어들어가는 악취를 풍기는 실상과는 달리 정주사네의 물질적 욕망을 충족시켜줄 '왕자'로 부각된 것이다.

이 작품의 가장 흉악한 인물인 곱추 장형보는 '돈'으로써만이 자신의 인생을 보상받고 유지할 수 있다고 생각하는 자로, 늘상 누구 돈이 되었든지 들고 뜰 작정과 국경을 넘어가서 금제품 밀수나 계집장사를 하겠다는 '엉뚱한 계획'을 품고 산다. 초봉의 결혼 후 파탄에 가장 직접적으로 개입하는 그의 음흉한 계략은, 억지를 사실이 되게 하는 끈질긴 것이어서 누구에게나 섬칫하다. 그가 어느 정도 돈을 모은 다음에 초봉을 찾는 것은 차라리 인간적이라 하겠다.

이처럼 초봉과 태수의 화려한 허위 결혼의 배후에는 뭇사람들의 이익이 추구되고 있는데, 그들의 관계는 전적으로 화폐를 매개로 한 점이 특징이다. 자본주의가 고도로 발전한 사회에서는 화폐를 매개로 한 관계양식이 부정적 가치보다는 긍정적 가치를 산출하여, 합리성과 보편성, 평등, 자유 등에 기초하게 됨[131]을 볼 수 있다. 하지만 식민지의 그것은 탐욕 혹은 쾌락의 추구와 같은 비합리성에 그 바탕을 둔다.[132] 그래서 미두, 소절수 위조, 수형할인 등의 행위와 초봉

---

131) Lucien Goldmann, "Socialism and Humanism", 『Socialist Humanism』, (New York Doubleday and Company, 1966), p.41.
  물론 자본주의의 긍정적 가치가 전 계층에 두루 혜택을 미치는 것은 아님을 유의해야 할 것이다. 하지만 원숙한 자본주의사회에 이르게 되면, 과도기에서 보이던 부정적 현상들이 다소 감축되리라는 것은 언급할 수 있다.
132) 李 勳, "蔡萬植 小說 硏究", 서울대 대학원 석사학위 논문, (1981), 45-46면

의 화려한 결혼은 실제로 동일한 줄기에서 뻗어난 가지의 양 끝이며, 그 어느 것도 건전한 것이 아니다. '형보'를 제외하고는 아무도 이 교환가치의 추구에서 성공한 사람은 없다. 초봉의 가련함이 단지 한 여성의 悲運으로만 여겨질 수 없는 것이 바로 이러한 식민지 사회의 황폐성 때문인 것이다.

c. 우연한 재회의 수용

태수의 죽음으로 인해 초봉의 결혼은 파탄이 나고, 정주사는 별 도움도 받지 못한 채 '날아가버린 장사 밑천'을 허망해 한다. 이에 비해 앞으로 살아갈 궁리에 고심하던 초봉에게 떠오른 것은 싫어진 '군산바닥'을 뜨는 것이었다. 그래서 그녀는 아저씨처럼 미덥게 의지하던 '제호'를 막연히 의지하며 막연한 서울행을 감행한다.

그런데 우연히도 이리에서 그녀는 박제호와 재회하게 된다. 이 때, 그들의 상봉은 이전과는 다른 의미를 띨 수밖에 없는데, 세상 경험 많고 능숙한 박제호는 초봉을 보는 순간 이미 그녀가 '만만한 자'임을 생각하지만, 초봉은 자신의 처지가 이전같지 않음에도 불구하고 그를 여전히 처녀시절과 같은 자상한 후원자로 여긴다. 하지만 박제호의 '속셈'은 결혼에 실패하여 혼자 된 여자에 대한 사회적 인식이 일반적으로 어떠한가를 확연히 드러내준다.

> 희한하고 반가움이 밖에서 들어오는데, 속에서는 초봉이가 인제는 '헌계집'이니라 하니 안팎이 마침맞게 얼려붙은 셈인 것이다.
> '이미 헌 계집.'

참조.

'그리고 임자 없는 계집.'
이러고 보니, 미혼 처녀에 대한 중년 남자다운 조심성과 압박으로부터 단박 해방이 될 것은 물론이다.
시집 잘못 갔다가 홧김에 서울로 바람잡일 나선 계집, 그러니 장차 어느 놈의 밥이 될지 모르는 계집, 그러니까 아무라도 먼저 재치 있게 주워 갖는 놈이 임자다. 옛날로 말하면 공문서(空文書)짜리 땅 같은 것이다.133)

이같은 제호의 생각은 야박하기는 하지만, 상당한 설득력을 갖는다. 차라리 문제는 초봉의 어수룩함일 것이다. 그녀에게는 아무런 조언자도 사회적 환경도 없다. 다만 군산이 싫어져서 제호의 약국을 생각하며 홀홀단신 무작정 상경을 단행하는 철부지같은 행동은 태수의 끔찍한 죽음을 경험한 여인의 분별력으로는 어울리지 않는 점이 있다. 더구나 그녀가 제호의 제의를 받아들여 쉽사리 온천행을 하는 것도 그렇다. 그래서 작가는 초봉의 전락이 그녀 자신에게 상당한 책임이 있으며, 제호와 같은 남자의 유혹과 행동은 남성중심적인 사회에서 흔히 볼 수 있는 당연한 것으로 서술하는 남성작가다운 면모를 보인다. 즉, 가련한 초봉에 대한 동정을 유발하는 것같으면서도 사실은 미련스럽고 아둔한 초봉에 대한 힐책을 숨기고 있는 것이다. 이는 그녀를 탐하는 제호를 극히 이성적이고 합리적인 사람인 것처럼 묘사하고 있는 데서 드러난다. 또한 아내 '윤희'의 재산으로 약국을 일으켜서 현재에 이른 그의 계획된 결혼은 제호의 현실적인 면을 알려 주며, 그녀의 병적인 히스테리때문에 별거하고 있는 그의 형편은 초봉에 대한 그의 흑심을 정당화시키는데 기여하도록 설정되고 있다.

---

133) 채만식, 앞의 책, 253-254면.

그래서 제호와 초봉의 관계는 일방적인 힘에 의한 성적 침탈이 아니라 요구조건의 수용에 의한 양자의 계약처럼 이루어진다.

그들의 결합 이전에는 제호의 긴 설명이 있어서, 그에 대한 초봉의 동의가 이루어진다. 세를 얻어 살림을 하고 용돈을 받아 쓰는 것이 마음도 안정되고 홀몸으로 어디 가서 월급이나 이삼십 원 받고 지내는 것보다 훨씬 나으리라는 제호의 차분하고 간곡한 설명은, 앞날이 막연한 여자에게 그럴 듯하게 진실한 것으로 여겨졌고 '기왕 이리 된걸……' 하는 결정적인 운명론이 그에 가세하여 초봉은 그의 제의를 수용하게 된다. 그들 사이에 이루어진 계약은 아직 전적으로 타락한 것은 아니고 약간의 신뢰와 물질적 요구가 복합되어 있는 중도적인 것이다.

제호를 따라 서울에서의 새생활을 하게 된 초봉은 오히려 이전보다 훨씬 더 안정되고 행복함까지 느낀다. 제호에게 향하는 '탐탁스런 정'이 없어 생기는 아쉬움은 마음 한구석에 '승재'를 그리워하는 회포를 품음으로써 위안을 삼는다. 친정집 생계 해결은 여전히 그녀의 몫이다. 그 문제도 해결하고 자신은 알뜰한 살림 재미에 평안한 기쁨을 느끼니 제호는 그녀에게 있어서 한동안 은인이며 시혜자로 부각된다.

매사에 초봉을 다독거리고 어루만지는 제호의 행동은 나이든 사람의 그것에 걸맞게 묘사되고 있는데, 초봉이 '속정'을 주지 않아 애가 쓰이는 것도 참아내는 넉넉함까지 보인다. 제호의 이같은 자상함과 넉넉함은 초봉의 임신에 대한 그의 반응에서 더욱 확연해진다. '순리'(順理)를 중시 여기며 생명을 존중하는 그의 태도는 퍽이나 인간적으로 보여진다. 이는 유산까지 시도했던 초봉에게 용기를 준다.

하지만 실제의 상황은 예상과 다른 것이다. 초봉의 순진스러움, 앞

뒤 없음은 천성적인 성품이어서, 아이에게 사랑을 쏟는 전적인 몰두가 문제를 초래한다. 넉넉한 태도를 보이던 제호도 실제로는 서운함과 짜증을 느끼게 된 것이다. 그녀의 운명은 역시 '판단 정지의 몰두와 순응'에 무관하지 않음을 알 수 있다.

이것이 이 작품이 지닌 이중적 구조이다. 식민지 사회의 몰락한 한 家長의 역할을 이행하면서 남녀간의 사랑과 배신, 계약 체결과 파기를 보이는 것이다.

자신의 인생보다는 효(孝)의 실행을 중시하는 초봉은 그야말로 전통적인 여인인데, 그녀는 극기와 인내보다는 순응과 수용을 보인다.

그녀의 효도는 흔히 '심청'과 비교되는데 이들 사이에는 분명한 차이가 있다. 상황에 대한 무자각의 순응일 뿐이지, 소녀 심청에게서 볼 수 있었던 엄청난 주체성과 결단력이 초봉이에게는 존재하지 않기 때문이다.[134] 논리적 사고나 현실 대결 의지같은 것은 애초에 찾아볼 수 없었던 그녀이지만 나름대로 터득한 체념의 원리에 의해 주어진 상황을 최대한 유용한 것으로 수용하는데, 그것이 제호와의 계약관계였던 것이다.

하지만 비정한 현실은, 초봉이 제호와의 관계에서 이행해야 할 자신의 의무를 망각한 채로 '작은 행복'에 젖어드는 것을 용납하지 않는다. 제호의 등한해진 태도도 깨닫지 못한 채 그가 애초에 제시했던 '생활의 설계'만을 굳게 믿어 의심치 않던 그녀의 믿음은, 위기를 예감할 겨를도 없이 깨어지고야 마는 것이다. 그래서 최초로 그녀는 진정으로 분노하게 된다. 장형보와 박제호 사이에 이루어지는 협약은 초봉의 인계인수 외에 아무 것도 아니다. 초봉은 이미 인간

---

134) 한지현, 앞의 글, 50면 참조.

으로서의 존엄성을 지닌 한 여성이 아니며, 유효기간이 지나자 버려지며 새로운 주인에게 양도되는 물건인 것이다.

우연한 재회를 주어진 것으로 수용하여 만족할만한 계약을 맺었던 그녀의 두번째 만남은, 원래의 의도와는 다르게 다시금 초봉을 더욱 어리석은 여자가 되게 하고야 만다. '국제조약과 한가지로 계집 사내 사이의 언약은, 저 싫으면 차 내던지는 놈이 장사요, 앉아 당하는 놈이 호소무처라는 걸 모르는 초봉이'만 이전보다 더욱 미련스럽고 불쌍한 인물이 되고 말았다.

d. 체념과 분노 사이의 방황

윤희의 출현과 초봉의 무관심에 대한 싫증에 때맞춰 나타난 형보는 제호에게 하나의 출구가 되었다. 그래서 초봉이라는 여자는 한 남자에게서 다른 남자에게도 양도된다. '송희'에게만 몰두해 있던 그녀에게 제호의 태도 변화는 전혀 예상밖의 것이었고, 그 절망은 곧 악으로 변했다. 하지만 그녀의 분노는 냉철한 판단력과 현실 분석으로 이어지기 보다는 순간적인 감정의 폭발이며 곧이어 체념으로 변하고야 마는 '초봉이다운' 것이다.

　　"……이 악착스런, 이 무도한 놈들 같으니라고!……"
　　　　　(중　략)
　　목에서 시뻘건 선지피라도 쏟아져 나오도록 부르짖어 백천 말로 저주를 해도 시원할 것 같잖던 분노와 원한이건만, 아직 몇마디를 못해서 부질없이 설움이 복받쳐올라, 처음 그다지 기승스럽던 악은 넋두리로 화해가다 필경 울음이 터지고 만다.[135]

---

135) 채만식, 앞의 책, 335면.

한 여자의 분노와 저주, 울음과는 상관없이 그녀는 다만 다른 남자 주인에게로 넘겨진다. 그리고 그 남자들은 둘 다 만족한다.

　　　제호는 시원했다. 형보도 시원했다. 둘이 다 시원했다.[136]

하지만 초봉이답게 그녀의 분노는 일정하게 지속적이지 못하다. 곧바로 체념하고 그 상황에 순응한다. 그녀는 어느덧 마음 없이도 남자를 상대할 수 있는 여자가 되고 만 것이다. 이것이 진정한 전락이다. 흉악한 형보와의 동거생활에서도 자족하게 될 조짐이 보인다. '이미 버린 몽뚱아리'라는 초봉의 인식은 여성의 순결에 관한 남성중심세계의 표현인 동시에 작가 채만식의 인식이기도 하다. 인형의 집을 나간 '노라'에게서 별 뾰족한 해결책을 찾아내지 못한 그는, 선한 의도와는 다르게 '여성해방'을 한국의 상황에 맞지 않는 것으로 결론내리고야 만 것처럼, 초봉의 전략도 그래야 마땅하며 그럴 수밖에 없는 것으로 간주하고야 만 것이다.

　초봉은 진정한 효녀이기 보다는, 자신의 무자아의 상태에서 오는 공허함을 견디기 위해 명분을 찾아 스스로 안주하고 순응하는 인물로 귀착되고야 만다. 송희에 대한 특별한 애착도 진정한 '모성'(母性)이라기 보다는 어떤 대상에의 몰두와 집착을 드러내는 것이다. 이러한 초봉의 무자아의 상태는, 진정한 자기 모습의 회복이나 판단과는 상관없이 늘상 주위의 것에 과도한 애정을 쏟는 행위들로 나타나 왔고, 그런대로 일관성이 있다. 스스로 자신을 생각해봐도 '갈충머리[137] 없다'는 것은 그녀 자신의 인식이기보다는 작가의 야유이다.

---

136) 채만식, 앞의 책, 336면.

초봉의 전락에 대한 작가의 이같은 태도는, 승재가 구출하는 '명남'을 통해서도 드러나는데, '食慾'을 해결하기 위한 방법으로 '정조매매'가 개명옥 주인여자의 持論처럼 정당한 것이 될 수도 있음을 제시하기 때문이다. 의학서적까지 팔아서 찾아간 승재가 대책없는 현실에 대해 느낀 '부끄러움'은 승재의 한계일 뿐 아니라 여성문제 해결에 대한 작가의 혼돈이며 한계이다. 농촌 여성의 삶, 과다한 노동에 굶기가 일쑤이고 다만 한가지 '숭악한 농투산이한테, 계집으로 한 사내 섬긴다는 것', '꼭 그것 한가지'를 보고 사는 것이 좋겠느냐는 주인여자의 질문에 할 말을 잃은 승재에 이르면, '여자의 매매'는 가난한 집의 당연한 구제책이 되고 초봉의 전락은 그럴 수밖에 없는 것이 되어, 현저한 세태의 묘사로 기울 뿐 아무런 여성문제 해결 의지도 찾아볼 수 없게 된다.

그래서 보이지 않는 공감과 변호를 받는 초봉은, 갈등 속에서나마 계봉이를 데리고 시골 집에 돈도 부치면서 그 지겨운 장형보와 그럭저럭 살아간다. 자신의 인생이 어긋나게 된 원인에 대해서 되짚어 볼 기회도 없이, 여전한 무자각의 상태에 머물 뿐이다. 이는 '계봉'을 이해하지 못하는 초봉의 사고에서 드러난다.

> 초봉이가 보기에는 계봉이의 말하는 것이며 생각하는 것이며가 도무지 계집애다운 구석이 없고 방자스럽기만 했다.
> 언젠가도 아우형제가 앉아서 여자의 정조라는 것을 놓고 서로 우기는데, 초봉이는 요컨대 여자라는 것은 정조가 생명과 같이 소중하고 그러니까 한번 정조를 더럽히기 시작하며는 그 여자는 버려진 인생이라고,

---

137) 『전집』 끝에 수록된 「낱말풀이」에 의하면, '갈충머리'는 '진득함이 없이 출랑거림'을 의미한다. 하지만, 이는 '갈충머리 없음'에 해당하는 풀이인 듯하다.

쓰디쓴 제 체험으로부터 우러난 소리를 하던 것이나, 계봉이는 그와 정반대의 의견이었다.

　즉 정조는 생리의 한 수단이지 결단코 생명의 주재자(主宰者)가 아니요, 그러니까 정조의 순결성이란 건 상대적인 것이어서, 한 여자가, 가령 열 번을 결혼했다고 하더라도 그 열 번이 번번이 다 '정조적'일 수가 있는 것이요, 그리고 설사 어떠한 여자가 생활의 과정상 불가항력이나 또는 본의가 아닌 기회에 정조를 온전히 하지 못한 적이 있다 하더라도 그것만으로 '인생(人生)의 실권(失權)'을 선고할 아무런 근거도 없다는 것이었다.[138]

　초봉의 전락이 첫번째 결혼의 실패에서 전적으로 비롯된 것은 아니다. 동일한 실패를 경험한다 할지라도 이같은 경험이 주체적 자아정립의 계기로 작용할 수도 있는 것이다. 그럼에도 불구하고, 그녀 자신의 문제 직시와 판단은 여전히 잘못되어 있다. 몇차례의 위기와 배신의 경험에도 불구하고 수동적인 삶의 자세와 자신을 스스로 비주체화하는 나약함을 지닌다. 그러한 그녀가 분노의 폭발을 통해 정상적인 자아의 성장과 회복을 꾀하게 되리라고 보기는 어렵다. 그래서 계봉을 통해 제시된 건전하고 주체적인 정조관과 진취적인 결혼관마저도 부차적인 의견의 제시에 머물 뿐 이야기의 중심부에 융해되지 못하고야 마는 것이다. 계봉을 통한 긍정적 가치의 구현은 초봉과는 다르게 사는 건강한 여성의 한 표본으로 보여질 뿐이다. 이는 여성 체험에 대한 진정한 공감에서 우러난 서술을 이루지 못하는 남성작가로서의 한계라고 생각된다. 의도적인 관심 및 전망과 자연발생적인 경험 사이에서 표류하는 혼돈의 노출이다.

　형보에 대한 증오가 쌓이자 그 도피처로 자살을 생각하는 것은 초봉답다. 분노를 외부로 발산하여 공격적인 것이 되게 하거나, 그 분

---

138) 채만식, 앞의 책, 388-389면.

노를 삭혀 내부의 강인한 의지를 성장시키지도 못할 무자아의 상태 에서의 유일한 선택은 삶의 회피이며 도주이기 때문이다. 자신만 죽 어서는 송희와 계봉이가 형보의 노리개감이 될 것같다는 초봉의 판 단은 최초이자 최후의 적절한 판단이다. 그래서 자신의 자살에 앞 서 그 목적을 이루기 위한 수단으로서 형보의 살인을 계획하고 '사 약'(死藥)을 마련하는 행동은 설득력이 있다.

하지만 형보의 죽음은 그렇게 주어지지 않는다.

e. 뒤틀린 자아의 폭발, 파탄

태수의 죽음에서 보여진 끔찍함은 초봉의 형보 살인에서 더욱 구 체화된다. 태수의 죽음이 그의 타락한 생활에서 기인한 것이며 간통 현장에서의 慘死인 까닭에 그 폭력성과 어울려지는 것이라 한다면, 초봉에 의해 저질러진 살인은 너무도 뜻밖이고 충격적인 잔인함을 보인다.

그녀의 살인이 필연적인 것이 되게 하기 위해서 작가는 자세한 상 황을 묘사하였다. 그녀는 형보와 동거하면서 마음의 안정과 평화를 잃어버리고 늘상 불안과 공포에 떠는데, 이는 '송희'에 대한 지나친 집착에서 비롯된 것이다. 또한 형보의 性慾에 시달려 그 육신은 병 들고 시들어 간다. 무자아의 초봉일지라도 더이상 참아내기 힘든 심 한 뒤틀림을 경험하게 된 것이다. 그렇지만 가장 직접적인 발단은 역시 '송희'를 다루는 형보의 무자비한 태도였다. 이에 흥분된 초 봉은 상당한 시간에 걸친 집요한 살인을 저지르고야 만다. 이 때 초 봉의 모습은 '송장 그것보다도 더 흉한' 꼴로 보여진다.

긴 머리채가 앞뒤로 흐트러져 얼굴에도 그득 드리웠다. 얼굴에 드리운 머리칼 사이로 시뻘겋게 충혈된 눈이 무섭게 번득인다. 깨문 입술은 흐르는 피가 검붉다. 매무시가 흘러내려 흰 허리통이 징그럽게 드러났다. 가삐 쉬는 숨길마다, 드러난 그 허리통이 쥐노는 고깃덩이같이 들먹거린다.
초봉이는 시방 완전히 통제를 잃어버린 '생리'다.139)

하지만 이러한 초봉이를 동정하기는 어렵다. 그녀의 뒤틀린 자아의 폭발은 이미 하나의 '구경거리'로 제시되어 설득력을 잃고 말았기 때문이다. 이는 작가의 서술태도와 관련된 것인데, 비극적인 것을 대수롭지 않게 만들어버리는 그의 관찰자적 태도가 해학적인 빈정거림으로 보여지던 것이 이제는 너무도 적나라한 묘사로 인해 신나는 구경거리를 제공하고야 만 셈이다. 즉, 소제목을 통해서 견지해 오던 현실과의 거리, 그 희화적 표현140)이 살인장면의 과도한 서술에 스며듦으로써 초봉의 살인을 신파조의 것이 되게 한 것이다. 그래서 채만식의 다른 작품에서 흔히 성공적인 기법으로 언급되던 '諷刺性'이 『탁류』에서는 풍자의 대상에 대한 일정한 방향을 상실함으로써 오히려 작가의 현실인식 태도나 여성주의를 파악하는데 혼돈을 초래하고 있다고 생각된다.

초봉의 살인은 이처럼 자신의 자아 정립과 무관한 파탄에 머물고 말았다. 즉, 그녀의 살인은 자아를 회복하고 어떤 미래를 지향하는 극복의 의지로 도저히 볼 수 없다.141) 왜냐하면, 초봉이는 살인 후

---

139) 채만식, 앞의 책, 456면.
140) 채만식의 장편소설에서의 소제목은 흔히 해학성을 띠는데, 이는 『탁류』에서도 마찬가지이다. '人間記念物', '新版 「興甫傳」', '…生涯는 方眼紙라!', '老童 訓戀日記', '內菩薩, 外夜叉' 등의 소제목은 타락의 심각상에 대한 진지한 검토를 저해한다.
141) 김미영, 앞의 글, 41-42면 참조.

에나 전에 자기 자신을 심각하고 깊게 성찰한 적이 한 번도 없으며, 자기 자신에 대한 냉철한 비판과 분석을 통해 앞날의 계획을 설계하는 자기극복의 시도를 진정으로 강구한 적이 없기 때문이다. 그래서 초봉의 살인은 뒤틀린 자아의 폭발인 동시에 파탄이 되고 말았다. 그녀는 정신적인 파탄을 맞은 몰락의 대표자이다.

또한 작가의 무리한 '생성에의 의지'는 초봉을 다시 한 번 농락하고 말았음을 볼 수 있다. 「序曲」을 통해 제시하려 했던 밝은 미래에 대한 전망이 결말부에 이르러 갑자기 강하게 부각됨으로써, 초봉은 이미 동생의 애인이 된 승재를 혼자서 여전히 꿈꾸며 그와의 '명일의 언약'까지 기대하는 백치미를 보이기까지 하는 것이다. 가여운 초봉이 우스꽝스러운 초봉이 되고 말았다.

이처럼 '식민지 황폐의 제물'인 탓에 희생되었던 초봉은 남성중심 사회의 '세태의 희생물'로 전전하다가, 위기의 경험을 통해 자신의 자아를 건강하게 회복해내지 못한 까닭에 비극적인 파탄을 맞고야 말았다. '어리석은 희생물'로 귀결된 것이다.

〈4〉지식인 여성의 선택과 결단 : 『黃昏』

1) 작가의 신념과 여성관

　대개 '저항하는 독자'로서의 여성 독자는 남성 작가의 작품에서 왜곡된 여성의 이미지를 찾는데 치중하는데, 이는 『성의 정치학』 (Sexual Politics)과 『소설에 나타난 여성의 이미지 연구』(Images of Woman in Fiction : Feminist Perspectives)등 페미니즘 비평 초기 단계에서 주로 행해졌다.
　그런데 페미니즘 비평이 기존의 작품에서 '잊혀진 반쪽' 혹은 '다루어지지 않은' 의미망의 한 축을 제공하는 기여를 이루기 위해서는 동일한 분노의 반복에 머무르는데 그쳐서는 안된다.
　남성 작가의 작품을 다룰 때, 우리는 그가 그 자신의 생활과 일련의 작품들 속에서 여성인물들을 어떤 모습으로 창조하며 어떻게 형상화하는가에 주목할 필요가 있다. 대부분의 남성들이 여성문제에 대한 한 보수적이고, 만인 평등사회를 지향하며 진보적인 사회 활동을 하는 사람 조차도 성차별을 당연하게 여기는 경우가 빈번하기는 하다. 여성들은 아주 오랫동안 그리고 현재까지도 괴테식의 '구원의 여성상'이 되도록 강요되었고, 그러한 '집안의 천사'가 되기를 거부했던 똑똑한 여성들은 모두 '괴물'로 취급되어 따돌림을 받아온 것이 일반적이다. 그런데 대개의 남성 작가들이 여성의 자질로 규정한 의존성, 비주체성, 수동성, 불합리성, 편협성, 경건함, 구제 불능의 간교한 마녀형 등등142)의 유형을 고수하는 일반성을 보였다 할 수 있을지라도 1930년대 우리의 상황은 이와 달랐음을 간과해서는 안 될 것이다.

한국의 여성운동은 대 남성적인 저항의 성격이 약했는데, 이는 근대화와 더불어 國權의 위기와 상실을 맞았기 때문이었다. 그래서 가부장제와 봉건적 인습의 폐해에 대한 저항도 중요했지만, 남자이든 혹은 여자이든 간에 식민지 조선의 무산계층으로서의 동질성과 동지적 유대가 더욱 강했다. 즉, 최우선의 과제로 부여된 우리의 급박한 상황을 직시한 경우 일제라는 공동의 敵을 인식하고 이를 타파하기 위해 노력하는 것이 훨씬 적절했던 것이다.

1930년대에 진행된 여성문학비평론에서 드러났던 남성 작가들의 시각 차이143)도 이러한 원인에서 기인한 것인데, 그들이 갖는 여성관은 개인적인 것이기도 하지만, 자신들의 현실 인식과 계급적 기반에 깊이 관련된 것이었다. 이 논의에 있어서 여성작가들에게 꿈과 낭만을 좇기보다는 빈궁한 현실을 폭로하는 용기를 갖고 작가적 자질을 갖추도록 애써야 하며, 신변잡기와 같은 주변적인 문제보다는 사회적인 문제, 중심적인 문제를 포착하도록 권유하던 사람은 김남천, 김

---

142) 메어리 엘만, 『여성에 관한 사고』(Thinking about Woman)에서 밝힌 11가지 여성유형임.
143) 이에 대해서는 이 책의 1부에 실린 '1930년대 여성문학비평론'을 참조할 것.

기진, 한 효 등 KAPF 조직내에서 활동했던 작가들이었다.144) 이들은 여성작가들에게 자신들의 생각을 권유하는데 그쳤던데 비해, 이를 작품을 통해 실천하여 새로운 여성상을 창출하려 한 사람은 한설야 이다.145) 그래서 한설야의 몇 작품에서 형상화된 여성 인물들은 '왜곡된 여성이미지'보다는 새로운 여성상의 모색을 보이고 있음을 볼 수 있다.

韓雪野는 1900년 8월 30일 함흥 교외에 있는 羅村이라는 농촌에서 태어났다. 그의 부친은 한일합방 전 군수를 지냈으며 상당한 재산가이자 지주였다. 그의 본명은 한병도(韓秉道)였으며, 만년설, 한형종, 김덕혜 등의 필명도 사용했다. 그의 경력 중 가장 주목할만한 사실은 그가 日本大 社會學科에서 수학한 유복한 가정 출신의 지식인인 한편, 부친의 사망후 경제적 궁핍으로 인해 만주 撫順으로 이주해 '만주체험'146)을 직접 했다는 점이다. 그의 가족이 만주로 이주한 것이 1925년이고 그가 서울에 돌아온 것은 1927년인데, 1925년의 카프 창건에도 참가한 바 있으므로 한설야의 만주체험은 일정한 수준의 계급의식을 갖춘 상태에서 이루어졌으리라 짐작할 수 있다. 이 것이

---

144) 그런데 이들은 그러한 주장을 했을 뿐, 자신들의 작품 내에서 새로운 여성 주인공을 창조해내지는 못했다.
145) 이는 김윤식 교수가 설명한 바와 같이, 카프문학을 말할 때의 두 범주, 즉, '운동으로서의 문학'과 '작품으로서의 문학'을 생각할 때 한설야는 주로 후자에 속했기 때문이라고 생각된다.: 김윤식, "한설야, 생리적 대결의식",『임화연구』,(문학사상사, 1989), 420-422면 참조. 그래서 비평을 통한 여성상의 구현과는 달리 작품을 통한 여성상의 구현이 이루어질 수 있었다고 본다.
146) 일제시대의 중요체험으로는 동경체험, 중국체험, 만주체험이 있는데, 동경체험은 동경유학생들의 학창생활에 준하는 것으로서 다분히 지식인적인 것이며 일본공장노동자체험과는 별로 어울리지 않는다. 중국체험은 임시정부가 있는 상해체험이라고 할 수 있다. 그런데 이에 비해 만주체험은 바로 男負女戴하여 고향을 등지고 청국땅에 농사짓기 위한 이민 대열에 끼는 체험의 일종으로 생활전선의 체험이다.: 김윤식, 앞의 글, 425면 참조.

최서해의 만주체험과 한설야의 그것을 구분되게 하는 점이라고 볼 수 있겠다.

한설야의 초기 대표작인 「과도기」와 「씨름」은 바로 만주체험에서 온 것이며, 이 만주체험은 귀향함으로써 비로소 달성되는 '우리'의 것이었다.

> 二六年代의 주린 文壇은 曙海가 滿洲에서 실어온 좁쌀일망정 맛있게 먹었고, 宋影이 東京서 건너온 어색한 唱歌일망정 興겨웁게 들었다. 이 時代는 朝鮮文學의 精神的 流浪期라 할수도 있을것이다.
> 우리는 때로 曙海를 따라, 때론 宋影을 따라, 滿洲와 東京으로 遊離하야 疲勞했을때, 비로소 雪野의 손으로 다시 朝鮮 땅에 돌아온것이다. 情든 故鄕, 그러나 不幸한 故鄕, 그러나 그곳에 살아가지 않을수 없는 故鄕, 이땅 (이런 故鄕에서 한篇의 佳作이 「故鄕」이란 이름으로 創造됨이 어찌 必然이 아니랴?) 에서 우리의 文學은 다시 再出發하지 않을수 없는것이었다.[147]

한설야가 이룬 '귀향'은, 우리 근대문학의 중요한 창작모티프인 동시에 작가 자신의 중요한 체험이다.

한설야의 문학세계를 형성하는 또다른 중요한 체험은 1934년 제2차 카프맹원 검거 때의 전주 감옥 투옥 체험이다. 1935년 12월에 종결된 전주사건에서 한설야는 집행유예의 꼬리를 달고 석방된다. 약 1년반의 옥살이를 한 셈이다. 이후 『黃昏』이 『조선일보』(1936.2.5.-10.28.)에 연재된다. 소설 『황혼』은 문단적 상황으로 볼 때 카프 해체 이후 카프 조직원에 의해 씌어진 본격 장편이라는 점이 중시되며, 이른바 전주사건을 계기로 노골화된 '전향'의 여부와 강도를 측정하

---

[147] 임　화, "韓雪野論", 『文學의 論理』, (학예사, 1940), 560면.

제 2 부 페미니즘 비평과 여성 자아 정립 185

는 한 단서가 되기도 한다. 이 작품에서 우리는 여순의 '귀향 포기'
와 '새로운 뿌리내리기'를 의미있게 지켜봐야 할 것이다.
　만주체험과 전주체험, 그리고 이를 토대로 한 '귀향' 모티프라는
그의 주요 체험과 지향축외에 그의 작품을 여성중심적으로 읽어내기
위해서 필요한 것은, 여성문제에 대한 인식이나 연애체험이 드러나
있는 정보의 수집이다.
　한설야 자신의 회상에 따르면, 그는 어릴 적부터 죽어도 배신하
지 않는 '신의'를 중요시했으며, 사람들 사이의 차별에 민감했었는
데 여기에는 남녀간의 차별도 포함되었다.

> 나는 그때 벌써 자기 자식과 양자를 너무 동떨어지게 차별하며, 또는
> 딸과 아들을 차별하는 부모의 눈치에 대해서 지각했고 옳지 않다고 고
> 개를 저었다.
> 　그리고 이 지각은 점차 가정으로부터 사회로 돌려졌다.[148]

　그가 문학에의 꿈을 키우며 특히 영향을 받았던 것은 밤마다 큰길
다리 아래에서 팔던 '신소설'이었는데, 거기에 나타나는 사람들의
너무도 비참하고 가엾은 모습, 특히 고약한 시어미 아래에서 벙어리,
장님처럼 살아도 맨날 구박만 받는 며느리, 아버지의 너무도 자심한
구속 아래에 숨막혀 있는 아이들, 그리고 모든 가난한 사람으로서
받지 않으면 안 될 운명에 휘감겨 들어가는 사람들의 설움에 깊이
공감하였다. 그래서 그의 여성문제에 대한 인식은 다만 조선의 상
황내에서 흔히 발견되는 가난하고 불쌍한 사람들에 대한 동정과 공
감에서 출발한 것으로, 봉건적 인습에 얽매인 조선 여성들의 실제적

---

[148] 한설야, "나의 인간 수업, 작가 수업", 한설야·이기영 外, 『나의 인간수업,
　　　 文學수업』, (인동, 1990), 11면.

고충에만은 민감하였던 것을 짐작할 수 있다.

한설야의 여성체험은 거의 밝혀진 바 없지만, 그가 중학을 졸업할 무렵 3.1운동에 참가, 구속되었다가 출옥한 이후 당시 한 젊고 아름다운 여성을 동경한 경험이 있었는데, 젊은 아들의 理想을 구속하는 가부장제하의 봉건적 관습을 그대로 지닌 아버지의 반대와 '인간의 그 미운 연약함'때문에 자신에게 심리적으로 깊은 타격을 준 채 그치고 말았다고 회상하였다.149) 굳센 '의지'에 대한 동경, 理想을 위한 투쟁의 필요성을 '우리 앞에 가로놓인 조그만 장애때문에 나에게서 도피해 버린 그 여성'을 통해 더욱 절감하였다.

그래서인지 한설야의 작품들에 나타나는 여성 주인공들은 다른 남성작가들의 작품에서 흔히 드러나는 수동성을 거부하며 주체적이고 강인해서 거의 남성적인 인물들로 형상화됨을 볼 수 있다. 상황이 악화되어 탄압이 강화될수록 '의지'에 대한 동경은 강화되었고 이는 자신의 작품 속의 등장 인물을 통해 강하게 표명되었는데, 특히 『황혼』이 이에 해당한다 하겠다.

『황혼』을 여성독자로서 읽어내며 형상화된 여성인물을 중심으로 한 플롯을 고찰하는 일은, 카프 조직원이었던 한 남성 작가의 여성관과 여성문제 인식을 살피는 작업과 연관성을 갖는 한편, 작품 자체의 의미를 보다 뚜렷하게 해석해내는데 작은 보탬이 될 것이다.

---

149) 한설야, 앞의 글, 31-33면 참조.

2) 강인한 자아의 고수와 강화

 소설 장르의 특성이 자아와 세계의 대결을 보이는 점이고 이같은 대결에서 문제적 주인공은 현실적으로는 패배할 수밖에 없는 것이 필연적이지만, 그 주인공이 정신적인 승리를 거두며 적어도 변혁에 대한 전망을 내포해 보일 때 독자들은 포기되지 않은 용기와 감동을 수확하게 되는 것이 일반적이다. 그런데 이러한 전망과 승리의 실마리는 등장인물들의 행위를 통해 드러나기 마련이며, 그 행위가 주어진 상황 속에서 적절한 동기를 통해 정당하게 규명되며 현실화될 때 비로소 타당성을 획득하게 된다.
 작품 속에 여주인공이 등장할 경우, 대개 주인공을 둘러싼 열악한 상황의 강도는 훨씬 강조되며, 이에 따른 주인공의 행위는 시련의 감내와 수용을 통한 자아의 정립과 성장의 유형을 띠기 쉽다. 그런데 시련의 감내와 묵묵한 수용만을 강조할 경우, 이는 운명적이고 수동적인 여성인물로 형상화되기 쉬우며, 시련을 통한 자아의 정립과 성장을 강조할 경우 강인한 의지의 인물형이 되기 쉽다. 전통적으로 강요되어 온 수동적인 여성상을 깨뜨려 적극적이고 강인한 여성상을 구현하는 문학적 작업은, 이상적인 인간으로서의 兩性적 특징을 具有한 모델을 제공하는 일이 되는 동시에, 열악한 상황 속에서 의연히 대처하며 자기 길을 찾아가는 감동적인 인간의 모습으로 읽혀질 수 있는 것이다.
 한설야의 작품 중 비교적 분명하게 그의 여성관을 포착할 수 있는 최초의 작품은 「그 前後」(『조선지광』67, 1927.5.)이다.
 「그 前後」의 여주인공B는 토지개간사업 등의 허울좋은 일제의 수탈정책에 의해 온천장을 저당잡혔다가 결국 경매되어 빼앗기게 된 집안의 며느리이다. 남편의 뜻을 이해하지 못하고 '망종', '패덕자', '징역군'이라고 욕하던 시아버지는 그 몰수의 충격으로 마침내 돌아가시고 말았다. 집까지 빼앗기게 되자 시어머니는 시동생집에서 남은 목숨을 의지하고, 갈 곳 없어진 B는 친정으로 향하지만 그 곳 역시 오랜 궁핍속에 찌들어온 '휴화구'(休火口)일 따름이다. 집을 나간 뒤 소식없는 남편, 세살난 아이의 양육문제로 B는 심각한 고민에 빠지게 된다. 그러다 B가 선택한 방법은 xx방직공장의 여공으로 취직하는 것이었다. 그 후 공장에서 퇴근하는 어느날 돌아온 남편과 재회하여 두 손을 맞잡게 된다는 다분히 도식적이고도 너무도 간략한 이야기이다.

이 작품의 여주인공은 『황혼』의 '여순'과 유사한 점이 있다. 며느리B는 일정한 교육을 받은 '신여성'이며 기독교 신자였으나, 생활의 압박에 의해 과거의 껍질을 벗고 새롭게 태어난 것으로 묘사되고 있다. 허영과 공상을 배격하는 신여성의 자세를 높이 평가한 것이다. 주의자인 남편의 가출도 결국 자신의 무지와 몰이해에서 비롯된 것이라고 깨달으며 과거 자신의 모습을 빗대어 예속적인 여성들의 상태를 '늘 살진 주인을 바라는 강아지 심리'로 비유함도 시사적이다.

작품성은 뒤떨어지지만, 이 작품을 통해 우리는 한설야라는 한 남성작가가 여성문제의 본질을 어떻게 이해하고 있으며 그 해결책에 대해 무엇을 제시하는가를 주목할 수 있다. 그는 여성들의 경제적 예속상태와 의존성은 '강아지 심리'와 같은 것이며 이같은 예속의 원인은 다름 아닌 자본주의 사회의 경제체제이므로 이러한 원인에 대해 자각해야 할 것과 투쟁할 것을 강조하였다. 새벽부터 밤까지 일하고도 단 사십전의 저임금에 불과한 노동자의 현실, 상금제도를 통한 또다른 수탈에 대한 여주인공의 인식이 남편의 우연한 歸家를 가능케한 필연적인 동기인 것처럼 암시되는 점도 그러하다.

허영심과 우월감을 버리고 현실세계에 발을 내딛는 신여성의 선택, 그리고 열악한 노동조건에 대한 체득, 이의 타파를 위한 각오 등이 권장되고 있는 것이다. 단, 남성과 다르게 여성으로서 받게 되는 또다른 억압에 대해서는 언급하지 않고 있다. 다만 강인한 여성, 일하는 여성상을 추구하고 있는 것이다.

『황혼』의 여순에게서도 이와 유사한 추구를 볼 수 있다.

a. 생활인으로서의 출발

개화기 이후 많은 지식인이 배출된 이후, 가난한 고학생이 구할 수 있는 바람직한 부업은 가정교사직이었던 것같다. 특히, 농촌출신의 도시 유학생인 경우, 부유한 가정에서의 어린 아이 지도는 숙식문제까지 해결할 수 있는 이중의 현실적 유익이 있었다. 그래서 우리는 여러 소설작품에서 지식인 주인공의 가정교사 생활을 목격하게 되는데, 그 중에서 가정교사인 여주인공의 신분적 열악성이 중요하게 부각된 작품으로 김동인의 「약한 者의 슬픔」(『創造』1,2호,1919)을 들 수 있다.

이 작품에서 '강 엘리자벳트'라는 국적불명의 이름을 가진 여주인공은 '强暴한 세계 내의 수동적 客體로서의 女性'[150]으로 규정할 수 있는데, 아무런 현실적 기반을 갖지 못한 채로 공상과 낭만에 젖어 있는 한심한 신여성으로 묘사되고 있음을 볼 수 있다.

---

150) 이 책의 3부에 실린 "남성작가의 서술과 추락하는 여성인물 - 女權論의 立場에서 본 金東仁의 세 小說"을 참조할 것.

이에 비해, 『황혼』에서의 여순에 대한 소개와 묘사는 대단히 현실적이며 생활적이다.

『황혼』의 첫 장면은 졸업을 앞둔 여순이 설레임과 불안, 회고와 전망을 안은 채로 귀가하는데서부터 시작하는데, 장난꾸러기 경일에 대한 반발에서 느껴지는 분노와 생활의 고달픔에 대한 묘사로 이어진다.

> 「요놈의 새낄 어떡허면 좋아」
> …..(중　략)…..
> 그는 다시 안뜰앞으로 들어 왔으나 화가 올라서 견딜수가 없었다 — 망할놈의새끼! 공부는해서 뭐하는 거야　밤낮 낙제나허구 한껏 잘돼야 연극장 기스 대나 메고 다닐놈의 새끼! 하며 속으로 욕설을 해 보았으나 그래도 마음은 후련치않아서
> 「어디 두고 보자　네 따위가 사람이되면 내손바닥에 장을 지저라……열세살이나 처먹은자식이 웨 만날 그탁이야　오라질 놈의새끼 네집에 안있는날이면 꿈에만 보아도……」하고 중얼거리며 안방 쪽으로 가시눈을 쏘아주었다.[151]

욕을 퍼부어도 시원치않은 경일에 대한 노여움, 게다가 제맘대로 책장을 척척 넘기며 말을 듣지 않은 경옥의 얄미움을 대하면서 여순은 결국 '먹는 일이란 이렇게도 힘들까'하며 한탄하게 된다.

이미 여순의 모습은 억척스럽게 살아내며 욕을 퍼부어댈 줄 아는, 현실세계 내의 생활인이다. 그래서 그녀는 '그'로 지칭되며 남성적인 투박한 말씨의 사용하고, 가련하고 심약한 여주인공의 모습과는 거리가 멀다. 이미 '먹는 일'의 중요성과 필요에 의해 어쩔 수 없는 굴욕을 견뎌낼 줄 아는 생활인인 것이다.

---

151) 한설야, 『黃昏』, (永昌書館,1940), 5면.

『황혼』을 전반부와 후반부로 나누어 살펴볼 때, 전반부에서는 방직공장을 운영하고 있는 자본가 계층의 생활과 의식이 중심내용을 이루고 있으며, 후반부에서는 방직공장의 노동자들의 사고방식과 생활태도가 중요내용을 이루고 있음을 볼 수 있다.152) 그래서 전반부에서는 여순이 기거하는 김재당 가족의 생활을 통해 식민지 지배논리에 순응하면서 자신들의 삶의 안위를 도모하고 있는 자본가 계층의 부도덕한 삶과 그 행태를 주로 고발하고 있다. 이같은 자본가 계층의 생활태도는 식민지 현실에 대한 역사적 인식의 결여, 자기 삶의 안위만을 생각하는 이기적 태도, 돈으로 모든 것을 해격하고자 하는 물신주의적인 의식과 도덕의 타락 등으로 규정될 수 있을 것이다.153)

이러한 자본가 계층의 이기적이고 부도덕한 생활 태도는, 이들 속에서 자신을 지켜 나가며 생계를 해결해야 하는 여순의 모습이 대조되면서 보다 강조된다. '길가에 나앉는 한이 있더라도 튀어 나오고 말았을' 그의 본래의 성격에도 불구하고 4년 동안이나 지켜온 책임감있는 처신도 '경옥'의 여자고등보통학교 낙방으로 말미암아 무의미한 것이 되고 말며, 결국 '나갈 수도 또 안 나갈 수도 없는 그러한 딱한 처지'에 처하여 구직전선에 나서게 된다.

그의 유일한 이해자인 '경재'가 옷과 구두와 직장의 알선, 그리고 신문과 서적의 구입에까지 힘써주는 정성스러운 태도를 보이며, 여순은 이에 감복함으로써 두 사람의 관계가 앞으로 중요한 이야기거리가 될 것이며, 이로 인해 두 계층의 결합 가능성 여부가 중요 갈

---

152) 권영민, "노동문학의 가능성과 한계 -韓雪野論", 권영민 편,『越北文人研究』, (문학사상사, 1989), 52-53면 참조.
153) 권영민, 앞의 글. 53-54면 참조.

등으로 대두될 것이라는 사실이 암시된다.

b. 사랑의 갈등

『황혼』에 등장하는 인물들이 빚어내는 갈등은 2가지 방향에서 조명될 수 있는데, 하나는 자본가계층과 중간 지식인층, 그리고 노동자계층의 계급적 대립과 노동운동의 전개이다. 그래서 지금까지 『황혼』은 1930년대를 대표할만한 노동소설로 손꼽히며 주로 그 측면에서의 성과와 한계가 논해져 왔다.

또다른 중요한 갈등은 사랑의 갈등인데 이를 계급간의 갈등을 구체화하기 위한 장치로 이해하는 것은 잘못이다. 조금만 시각을 넓혀 작품을 꼼꼼히 읽는다면 여순과 경재의 사랑, 결별, 그리고 현옥의 경재에 대한 사모, 양가의 결혼 추진, 여순과 준식의 만남 등이 중요한 의미를 띠고 부각된다. 이들의 사랑의 갈등은 계급적 기반과 자신의 인생길의 선택에 깊이 관련되어 있는 것이다.

이같은 사랑의 갈등은 신문연재소설이 갖는 통속적인 흥미거리로 여겨져 왔으며, 혹평의 요인이었다. 하지만 이는 역사적이고 사회적인 사건과 주제에 비해 개개인의 내적 갈등이나 사랑으로 인한 방황은 아주 사소한 것이라는 통념에서 의거한 비판이라고 생각된다. 일반 문화의 구성원이면서 동시에 여성 문화의 참여자로서 이중적인 삶을 사는 여성의 입장에서 보면, 남성중심적으로만 이해되어 온 기존의 역사와 문화의 가치에 대해 새롭게 의미를 부여할 수 밖에 없다. 이는 특히 여성의 경험을 전적으로 무시해 오던 과거의 전통에 대해서 그러하며, 사랑과 결혼의 문제를 다루는데 있어서 그러하다. 연애나 결혼이 결코 하찮은 주제가 아닌 것이다.

『황혼』의 주제도 1930년대 지식인의 소시민성 청산과 노동자 계급의 당파성 확보만으로 고정되어서는 안된다. 한 여성이 사랑의 갈등을 겪은 후에 비로소 자신의 '감춰진 자아'를 발견하게 되고 남성중심적 현실 세계의 힘을 깨달아 올바른 여성 자아를 정립하는 것이 또다른 주제로 읽혀질 수 있는 것이다.

여순을 중심으로 볼 때, 『황혼』에서 드러나는 사랑의 갈등도 여순과 경재, 두사람의 자아 탐색과 추구에 기여함을 볼 수 있다. 이 작품의 전반부에서는 연애사건을 그리고 후반부에서는 공장에서의 노·사대립을 사건의 진행축으로 삼고 있는데, 특히 남녀간의 삼각관계가 표면적 특징으로 드러나고 있다.[154] 하지만 무엇보다도 중요한 것은 여순을 중심으로 형성되는 사랑의 모티프이다.

여순과 경재의 사랑은 4단계를 거치고 있는데, 이를 통해 여순은 자신의 계급적 처지와 참된 자아를 찾게 된다.

먼저는 경재의 여순에 대한 정성어린 보살핌과 시혜의 단계이다. 경재는 여순에게 있어서 눈시울이 뜨겁도록 고마운 사람이고 그의 취직자리는 물론 면접때 입을 옷과 구두, 지식 획득에 필요한 서적과 신문까지 구독케 해주는 자상한 배려자이다. 여순은 '먹을 것' 해결에 지친 외로운 처지이고 경재는 인생의 모든 문제에 있어서 '높은 이상과 고결'을 요구하는 순수한 청년이다. 그래서 그의 친절은 다분히 동정에 흡사한 것이며, 세심한 배려에도 불구하고 생활고

---

[154] 김 철, "황혼(黃昏)과 여명(黎明)-한설야의 "황혼"에 대하여-", 한설야선집 1,『황혼』작품해설, (풀빛, 1989), 457-464면 참조.
여기서 김 철 교수는 중요한 인물들의 삼각관계에 주목하였는데, 여순-경재-현옥, 경재-여순-안사장, 경재-여순-준식, 준식-분이.복술이-동필, 학수-정님-공장주임-안사장의 관계들이 빚어내는 갈등과 그 갈등들의 소멸과 해결에 의해 소설이 짜여진 것으로 보았다.

를 모르는 현실 체험으로 인한 불완전한 공감에 머물러 있다.

　둘째 단계는, 여순과 경재가 서로 호감을 갖고 서서히 마음속에 서로를 받아들이는 단계이다. 여순은 경재의 추천으로 안중서의 비서직에 채용되고 경재의 집에서 옮김으로써 이들은 신분적 차이로부터 다소 자유로와지며 경재는 여순의 하숙을 수시로 드나들게 된다. 공장의 한편에서는 '산업합리화 방안'이라는 기만적인 술책이 기획중이며 이를 저지하고자 하는 준식 등의 숨은 움직임이 싹튼다. '준식'은 여순에게 친남매와 같고 異性 가운데 가장 가까운 사람이기는 하지만 아직 중요한 의미를 띤 존재로 부상하지는 않는다.

　서로에 대한 이끌림이 강해져가기는 하지만, 그 이면에는 두사람 모두의 내적 고민이 잠재되어 있다. 경재의 고민은 자신의 이상과 현실적 실천 사이에서의 방황과 괴리, 길을 찾지 못하는 혼돈에서 비롯된 것으로, 그는 막연하나마 여순을 통해서 출구로 이어지는 지푸라기라도 얻지 않을까 생각한다. '어디로 갈까?'는 작품의 시종일관 반복되는 경재의 물음이다. '그러나 우리는 과연 그럴 수 있을까?' '괴롭지 않을 수 있으랴?'하는 물음 속에 온통 휩싸여 있을 뿐이다.

　이에 비해 여순의 생각과 각오는 훨씬 주체적이다. '비록 허수한 내 몸이지만 나를 위하여 최후의 일각까지 나를 지켜줄 사람은 허수한 이 몸 뿐'이라는 작품 초반의 인식에 이어, 여순은 자신의 문제를 보다 정면으로 직시하고 진지하게 선택하려는 용기를 가졌다. 회의에 빠져 여순에 의해 이끌리기를 원하는 경재에 비해 그는 훨씬 단호한 태도를 보인다.

　　　그러나 그는 결코 부자연하게 경재를 자기에게로 끌어오고는 싶지않었다. 의젓하게 제진정으로 걸어오기를 바랄 뿐이다.
　여순은 자기가 마음으로 바라는 그 사나이를 자기가 끌어서 비로소 피동적으로 움지기는 그러한 졸한 인간으로 떨어트려주고 싶지는않었다.
　말하자면 두 사람은 극히 자연스러히 그러나 가장 깊이 융합하는 그 길을 걷고 있는것이다.155)

　'극히 자연스러이 그러나 가장 깊이 융합하는 길'을 걷고 싶어하는 여순의 바램은 자신들이 그 길을 걷고 있다는 생각으로 표명되었다. 경재는 여순의 신념에 의존해서만 용기와 위안을 얻을 수 있는 반면에, 여순은 경재가 스스로 선택한 길을 당당히 걸어와 주기를 바라는 마음을 품고 있다.
　이러던 중 마침내 이들에게는, 현실세력의 개입에 의한 장애가 닥쳐온다. 감춰져있던 문제가 노골화되면서 심각한 위기에 빠지는 단계에 이르른 것이다. 경재에게는 약혼녀 현옥과의 결혼을 재촉하는 그의 아버지 김재당과 안중서의 압력이 구체화되며, 여순에게는 부패한 자본가 안중서의 탐심이 발동한 육체적 침탈의 위기가 다가오고야 만다. 그래서 이들은 자신들의 결합을 방해하는 현실세력의 존재를 망각하던 무풍지대로부터 끌려나와 이제 수난을 각오한 결연한 선택을 강요받게 된다. 안사장과의 관계를 의심하며 냉정히 문책하는 경재를 대하면서 여순은 홀로 견뎌야만 하는 個體로서의 자신의 처지를 깊이 되새긴다. 이러한 깨달음은 자신의 모습을 되찾는데 중요한 기여가 된다.

　　(내 몸을 위해서 최후까지 싸울 사람은 오직 내 몸 하나뿐인가!)
　여순은 잠잫고 앉아서 이런 생각을 하며 다시 한 번 제몸을 스스로

---

155) 한설야, 앞의 책, 150-151면.

부여안었다.
　신(神)은 신을 믿는사람만을 돕는다고 종교가들은 말하지만, 여순은 차라리 그보다 자기의 세계를 자기로 개척하고 제주위의 공기를 제손으로 갈아넣어야 하리라고 생각하였다.156)

하지만 사랑하는 사람과의 관계에서 오직 혼자임을 실감하게 되는 그 비참함에 대한 별다른 감지도 없이, 자기의 세계를 스스로 개척해야 한다고 다짐하는 여순의 모습은 실제 여성의 모습으로는 설득력이 약하다. 오직 강인한 의지로 충일한 구원의 여인상일 뿐이다. 이는 체험에 의존하여 서술하는 여성작가와 달리 상상력과 이상에 의존하는 남성작가의 서술에서 보이는 한계이다.

여순과 경재가 빚는 사랑의 갈등이 깊어져 심각한 정도에 이르게 되자 이들은 각자 자신의 길을 모색하게 된다. 사랑의 경험을 통해 마침내 자신의 참된 자아의 모습과 진로를 찾아가는 것이다. 사직원을 냈다가 경재의 권유로 별다른 이유나 요구사항 없이 되물린 여순은 이 사건을 통해 자신의 나약한 의지를 반성하게 되었다. '힘과 의지'에 대한 동경이 강하게 부각된다. 그러면서도 한편으로는 경재와의 결합을 그려보는 기로(岐路)에 서 있기도 하다.

여순의 결별 선언은 '귀향'에 대한 환상의 파기에서 결정된 것인데, 이는 한설야 소설의 주요 모티프였던 '귀향모티프'의 면에서 볼 때 무척 홍미롭다.

'경재와 같이 고향으로라도' 돌아가 볼 생각에 가득차 있는 여순의 마음에 고향은 더더욱 진한 그리움으로 다가오지만 그에게는 이미 돌아갈 고향이 없다. 여순의 고향에 대한 강한 동경에도 불구하

---

156) 한설야, 앞의 책, 247면.

고 현실은 그렇지 않음이 준식을 통해 언급됨으로써, 그는 고향이 아닌 자신이 딛고 선 바로 이 자리에 씨앗을 뿌려야 함을 깨닫게 된 것이다.

「글세 그렇더라두 갑자기 그만두고 시굴 간댔자 뭐 별수 있읍니까 번연히 다 내다뵈는 사정이지만 서울보다도 시굴은 외려 더 못살걸요. 오춘이 있대야 남보다도 못한터이고……」157)

준식을 통해 말해지는 귀향의 무의미함은 변혁적 전망을 갈구하던 문학인들의 실천적 작업이 보다 현실적이고 구체적이 되어야 한다는 시대적 요구가 드러난 것이기도 하다. 1930년대 전반의 '귀향소설'이 가졌던 낙관주의적 전망은 이미 소멸되었다는 중요한 의미를 갖는다. 즉, 이기영의『고향』이나 한설야의「과도기」에서 보인 귀향의 주인공들은 지식인들이었는데, 이들의 귀향은 필연적인 것일 수밖에 없었다.158) 그런데 여순의 처지는 이와 다르다. 「과도기」의 창선네가 귀향할 고향이 뚜렷이 있고 심지어 어머니도 든든한 형도 있는 집안이어서, 만주에서 살기 어려우니까 대번에 보따리를 싸짊어지고 귀향할 수 있었던데 비해, 도시에서 시골로의 이주를 원하는 여순에게 이미 '귀향'은 무의미하고 부적합한 것이 되어 있을 뿐이다. 결국 1930년대 전반의 낙관적 전망과는 달리 이제는 지금 딛

---

157) 한설야, 앞의 책, 287면.
158) 지식인들이 고향을 떠나 해외에 나다닌 것은 노동운동을 통한 사회적 자각과 그것의 문화적 자각에로의 전환에 있었는데, 이러한 자각은 싹을 내릴 토양이 필요했으며, 고향이 바로 이러한 토양이었다. 하지만 생활계층이었던 노동자나 농민의 이주는 이와 다른데, 호미와 바가지만 갖고 이민간 사람들의 운명은 딸이나 아내를 담보로 해서라도 그곳에서 살아남아 버텨야 했으며, 죽거나 뿌리를 내릴 뿐 '그리운 고향'이 절대로 없어서 귀향은 아예 생각조차 할 수 없었다. : 김윤식, 앞의 글, 437-438면 참조.

고 선 이 현장에서의 뿌리내리기 싸움과 실천적 생활이 요구되고 있는 것이다.

준식을 통해 일깨워진 이같은 현실의 조건으로 인해 여순은 달콤한 환상에서 깨어나 경재와 자신의 계급적 차이를 인식하고, 마침내는 각자의 길을 선택해야 한다는 당위를 받아들이게 된다. 이 순간에 여순의 독백은 주체적으로 자신의 길을 가고자 하는 의지의 표명이 된다.

> 그리고 사랑은 결코 인생의 전부가 아니니까, 사랑을 얻는것이 인생의 전부를 얻는것이 아닌 동시에 그것을 잃는것이 또한 인생의 전부를 잃는것이 아닌즉, 내가 그를 떠나고 그가 나를 잃는것은 거룩한 인생이라는 견지에서 보아서 혹은 오히려 참된길을 찾는 한 기회가 될는지도 모르는 것이다.[159]

그런데 사랑이 인생의 전부는 아니라는 여순의 자각은 실제의 고통과 체험을 통해 얻어진 것이 아니라, 작가에 의해서 의도적으로 부여된 작위적인 것으로 여겨지는 거리감이 있다. 여성작가들의 작품에서 여주인공이 주체적 자아를 정립하게 되는 것은, 그가 절대적인 위기를 경험하고 처절한 고통과 배신, 억압을 겪다가 자아상실의 위기에 처하면서 비로소 자신의 모습을 바로 보게 되고 스스로 다시 일어서게 되는 양상을 보인다. 그런데 이 작품에서는 여순의 자아 정립의 과정이 자연스럽지 못하다. 안사장과 경재 부친의 반대에 부딪혔다는 이유로 별다른 심각한 파탄의 경지에 이른 적도 없이 혼자서 보다 참된 길을 찾아나서겠다고 각오하는 여순을 형상화해낸 것은, 설득력이 약하다.

---

[159] 한설야, 앞의 책, 291면.

결국 여순은 사랑의 갈등을 통해서 성장하며 주체적 자아를 정립해가는 인물이 아니라 애초부터 강인한 의지를 지닌 채로 자신을 지켜 나가는 평면적 인물로 형상화되고 말았다. 그 강인한 의지가 갈등을 통해 더욱 강화되었고, 사회적으로 역할할 수 있는 자리를 노동 현장에서 발견하게 되었을 뿐이다. 바로 이 점때문에, 임화의 지적대로 인간들이 죽어가야 할 환경 가운데서 인간을 살려 가려고 애를 쓰는 '雪野的 混亂'이 드러나며 '인물과 환경의 괴리'160)를 보인 것이다. 즉, 환경이 악화나 외부 상황과 관련없이 시종일관 강인한 의지를 보이는 여순의 모습은 너무도 쉽게 이루어진 여성 자아 정립이라는 점에서 설득력이 약하다.

　이에 대해 한설야는 '살아갈 수 없을 만치 거칠고 사나운 環境에 있어서는 싸우는 그것만이 오직 生'161)이라는 주장을 통해 여순을 정당화시켰다. 작가 자신의 신념의 고수와 강한 의지의 소유에 대한 소망을 한 지식인 여성의 모습을 통해 투사한 것이다. 여순의 갈등 후의 선택이 완전한 변신이 되지 못하고, 그 선택에 대한 적응과정을 필요로 하는 것도 이같은 맥락에서 이해할 수 있다.

c. 선택과 적응

　여순은 경재와의 관계를 청산하고 다시 구직에 나선다. 이 때 그를 돕는 준식을 통해 공장 노동자의 길을 생각케 된다. 하지만 자신의 계급적 처지에 대한 확고한 자각이 이루어지지 못한 상태에서 그녀는 다만 '하찮은 삶이라도 어떤 계획 아래 세우려는 것이 인간다

---

160) 임　화, 앞의 글, 565면 참조.
161) 한설야, "「황혼」의 려순", 『조광』,(1939.4.).

운 점'이라는 생각을 하는 정도일 뿐이다. 준식의 권유를 받고도 '여공이 돼?' 하는 서글픈 생각을 버리지 못한다.

그녀가 이러한 중간자로서의 의식을 극복하게 된 것은 경재와의 재회 이후이다. 준식의 비판이나 형철의 모습이 그녀의 결단을 자극한 결정적인 요인이었다[162]고도 볼 수 있겠지만, 경재와의 재회에서 비롯된 자기 확인에서 새로운 각오를 다진 것이라 하겠다. 그래서 다시 구직을 위해 경재에게 서신을 띄우고 그를 만나는 일은 불필요한 통속적 이야기거리의 반복이 아니다. 계급적 기반의 차이에도 불구하고 사랑을 나누었던 두 사람 사이의 단절과 벽을 재확인함으로써 여순은 더욱 확실히 의존성을 버리고 자신을 타인에게서 분리시키게 되었을 뿐 아니라, 경재와는 다른 길을 걸음으로써 스스로의 선택을 고수하고 강화하려는 의지를 다지게 된 것이다. 여순이 노동자의 길을 선택하게 되는 것은 어떤 이념의 지도에 의해서가 아니라 자신의 삶을 스스로 개척하겠다는 소박한 주관적 소망때문이며, 이러한 소망을 품게 된 것은 경재까지 포함되는 자본가계급의 타락한 삶에 대한 거부감이 그녀의 자의식을 자극하였기 때문이다.

여순의 바람은 '흔들릴래야 흔들릴 수 없는 그런 자리'를 찾는 것이었으며, 확고한 신념과 의지에 의해 자신의 인생을 주관하고자 하는 것이었다. 그래서 드디어 여공으로서 새출발을 하게 된다.

하지만 여공으로 입사한 여순이 단순간에 변모하여 다른 노동자들과 일체감을 느끼게 된 것은 아니다. 여순이 그들과 가까와지게 된 것은 오히려 여순을 특별히 여기고 우대해주는 그들의 태도에서 자신의 선택이 의미있는 것이었다는 확신을 갖게 되면서 부터이다.

---

[162] 오성호, "식민지 시대 노동소설의 성과와 한계 - 한설야의 『황혼』을 중심으로-", 『연세어문학』22집,(1990.3.), 153-154면 참조.

공장내에서 여순은 주목의 대상이며 찬사의 대상으로 묘사되는데, 바로 이 점에서도 여순이라는 여주인공의 형상화가 실제 노동운동가로의 각성과정을 적절하게 묘사한 것이 아니고, 작가 자신의 의도적인 이상형 구현임을 알 수 있다. 즉, 작가는 여순을 통해서 1930년대 후반의 지식인들이 어떤 길을 가야 하는지, 그리고 그같은 일이 얼마나 의미있고 거룩한 일인지를 교술하는 한편, 작가 자신의 내적 의지를 다진 것이다. 더구나 일반적으로 연약하고 수동적으로만 여겨지는 여성 주인공을 강인한 의지의 소유자로 형상화함으로써 그러한 결단의 위대함에 대한 찬양의 정도를 높이고, '전향'의 유혹에 시달리고 있던 1930년대 후반의 많은 지식인과 나약해지려는 자기 자신에게 '그 길'을 버리지 않기를 권장하고 있음을 볼 수 있다.

여순에 대한 다른 노동자들의 예우는 특별하다. 권력에 충실한 사범공(師範工)까지도 여순에게 유난한 친절을 보이며, 주임은 특별히 '여순씨'로 호칭한다. 여공들의 선망의 직책인 사무직을 거부하고 공장에 뛰어든 여순의 행동은 뭇여공들의 입에 오르내리며 의문과 존경의 대상으로 부각된다. 준식이나 형철 등이 자신의 존재를 크게 드러내지 않은 채로 묵묵히 계획한 일을 주도해나가는 것과는 대조적이다. 자신의 억압 체험을 통해 필연적으로 노동자의 길을 선택하여 자연스럽고 당연하게 그 길을 가는 것과는 차이가 있다. 지하조직원으로서 노동운동에 관여하는 것을 자주 볼 수 있던 1930년대 전반의 상황과도 다르다. 다만 자신의 의지와 신념을 고수하면서 사는 일이 얼마나 아름답고 거룩한 일인가가 '여순'을 통해 역설되고 있을 뿐이다.

그래서 여순의 선택에는 적응의 과정이 필요했으며, 이같은 적응의 과정을 통해 자신의 선택이 옳았음을 확인하고 더욱 힘을 얻는 것이다. 그 선택은 '필연적인 것'이기보다는 '그래야만 하는 것'이라는 신념의 고수, 도덕적 의무와 관련됨을 확인할 수 있다.

여주인공을 통한 의지의 구현은 『황혼』이 발표된 다음 해에 연재된 『靑春期』163)에서도 볼 수 있다.

이 작품에서 한설야는 '은희'라는 여주인공을 통해 주의자로 여겨지는 '철수'의 누이인 '철주'의 이미지를 구현해내고 있다. 동경유학생 출신의 가난한 지식인인 '태호'와 재산가이며 의학박사인 '명학'의 사이에서, '행복은 결코 광명속에만 있는 것은 아니다'고 하면서 안일한 삶을 거부하고 사건에 연루되어 구속되는 태호를 따르기로 결심하는 은희 역시 '의지가 단단한 여자'로 묘사되고 있다. 은희를 철주라 부르며 철수가 걸어간 길과 그 삶을 동경하는 태호의 모습에서 우리는 여순을 통해 강조하던 신념의 고수, 의지의 확인을 거듭보게 된다. 하지만 그 강도와 선망의 정도는 현저히 약화되었다. 여순은 스스로 선택한 길에 적응하는 과정을 거쳐 자신의 뜻을 펼칠 수 있는 노동현장에서의 '자리'를 찾아낸데 비해, 은희는 명학이 경영하는 병원에 사직원을 제출하고 원산에 있는 서양사람의 병원으로 직장을 옮기는 결단으로 표명되어 언제까지라도 태호를 기다리겠다는 결심만을 보인다. 여순과 은희가 모두 지식인 여성이고 안일한 향락을 기대하기보다는 어려운 환경을 스스로의 힘으로 개척해 나가려는 의지의 여성상으로 형상화되고 있는 점이 유사하지만, 여순의 적극적 저항과 개척에 비해 은희의 선택은 소극적 저항인 거부와 기다림으로 귀결되는 점에서 그 의지에 대한 동경이나 실천력이 현저히 약화된 것을 볼 수 있다.164)

---

163) 『靑春期』, 『동아일보』, 1937.7.20.-1937.11.29.
164) 그런데 임화는 「청춘기」속에서 비로소 '人物과 環境의 矛盾이 調和될 새로

여순이나 은희가 작가에 의해 무리하게 창작된 인물이라고 한다면, 그에 비해 훨씬 자연스러운 변모를 보이는 인물은 '정님'이다.

정님은 자신의 육체를 볼모로 한 계층상승의 환상에 사로잡힌 인물이다. 중학교를 졸업한 그녀는 괴롭고 힘든 공장생활에서 벗어나 어떤 특혜를 누리기 위해 '여자의 훨씬 편한 사닥다리'인 자신의 육체를 파는 요령을 발휘한다. 정님의 독백을 통해 작가는 다음과 같이, 여순과는 또다른 여자의 삶을 묘사한다.

> 여자는 맨밑바닥에서 맨꼭대기로 올라가기에 훨씬 편한 사닥다리를 가지고난것이다. 남자는 미천에서 몸을 일구어 부귀로 지어가기가 마치 약대가 바늘구녁을 나가는것같이 어려운일이지만 여자는 반듯이 그런것도 아니다.165)

학수에게서 공장 주임 털보에게로 그리고 '기왕이면'하고 사장 안중서에게로 옮겨간 그녀는 부도덕하고 얄미운 이기주의자이지만 자신의 해방된 삶을 위해 몸부림하는 가엾는 여인이기도 하다.166) '차라리 한 마리 새가 되어서, 한 점의 구름이 되어서' 하늘을 훨훨 날

운 萌芽'를 발견했노라고 기뻐하며, 「청춘기」를 암담한 혼돈 가운데 일조의 광명을 던지는 작품으로 평가하였다.: 임 화, 앞의 글, 566-567면 참조.
165) 한설야, 앞의 책, 374면.
166) 봉건적 신분사회에서 여자비복의 性을 통한 신분상승 기도는 대단한 체제도전과 저항의 의미를 지니기도 했다. 그래서 『토지』에서의 '귀녀'의 행악도 한편으로 보면, 거대한 富의 축적을 위해 행해진 수많은 惡에 비해 자신의 처지를 개선하기 위해 살인을 계획한 한 여종의 악을 '계급적,성적 억압에 대한 용기있는 반항'으로 볼 수 있는 측면이 있기도 하다.: 李東夏, "하층 계급 여성의 소설적 형상화", 『외국문학』19,(1989.여름), 216-218면 참조. 하지만 정님의 성적 방종을 이렇게 볼 수 없음은 물론인데, 왜냐하면 노동현장에서는 이미 노동자의 단결을 통해 정당한 투쟁을 할 수 있는 길이 열리고 있기 때문이다.

고 싶어하던 작품 前半의 정님의 탄식을 들으면서 우리는 착취와 소외의 현장으로부터 벗어나고 싶어하는 한 노동자의 절실한, 그러나 비틀린 소망[167]을 보기도 하는 것이다. 하지만 그녀는 정욕을 채운 사장의 노골적인 배신과 멸시를 당하면서 자신의 잘못을 깨닫게 된다. 그들에게서 버림받은 그녀가 느끼는 배신감과 분노, 그로 인한 태도의 전환은 훨씬 체험적이고 현실감이 있다.

그녀의 배신체험은 자기 삶에 대한 반성과 개선을 통한 자아 정립으로 이어지지 못하고 끓어오르는 분노와 여순에 대한 시기심으로 발산되지만, 안중서의 감원계획을 알리는 서류를 준식 등에게 제공함으로써 파업의 결정적인 계기를 제공한다. 사적인 보복의 차원에 지나지 않는 그녀의 행동이지만, 이는 앞으로 계급적 자각으로 발전될 단초를 내포[168]하고 있으며, 참된 자아를 정립하게 될 가능성을 지니고 있다. 여순의 선택이 고결하고 정신적인 것이었다면, 이에 비해 정님의 선택은 현실적이고 육체적인 것임을 볼 수 있는 것이다.

d. 진정한 변신

여순의 노동자로의 진정한 변신이 포착되는 것은 사장과의 담판에 나선 마지막 장면이다.

『황혼』의 후반부에서는 방직공장에서 근무하는 노동자들의 생활이 이야기의 주된 소재로 다루어진다. 하지만 방직공장 내에서의 노동자들의 생활과 활동에 대한 묘사는 작품의 주제가 되기보다는 배경에 머물고 있음을 알 수 있다. 이는 지식인 작가의 시각이 반영된

---

167) 김 철, 앞의 글, 463면 참조.
168) 오성호, 앞의 글, 15면 참조.

때문이기도 하고 여순과 같은 중간적 지식인의 선택과 결단을 중시했기 때문이다. 그래서 본격적인 노동소설로서는 미흡한 점을 역력히 보게 된다.

즉, 노동자의 입장에서 볼 때, 그들을 실제적으로 옥조이는 것은 저임금으로 인한 생계의 위협과 장시간 노동, 벌금제나 상금제를 통한 또다른 착취, 작업용구 각자 지참이라는 기만적 술책, 조선인과 일본인의 차별대우, 기숙사 생활을 통한 사생활 감시와 통제, 형편없는 식사, 열악한 작업조건으로 인한 직업병의 발생 등등이다.169) 그런데 『황혼』에서 제기되는 노동문제는 단지 '위로부터' 계획되는 경영방안에 대한 폭로이고 거부이다. 단지 생존만을 위해서라도 자본가에 맞서지 않을 수 없는 필연적인 대응이라기 보다는, 앞으로 시행될 기만적 경영계획에 대한 예비적인 대처가 되고 있다.

물론 공장 주임의 제안을 통해서 철저한 노동자 탄압과 착취 계획이 고발되고 있기는 하다. 공장 공기가 문란해지는 것을 막기 위해 일체 잡담을 금지하고 그대신 깃발을 통해서 신호하게 하는 것, 규율의 이행 여부를 인사에 적용시킬 규칙을 제정하는것, 생산고를 올리기 위해서 하기경품제(夏期景品制)같은 것을 채용하는 일, 새 기계를 도입하여 불필요한 인원을 줄이고 감원을 위해서 사전에 각 개인의 능률 정도와 근태상황과 건강상태를 조사해 두는 일 등이 새사장 안중서와 영악한 공장 주임에 의해 계획된다. 하지만 실제로 이같은 착취계획의 추진에 의해 노동자들이 어떤 고통을 가중하게 되었으며 그들의 생활이 어떤 영향을 받게 되었는지에 대해서는 묘사된 바가

---

169) 강경애의 『인간문제』와 같은 경우, 이같은 상황들이 정확하게 잘 묘사되어 있다. 이에 비해, 여순의 여공생활은 설익은 것이고 진짜 노동자의 진정한 고충에 접근되지 못하고 있다.

없다. 가장 큰 문제라고 볼 수 있는 이른바 '산업합리화 방안'에 의한 감원계획도 건강진단을 통해 실시되고 이같은 건강진단 실시의 배후 의도가 '광고'지의 살포를 통해 폭로될 뿐 그들의 의식의 변화나 각성에 미치는 영향에 대해서는 묘사가 전무하다. 신체검사를 하느라 오후만 임시 휴업을 하게 되자 행해진 여공들의 새끼뛰기, 남공들의 캐치볼, 장군멍군 장기 두기 등에서는 오히려「씨름」에서 느껴지던 낙천적 열기가 비춰지고 있다.

그래서 결국 이 작품의 가장 주된 이야기는 경재와 여순으로 대표되는 두 중간적 지식인이 동일한 처지에서의 결별을 겪고 전혀 다른 두 길을 선택하게 되는 과정의 대비라고 볼 수 있는 것이다. 경재는 동경유학생 출신이고 여순이 가정교사로 있던 주인집 아들인 점에서 처음에는 그 신분적 차이가 현저한 듯하지만, 그 집안의 몰락이나 무직의 처지 등으로 인해 자본가의 대열과는 거리가 먼 힘없는 지식인에 불과하다. 여순은 이에 비해 고아이며 돌아갈 고향조차 변변히 없는 불우한 처지이지만, 상당한 지식을 갖추었고 게다가 생활체험으로 터득한 생활인의 감각을 갖춘 강인한 생활인인 점에서 또다른 저력을 지니고 있었다. 그런데 이들이 일방적인 시혜로부터 출발하여 서로에 대해 이끌리며 사랑하는 사이가 되었다가, 여순의 자각과 강인한 의지의 삶을 이루고자 하는 소망에 의해 결별하는 사이가 되었던 것이다. 방직공장 내에서 이들의 대조적 위치는 더욱 확연해지는데, 이제 경재는 사장 안중서의 미래 사위감이며 후보자가 되어 자본가 계층에 흡입될 처지이고 여순은 진정한 노동자가 되어 노동운동에 투신할 조짐을 보이며 그 첫 협상에 나서는 경우에 이르게 된 것이다.

그래서 경재의 입장에서 느낀 '황혼'(黃昏)이 여순에게는 '여명'

(黎明)으로 암시되며 이들의 선택이 대비가 됨을 볼 수 있다.170) 이 작품의 마지막 章의 제목이 '대조'인 것도 이같은 관점에서 주목해야 할 것이다.

> 그럴때 뛰여나게 높고 우렁찬 소리가 무중 들려왔다……
> 「최고의 책임자가 말씀 하시오……사장이 직접 말씀하란 말이오」
> 귀밑으로 서릿바람이 쏙 쓰쳐지나가는것을 경재는 느꼈다.
> 그것은 어김없이 준식의 소리였다. 뒤미처 야무진 여순의 부르지짐이 들려올것만같이 경재에게는 생각되었다.
> 그것은 견딜수없는 생각이었다. 가슴은 몹시 뛰었다.
> 높은 발소리가 낭하를 탕탕울리며 지나 나갈때까지 그는 정신을 수습하지못하였다.
> 그날 황혼……숨소리 꺼진 우중충한 큰 회사를 걸어나오는 경재의 앞은 더한층 컴컴해졌다.171)

야무진 여순의 주장이 들려올 것을 생각만 해도 경재는 견딜 수 없었다. 자신의 황혼을 볼 수 있었기 때문이다.

결국 작가는 『황혼』에서의 여순을 통해 황혼속에 감춰진 여명에 대한 소망을 구현하였는데, 그럼에도 불구하고 시대적 역사적 상황의 악화에서 오는 현실감을 떨쳐버릴 수가 없어서 시종일관 강인한 의지를 고수하며 이를 더욱 강화하는 여주인공을 무리하게 형상화하였다고 여겨진다.

---

170) 김 철은 경재의 '황혼'과 려순이나 그밖의 노동자들에게 알려지는 '여명'을 대비하였는데(앞의 글, 465면), 필자의 생각으로『황혼』은 지식인의 시각을 견지하고 있고 중간적 지식인의 선택의 차이를 강조하는 점으로 인해 '경재'와 '여순'으로 대표되는 두 지식인의 대비적 삶을 조명하였다고 판단된다.
171) 한설야, 앞의 책, 617-618면.

參 考 文 獻

1-1〉문 학 사

김윤식,『한국문예비평사연구』, (일지사,1976).
박충록,『한국민중문학사』, (열사람,1988).
이선영 외,『한국근대문학비평사연구』, (세계,1989).
이재선,『한국현대소설사』, (홍성사,1979).

1-2〉역 사

강만길,『한국현대사』, (창작과비평사,1985).
金潤煥,"한국노동운동의 역사적 과제와 방향", 김병태 외,『한국경제의 전개과정』, (돌베개,1981).
망원한국사연구실 한국근대민중운동사 서술분과,『한국근대민중운동사』, (돌베개,1989).
배성찬 편역,『식민지시대 사회운동론 연구』, (돌베개,1987).
신주백 편,『1930년대 민족해방운동론 연구Ⅰ』, (새길,1989).
안병직, 박성수 외,『한국근대민족운동사』, (돌베개,1980).
윤병석·신용하·안병직 편,『한국근대사론 1.2.3』, (지식산업사,1977).
이재화,『한국근현대민족해방운동사』, (백산서당,1988).
한국노동조총연맹,『한국노동조합운동사』, (고려서적,1979).
한국민중사연구회 편,『한국민중사Ⅱ』, (풀빛,1986).

韓國社會史硏究會 編,『한국근대농촌사회와 일본제국주의』, (문학과지성사, 1986).
韓國社會史硏究會 編,『일제하 한국의 사회계급과 사회 변동』, (문학과지성사, 1988).
韓國社會史硏究會 編,『노동계급 형성이론과 한국사회』, (문학과지성사, 1990).
한국역사연구회 편,『한국사강의』, (한울아카데미,1989).

2-1> 여성 해방이론

베티 프리단,『여성의 신비』(上·下), 김행자 역, (평민사,1978).
시몬느 드 보봐르,『제2의 성』, 최용식 역, (을유문화사,1973).
케이트 밀레트,『성의 정치학』, 정의숙·조정호 공역, (현대사상사,1976).
줄리엣 미첼,『여성의 지위』, 이형랑·김상희 공역, (동녘).
A.재거, P.스트럴 공편,『여성해방의 이론체계』, 신인령 역, (풀빛,1983).
자레스키,『자본주의와 가족제도』, 김정희 역, (한마당,1984).
울프 / 쿤,『여성과 생산양식』, 강선미 역, (한겨레,1986).
G.볼스 / R.D.클레인 편,『여성학의 이론』, 정금자 역, (을유문화사,1986).
줄리엘 미첼,『여성해방의 논리』, 이형랑·김상희 역, (광민서당,1981).
헤스터 아이젠슈타인,『현대여성해방사상』, 한정자 역, (이대출판부,1986).
마이떼 알비스뛰르 / 다니엘 아르모가뜨,『여성은 해방되었는가』, (도서출판 인간,1979).
A. 베벨,『여성과 사회』, 정윤진 역, (보성출판사,1988).

2-2> 한국여성운동

박용옥,『한국근대여성운동사연구』, (한국정신문화연구원,1984).
―― 외,『한국여성연구1 —종교와 가부장제』, (청하,1988).

이화여대 한국여성연구소 편,『여성학』, (이대출판부,1974).
李興卓,『여성사회학』 -여성학 이론정립을 위한 시도-, (법문사,1986).
李效再 편,『女性解放의 理論과 現實』, (창작과비평사,1979).
李效再,『한국의 여성운동』- 어제와 오늘, (正宇社,1989).
심정인, "여성운동의 방향정립을 위한 이론적 고찰",『여성』1, (창작과 비평사,1985).
박정열, "여성모순의 본질에 관한 해부",『석순』4, (1986).
이승희, "여성문제의 본질과 형태", 윤한택, 조형제 외,『사회과학개론』, (백산서당,1987).
丁堯燮,『韓國女性運動史』, (일조각,1971).
조옥라 외, "가부장제에 관한 이론적 고찰",『한국여성학』2, (한국여성학회).
조 형, "인간해방운동의 구조",『또하나의 문화』2호, (평민사,1985).

3) 여성문학

권택영, "여성비평의 어제와 오늘",『문학사상』198호, (1989.4.).
김성곤, "현대 영미 페미니즘과 <여성중심 비평>",『외국문학』17호, (1988.겨울).
김영희, "여성문학론의 비판적 검토",『창작과비평』61호, (1988.가을).
金永德, "韓國近代의 女性과 文學", 이대 한국여성사 편찬위원회편,『한국여성사 2』, (이대출판부, 1972).
J.크리스테바,『페미니즘과 문학』, 김열규 외 공역, (문예출판사, 1988).
K.K.Ruthven,『페미니스트문학비평』, 김경수 譯, (문학과비평사, 1989).
레이먼 셀던, "페미니즘 비평",『현대문학이론』, 현대문학연구회 譯, (문학과지성사,1987).
캐서린 스팀프슨, "여권론비평에 대하여", 데이비드 로지 편,『20세기 문학비평』, 윤지관 外 譯, (까치, 1984).
W.L.Guerin 외,『A Handbook of Critical Approaches to Literature』, 정재완

譯, 개정증보판『文學의 理解와 批評』, (청록출판사).
심정순, "주체적 자아의 완성 -「보랏빛」과 「여인무사」에서 여주인공의 경우-",『외국문학』17호, (1988.겨울).
송명희,『여성해방과 문학』, (지평,1988).
송지현, "女權論의 立場에서 본 金東仁小說 -「약한 者의 슬픔」,「감자」, 「金研實傳」을 中心으로-",『한국언어문학』27집, (1989).
여성사연구회 편,『여성』1, 2, 3호, (창작과비평사,1985-1989).
이순예, "여성문학의 흐름과 쟁점",『여성운동과 문학』2호, (풀빛,1990.2.).
임옥희·최재봉·이명호, "미국 여성비평의 전개과정",『세계의 문학』, (1988.봄).
鄭英子,『韓國現代女性文學論』, (지평, 1988).
─── , "현대 여성소설의 특성과 그 문제점",『여성과 문학』1집, (한국여성문학연구회,1989).
정은희 외, "여성의 눈으로 본 한국문학의 현실",『여성』1, (창작과 비평사, 1985).
조무석, "버지니아 울프의 양성론에 대하여",『외국문학』17호, (1988.겨울).
蔡 塤, "1930년대 韓國女流小說에 있어서의 貧窮의 問題",『아세아여성연구』제23집, (숙명여대 아세아여성연구소, 1984).
鄭金子 外, "韓國文學에 나타난 傳統的 女性像 -敍事文學을 中心으로 한 通時的 硏究-",『아세아여성연구』제24집, (숙명여대 아세 아여성연구소, 1985).
한국여성문학연구회,『여성과 문학』제1집, (문학세계사,1989).
한국여성연구회 편,『여성과 사회』창간호, (창작과비평사,1990).
─────────, 문학분과 편역,『여성해방문학의 논리』, (창작과 비평사, 1990.).

4〉 강경애(姜敬愛)

金鏞熙, "「인간문제」에 나타난 여성의식",『이화어문논집』10, (1988.3).

류금휘, "강경애 작품 연구 －인물의 현실인식과 대응태도 분석을 중심으로－", 충남대 대학원 석사학위 논문, (1988).
徐正子, "姜敬愛硏究 －새로운 평가를 위한 시고", 『원우논총』, (숙명여대 원우회, 1983).
송백헌, "강경애의 <인간문제> 연구", 『여성문제연구』 제13집, (1984).
송지현, "姜敬愛 小說에 나타난 女性意識 硏究", 『한국언어문학』28집, (한국언어문학회, 1990.5.).
李康彦, "姜敬愛小說의 精神과 技法", 『여성문제연구11』, (효성여대 여성문제연구소, 1984).
이영숙, "1930년대 여성작가의 여성문제인식에 관한 연구 －강경애, 백신애, 박화성 작품을 중심으로－", 이대 대학원 석사학위 논문, (1988.5.).
이상경, "강경애론", 『한국학보37』, (일지사, 1984.겨울).
─────, "만주 항일혁명운동의 문학적 수용 －강경애론", 김윤식·정호웅 편, 『한국문학의 리얼리즘과 모더니즘』, (문학과지성사, 1989).
─────, "강경애의 삶과 문학", 한국여성연구회 편, 『여성과 사회』 창간호, (창작과비평사, 1990).
林善愛, "姜敬愛小說의 主題 硏究", 『국문학연구9』, (효성여대 국 문과, 1986.2.).
全基喆, "姜敬愛의 <人間問題>考", 『어문논총7,8』, (전남대 어문학 연구회, 1985).
정혜영, "강경애소설연구 －장편 <인간문제>를 중심으로－", 경북대 대학원 석사학위 논문, (1988).
조남현, "姜敬愛 硏究", 『한국현대소설연구』, (민음사, 1987).
─────, "192,30년대 소설과 滿洲移住모티프", 『한국문학』, (1987.9.11.).
조정래, "「지하촌」의 세계와 「사하촌」의 세계", 『國際語文』, (국제어문학연구회,1989.7).

5〉 백신애(白信愛)

1) 작품
金潤植, 『白信愛作品集 꺼래이』, (조선일보사,1987).
申熙千 편, 『백신애작품집』, (보성출판사,1987).

2) 참고문헌
姜仁淑, "1930년대 여류작가의 작품경향연구 —박화성·강경애·백신애 작품에 나타난 저항의식을 중심으로", 이대 대학원 석사학위 논문, (1981).
金玉燮, "白信愛 硏究", 성신여대 대학원 석사학위 논문, (1984).
金潤植, "백신애연구초", 『慶山文學』 제2집, (경산문학회,1986).
──, "불꽃의 여자 白信愛", 『가정조선』, (1987.2.)
──, "최초의 抗日女流作家 백신애", 『우리시대』, (1987.2.).
徐正子, "백신애소설연구 —女性리얼리즘의 양상", 『원우론총』, (숙명여대 대학원 원우회,1984).
──, "<아름다운 노을> 攷 —白信愛文學의 志向點 硏究", 『청파문학』 4집, (1984).
──, "日帝强占期 韓國女流小說 硏究", 숙명여대 대학원 박사학위 논문, (1987).
李貞玉, "韓國女流小說硏究 —1920,30년대를 中心으로", 서강대 대학원 석사학위 논문, (1988).
周貞淑, "백신애소설연구", 계명대 대학원 석사학위 논문, (1989).
韓明煥, "白信愛硏究", 고려대 대학원 석사학위 논문, (1986).

6〉 채만식(蔡萬植)

김미영, "채만식의 「濁流」 연구", 충남대 대학원 석사학위 논문, (1983).
김윤식·김현, 『한국문학사』, (민음사, 1981).

김인옥, "채만식 작품 연구 —현실인식의 전개양상을 중심으로", 숙명여대 대학원 석사학위 논문, (1988).
김춘강, "채만식 소설에 나타난 여성상 연구", 고대 교육대학원석사학위 논문,(1981).
김치수, "歷史的 濁流의 認識",『현대 한국문학의 이론』, (민음사, 1977).
朴德垠, "韓國 現代 長篇 小說의 文學的 리얼리티 硏究", 전북대대학원 박사학위 논문, (1985.8.).
신동욱,『韓國現代文學論』, (博英社, 1981).
────, "채만식의 소설연구",『東洋學』12집, (檀大東洋學硏究所, 1982).
이경훈, "이중의 탁류 —채만식의「탁류」에 대해—",『연세어문학』22집, (연세대 국문과, 1990.3.).
이래수, "채만식 소설 연구", 동국대 대학원 박사학위논문, (1985).
이주형, "1930년대 한국장편소설연구", 서울대 대학원 박사학위 논문, (1973).
────, "蔡萬植 문학과 否定의 논리", 전광용 외,『韓國現代小說史硏究』, (민음사, 1984).
이 훈, "채만식소설 연구", 서울대 대학원 석사학위 논문, (1981).
임종국, "미곡 수탈 기지의 애환 —채만식의「濁流」—",『한국문학』, (한국 문화사, 1976).
전기철, "「三代」와「濁流」의 對比考:작가의식과 작품구조와의 관계를 중심 으로", 서울대 대학원 석사학위 논문, (1983).
정현기, "「三代」,「濁流」,「太平天下」의 소설세계에 나타난 인물연구",『한 국근대소설의 인물 유형』, (인문당,1982).
한 기, "채만식의 '여성주의'와「人形의 집을 나와서」",『문학정신』42호, (1990.3.).
한지현, "리얼리즘 관점에서 본『탁류』연구", 연세대 대학원 박사학위 논 문, (1987).
한형구, "채만식의 세계관과 창작방법 연구 —『濁流』와「太平天下」를 중심 으로—", 서울대 대학원 석사학위 논문, (1987).
────, "채만식의「탁류」와 비극적 세계관",『문학사상』, (1987. 10).

─────, "채만식 문학의 깊이와 높이", 김윤식·정호웅 편, 『한국문학의 리얼리즘과 모더니즘』, (민음사,1989).

홍이섭, "채만식의 「濁流」 -근대사의 한 과제로서의 식민지의 궁핍화-", 『창작과비평』 제8권 1호, (1973).

7〉 한설야 (韓雪野)

권영민, "노동문학의 가능성", 『문학사상』 별책부록, (1988.8.).

김윤식, "한설야론", 『현대문학』, (1989.8.).

권영민, "노동문학의 가능성", 『문학사상』 별책부록,(1988.8.).

김윤식, "한설야론", 『현대문학』, (1989.8.).

─────, "고향의 문학, 귀향의 문학 -이기영과 한설야", 『작가세계』, (1989. 가을호).

─────, "한설야, 생리적 대결의식", 『임화연구』, (문학사상사, 1989).

김외곤, "1930년대 한국현실주의 소설 연구", 서울대 대학원 석사 학위 논문, (1990).

김재용, "1930년대 사실주의 소설의 자기모색과 『하얀 개간지』의 의미", 『한국문학』, (1990.1.)

김 철, "황혼(黃昏)과 여명(黎明) -한설야의 <황혼>에 대하여", 한설야선집 『황혼』 작품해설, (풀빛, 1989).

서경석, "한국 경향소설과 '귀향'의 의미", 김윤식·정호웅 편, 『한국근대리얼리즘작가연구』, (문학과지성사, 1988).

─────, "생활문학과 신념의 세계 - 한설야론", 김윤식·정호웅 편, 『한국문학의 리얼리즘과 모더니즘』, (민음사,1989).

엄호석, "한설야의 문학과 『황혼』", 『조선문학』,(1955).

오성호, "식민지 시대 노동소설의 성과와 한계 - 한설야의 『황혼』을 중심으로", 『연세어문학』 22집, (1990.3.)

임 화. "한설야론", 『문학의 논리』,(학예사, 1941).

송호숙, "한설야론", 연세대 대학원 석사학위 논문, (1989).
장성수, "1930년대 경향소설 연구", 고려대 대학원 박사학위 논문, (1989.8.).
정은희, "사회주의 리얼리즘의 백미", 『황혼』 작품해설, (동광, 1989).
────, "고향의 문학, 귀향의 문학 —이기영과 한설야", 『작가세계』, (1989. 가을호).
────, "한설야, 생리적 대결의식", 『임화연구』, (문학사상사,1989).
김외곤, "1930년대 한국현실주의 소설 연구", 서울대 대학원 석사 학위 논문, (1990).
김재용, "1930년대 사실주의 소설의 자기모색과 『하얀 개간지』의 의미", 『한국문학』, (1990.1)
김 철, "황혼(黃昏)과 여명(黎明) —한설야의 <황혼>에 대하여", 한설야선집 『황혼』 작품해설, (풀빛,1989).
서경석, "한국 경향소설과 '귀향'의 의미", 김윤식·정호웅 편, 『한국근대 리얼리즘작가연구』, (문학과지성사, 1988).
────, "생활문학과 신념의 세계 —한설야론", 김윤식·정호웅 편, 『한국문학의 리얼리즘과 모더니즘』, (민음사,1989).
엄호석, "한설야의 문학과 『황혼』", 『조선문학』, (1955).
오성호, "식민지 시대 노동소설의 성과와 한계 —한설야의 『황혼』을 중심으로", 『연세어문학』 22집, (1990.3.)
임 화, "한설야론", 『문학의 논리』, (학예사, 1941).
송호숙, "한설야론", 연세대 대학원 석사학위 논문, (1989).
장성수, "1930년대 경향소설 연구", 고려대 대학원 박사학위 논문, (1989.8).
정은희, "사회주의 리얼리즘의 백미", 『황혼』 작품해설, (동광, 1989).

제 3 부 페미니즘 비평과 한국소설

남성작가의 서술과 추락하는 여성인물
일제 강점기 여성작가의 현실인식
드라마적 특성과 일어서는 여성상
사랑과 구원의 불연속성

남성작가의 서술과 추락하는 여성인물
－ 女權論의 立場에서 본 金東仁의 세 小說

Ⅰ. 머리말

문예부흥 이후 프랑스혁명과 민주주의의 발달을 통해 인간 자유와 평등사상이 고취되면서, 여성이 이제는 남성들에 의해 규정된 타자적 존재이기를 거부하고 여자이기 전에 한 인간임을 주장하는 외침이 고조되었는데, 이러한 움직임을 통칭해서 여성해방운동이라고 불러 왔다. 이 여성해방의 주창자들은 기존의 제도와 관습, 교육, 意識이 모두 남성중심의 가치관에서 비롯된 것이어서 부계중심사회의 형성 이후 모든 여성을 열악한 위치로 전락시켜왔음을 실증하면서 점차 확산되었는데, 이러한 관점이 문학적 관심과 결합한 것을 우리는 '女權論批評' 혹은 '女性解放批評'(Feminist Criticism)이라 부른다.

문학작품 속에 등장하는 수많은 여성들에 대해 이전의 비평은 의식적이든 무의식적이든 간에 남성중심적인 가치체계를 지니고 있어서, 허위의식에 사로잡힌 예속적인 여성이 이상적인 여인상으로 부각되거나 찬양되며, 피동적이고 감정적이며 불합리한 기질이 만연한 여주인공을 당연시하는 것이 보편적이었다. 그래서 女權論批評에서는 '다시 보기'(re-vision)[1]를 강조한다. 여성의식을 포함한 새로운 가치체계를 받아들여 작품을 다시 읽음으로써, '여권신장의 관점으로 볼 때에 좋은 문학'[2]을 위한 표준을 정하려 한다.

현실상황이 이에 쉽게 동조하지 않는 것은 사실이다. 대개의 경우 남성중심적 가치기준이 곧바로 보편적 가치기준으로 등치되며 대부분의 비평가 또한 남성이어서 여성문제에 관한 한 비평가 역시 작가와 마찬가지로 남성중심적 사고에 함몰되어 비판적 인식을 지니기 어렵다.[3] 그 뿐 아니라 여성작가인 경우에도 그녀가 여성이기 때문에 여성의 현실을 민감하게 포착하기는 하지만, 다른 한편 남성지배 사회에서 자신을 인정받으려는 무의식적인 노력으로 자신도 모르게 남성중심적 사고를 내면화함으로써 작품세계가 이중적인 모습으로 나타나게 될 가능성이 높음을 부인하기 어렵다. 이것은 여성비평가의 경우에도 마찬가지여서, 엄밀한 의미에서 말하자면 완전한 여권론비평이란 거의 불가능하다고까지 말할 수 있다. 하지만 규범적인 가치체계로부터 벗어나 새로운 가치체계를 형성하는 일은 지속적인 노력에 의해 단계적인 성과를 이룰 수 있음은 확실하다. 그래서 '다시 보기'를 강조함으로써 '새롭게 보기'에 도달할 수 있을 것이다.

金東仁의 문학업적에 관한 연구는 이미 어느 정도 궤도에 올라 있다고 생각된다. 私財를 털어 『創造』를 발간함으로써 동인지 시대의

---

1) 캐서린 스팀프슨, "여권론비평에 대하여", 데이비드 로지 편/ 윤지관 외 譯, 『20세기 문학비평』,(까치,1984), 401면.
2) W.L.Guerin 외, 『A Handbook of Critical Approaches to Literature』, 정재완 譯, 『文學의 理解와 批評』 개정판, (청록출판사, 1983), 250-251면.
3) 정은희 외, "여성의 눈으로 본 한국문학의 현실", 『여성』1호,(창작과비평사, 1985), 7-8면.

막을 연 점이나 春園文學에 반기를 들고 소설의 形式美를 중시하여 형식주의 비평을 전개한 점, 자연주의와 유미주의 사조의 수용과 탐닉 등의 업적에 관한 논의가 여러 先學들의 열의있는 연구를 통해 심화되며 재검토되어 왔다.

 그런데 김동인이 일제치하였던 당대의 사회에 대해 가졌던 사회적 관심과 역사의식에 대해서는 좀 더 면밀히 考究할 필요가 있다고 생각된다. 특히 70년대 우리 비평계에 민족문학론이 제기되면서, 그의 문학은 예술적 완결성을 지향하여 결국 문학으로부터 역사적인 것을 분리하려는 反歷史主義로 떨어졌다4)고 지적되기도 하였으며, 빈곤을 빈곤한 자의 인간적인 약점으로 표현하여 민족에 대한 허무감과 열등의식에 맞장구를 친 셈5)이라는 비난을 비롯, 주로 부정적인 평가를 받아온 것이 사실이다.

 김동인의 많은 작품들에서 이러한 의문이 제기되는 바, 그의 관심은 부당하고 어긋나 있는 세계에 의해 파멸당하는 인간의 모습을 그린 것인가, 그렇지 않으면 파멸당하기에 적합한 인물이 환경적 요인에 의해 그 파멸을 가속화해서 스스로 자초한 것인가 하는 애매성을 떨쳐버릴 수 없다. 특히 그 주인공이 여성인 경우에 이러한 애매성이 더욱 강해진다.

 「약한 자의 슬픔」,「감자」,「김연실전」에는 모두 여주인공들이 등장하는데, 그들의 모습이 모두 '희생자로서의 여성'으로 조명되고 있는 점이 주목되었다. 이 작품들은 사회적 약자로서의 여성의 모습을 그리며, 여성 주인공이 겪어야 하는 수난과 불행을 그 주제로 볼 수

---
4) 김윤식, "反歷史主義 指向의 과오",『문학사상』 1972.11.
5) 임형택, "신문학운동과 민족현실의 발견",『韓國近代文學史論』, (한길사,1982), 287-288면 참조.

있다는 점에서, 표면적으로는 여성에게 주어지는 열악한 환경에 대한 고발로 읽혀질 수 있다. 그런데 과연 그녀들을 파탄으로 치닫게 한 것이 사회적 강자인 남성 또는 남성헤게모니적인 제도의 견고성인가 하는 것은 각 작품을 통해 면밀히 考究되어야 할 것이다. 그녀들을 파탄으로 치닫게 한 것은, 제도적인 원인보다 그 자신들의 내면적 원인, 즉 남성우위적인 가치관에 의해 규정된 여성적 기질인 수동성, 무지, 온순, 덕성, 비효율성6)인 것으로 묘사되고 있지 않은가 하는 것이다.

본고에서는 이 두 방향의 물음에 대한 답변을 얻어내기 위해 각 작품들을 면밀히 분석할 것이며, 이 분석의 과정 중에는 필요한 모든 비평방법을 동원할 것이다. 왜냐하면, 여권론비평은 '비평이 아니라 비평하는 방식이며, 완결된 일련의 행위가 아니라 불완전한 활동으로, 그것의 실천자들이 쥔 콤파스의 바늘 끝은 저마다 회전하여 수많은 방향을 가리킨다'7)고 볼 수 있기 때문이다.

Ⅱ. 强暴한 세계내의 수동적 객체로서의 여성 : 「약한 자의 슬픔」

「약한 자의 슬픔」은 김동인이 『創造』1,2호에 연재한 작품으로, 처녀작다운 미숙함과 의욕이 잘 드러나 있다. 제목을 통해 가장 먼저

---

6) 케이트 밀레트는 양성의 관계를 정치에 비추어 보았는데, 부권제 사회에 있어서 여성의 기질은 종속적인 것이 되도록 고정화되고 있음을 밝혔다.: 케이트 밀레트 / 정의숙·조정호 譯, 『性의 政治學』, (현대사상사, 1976). 54-66면.
7) 캐서린 스팀프슨, 앞의 글, 400-409면.

알 수 있듯이 이 작품은 연약함 때문에 고통받는 한 여성의 처지를 묘사하였는데, 강엘리자벳트라는 신여성이 약한 자의 표본으로 제시됨을 볼 수 있다.

'엘리자벳트'라는 이국적 이름을 지닌 이 여주인공은 신문화의 세례를 받아 고등교육을 받고 있는 아름다운 소녀이다. 그녀의 운명을 구체화하는 것은 그녀가 간직한 꿈과 이상의 세계가 현실세계와 전혀 무관한데서 비롯된 것인데, 이는 엘리자벳트의 두 모습이 너무도 대조적인 점에서 알 수 있다.

엘리자벳트라는 인물 설정에 있어서 가장 주목이 되는 점은 그녀의 대외적·사회적인 모습과 현실적·개인적인 처지 간의 괴리가 심하게 드러나는 점이다. 즉, 그녀는 고등교육의 혜택을 받고 있는 19세의 여성으로 예배당에서 소아주일학교 교사를 맡고 있다. 그리고 그 '재주와 용자(容姿)'로 모든 동창들에게 존경과 일종의 시기를 받고 있을 정도의 총명함과 아름다움을 겸비한 인물이다.

> 엘니자벳트는, 아직十九歲의小女이지만 才操와容姿로 모든동창들의게 尊敬과 一種의싀긔를밧고 이섯다. 그는 才操로因하여 아직通學中이지만 k男爵의집에 留하면서午後에는 그집아해들의게學科의復習을시키고이섯다.8)

이처럼 그녀의 대외적인 모습은 이상적으로 묘사되어 있다. 그러나 개인적으로 보면, 오갈데 없고 의뢰할 부모도 없는 고아이며 상민으로 K남작에게 고용된 한 힘없는 가정교사에 불과하다. 더구나 그녀의 이같은 두 모습은 利煥과 K남작이라는 두 남자와의 관계에

---

8) 『創造』 제1호, (1919.1.), 53-54면 인용.

서 표면화되는데, 이환은 동경과 짝사랑의 상대일 뿐 다가와주지 않고, 가까이서 접근하는 K남작과의 관계에 말려듬으로써 그녀는 비참한 轉落을 경험하고야 마는 것이다.

자아와 세계의 대결에 있어서, 이미 자아는 아름답지도 총명하지도 않은 힘없는 고아일 뿐이며, 그 자아를 둘러싼 세계는 K남작으로 상징되는 재력과 사회적 지위에 의해 움직이는 세계이다. 자아는 여지없이 패배하도록 조종된다.

약자인 엘리자벳트는 남작의 애욕의 희생물이며 일시적인 성적 유희의 상대였을 뿐이다. 또한 아무런 후원자도 없는 고아이며 피고용인의 처지로 남의 집에 기숙하는 신세이다. 이에 비해 남작은 그녀의 고용인이며 양반이고 재산가이다. 그리고 그녀의 임신을 알게 되자 곧 발을 끊고 그녀를 내쫓는 점이나, 자신의 행위 사실을 전혀 인정치 않는 점으로 보아 비정하고 파렴치한 강자이다. 이같은 자가 장악한 세계는 强暴한 세계이며,「약한 자의 슬픔」은 그 강폭한 세계 앞에 선 약자의 전락을 보이는 '轉落의 구조'9)를 이루고 있다.

하지만「약한 자의 슬픔」이 성적 농락의 대상이 되고 만 한 여성의 파탄을 뚜렷한 전락의 구조로 형상화하여 남성헤게모니적인 제도의 견고성에 의한 '희생자로서의 여성'을 그리고 있는 일면이 있다 할지라도, 실제 작품을 읽어가면서 우리가 만나는 여주인공은 참으로 바보스럽게 길들여지고 우유부단한 한심한 인물로 강하게 부각되어 옴을 볼 수 있다. 이러한 점은 작품의 첫문장에서부터 드러나는데, 첫문장에서 제시되는 정보는 앞으로 진행될 이야기에 대한 중요한 조짐이 된다.10)

---

9) 신동욱 교수가 김동인 소설의 하강적 행동구조를 한 특징으로 지적한 이후 '전락의 구조'에 대한 주목은 이미 일반화되었다.

224 페미니즘 비평과 한국소설

> 家庭教師姜엘니자벳트는 가르침을 끗내인다음에自己방으로도라왓다. 도라오기는하엿지만 이잿것快活한兒孩들과마조유쾌히지난그는 썸썸하고 갑갑한自己방에도라와서는無限한寂寞을깨다랏다.
> 「오늘은 왜이리갑갑한고? 마음이 왜이리두근거리는고? 마치 이世上에나 혼차나마잇는것갓군. 엇지할쪼-어대갈싸, 말싸-」[11]

여기서 작가는 아무리 절친한 친구에 대해서라도 실제로는 알기 힘든 중요한 정보를 단숨에 독자에게 제시하는데, 이때문에 엘리자벳트는 감정변화가 심하고 막연한 초조감에 사로잡혀 심리적으로 불안정한 인물로 인상지워진다. 그리고 그녀가 겪는 마음의 방황은 처음에는, 이환이라는 이상적 남성을 향한 그리움과 뜻밖에도 육체관계를 맺게 된 K남작에 대한 愛憎의 교차에서 원인된 것이지만, 대부분 자신을 바로 알지 못하고 자기 삶의 주체가 되지 못한 수동성에서 기인한 것이다.

그녀는 최초의 성적 유린을 당하는 순간 마저도 자신의 의지를 바로 표현하지 못하고 상황에 이끌려 승복하고야 마는 예속성을 보인다. 그 절박한 순간에 그녀가 했던 말이라고는, 불분명하고 소극적인 의사 표현에 불과했다.

> 「夫人이아르시면?」
> …(중 략)…
> 「夫人이게시면서두?」
> …(중 략)…

---

10) Wayne C. Booth, 『*The Rhetoric of Fiction*』, (The University of Chicago Press, 1961), 3-6면.
11) 『創造』, 앞의 책, 53면 인용.

「왜그리보세요?」
　　…(중 략)…
　몃번 거절에실패를한 엘니자벳트는 마즈막에는 自己의게대하여서도 情이 써러지게되엿다. 그는, 뉘게대하여선지는 모르면서도 모르는엇던자의게 골이나서, 몸을쏘면서날카롭게 -그래도자근소래로 말햇다 「실허요-」12)

이처럼 그녀는 결정적인 위기의 순간에도 '좀 날카롭게 -그래도 작은 소리로' 저항하였을 뿐 상황에 의해 그리고 상대방 남성의 객체로만 이끌려 가고 있는 것이다. 작가는 흔히 '여자다운' 여자의 본질적 특질인 양 오인되는 수동성이 엘리자벳트를 지배함으로써 그녀를 끝없는 공상 속에 빠져 행동하지 못하는 자기 삶의 방관자로 형상화하고 있음을 볼 수 있다.

소설의 플롯은 동기와 결과, 관계를 드러낼 뿐 아니라, 단순히 작가가 전시하려고 하는 사물을 진열할 수 있는 걸대나 선반을 마련한다.13) 「약한 자의 슬픔」에서 강폭한 세계내의 약자의 전락이라는 선반 위에 진열되고 있는 것은 실상 '수동적 객체'로 비춰지는 여성의 모습이다.

숱한 내적 독백와 自問自答은 망설임과 후회의 표현일 뿐이며, 대상없는 물음과 충동적인 행동이 그녀의 삶을 장악하고 있는데, 이는 '-할까? -말까?' 혹은 '-일까? -아닐까?' '아……'와 같은 마음의 방황과 자포자기로 빈번히 묘사된다.

a) 「夫人이모르면엇지한단말인가? ……모르면? ……이거시許諾의意味가 아닐까? 그러면너는 그거슬실허하느냐? 勿論실허하지. 무엇? 실허해? 네 마음속에, 許諾하라는생각이조곰도업냐 아……」14)

---

12) 『創造』, 앞의 책, 58-59면 인용.
13) 매조리 볼튼 / 김영민 譯, 『小說의 分析』, (東泉社, 1984), 59-64면.

b) 그때의엘니자벳트와 지금엘니자벳트사이에는 해와흙의 다름이잇다. -그때에는純全한處女이고 熱熱한粉紅빗歎美者이든그가, 지금은?......쉰턴지 됴턴지 죽음의褐黑色의「삶」안에서 生活치아늘수업는 그로변하엿다.15)
c) 「男爵이고운가 뮈운가, 째릴가 아늘가, 오랠가 쏘즐가」16)
d) 「오즉민망할가. 이런데오는거시男爵의젠오즉민망할가? 내가잘못햇지, 재판은 왜니르켜? 男爵은날엇지생각할가? 또 夫人은?......」17)

a)는 남작이 엘리자벳트를 처음 찾아든 날 밤, 그의 요구를 깨달은 순간의 심리묘사다. b)에 이르러 그녀는 자신의 불행을 분명히 인식하는 듯하다. 마음에 품어온 사랑의 대상인 利煥은 이미 한없이 멀어져 있고, 이제는 분홍빛 삶이 아닌 죽음의 갈흑색 삶을 살아야 하는 비참함을 느낀 것이다. 하지만 그럼에도 불구하고 엘리자벳트는 문제의 핵심을 깨닫지 못한 채, 자신을 파탄에 이르게 한 장본인에 대해 일관된 증오심마저도 갖지 못하며, 남작의 배신과 비정함으로 인해 갑자기 그의 집에서 쫓겨남을 당한 상황에 이르러서까지도 c)와 같이 자신의 감정상의 혼돈을 정리하지 못하고 있다. 더욱 한심스러운 것은, d)에서처럼 재판정에 임해서까지 비참한 자신의 처지를 바로 깨닫지 못하고 자신의 결정을 후회하며 오히려 가해자인 상대를 염려하는 어리석음을 범하고 있는 점이다.

여성에게 있어 성행위가 이념적으로 관용되는 유일한 경우는 사랑인데, 낭만적 사랑의 개념은 상대방 남성이 자유롭게 성을 획득할 수 있게 하는 정서적 조작의 방편을 제공한다. 이러한 낭만적 사랑을 오판할 경우 많은 여성들이 이 거짓신념에 사로잡혀 남성착취자

---

14) 『創造』, 앞의 책, 58면 인용.
15) 『創造』, 앞의 책, 71면 인용.
16) 『創造』, 제2호, 2면 인용.
17) 『創造』, 위의 책, 9면 인용.

에 대한 증오심을 흐리게 된다. 엘리자벳트는 K남작을 사랑한 것이 아니다. 사랑이란 서로의 인격과 주체성을 인정한 토대 위에서 의식적인 노력으로 서로의 발전을 실현해가는 과정이며, 서로의 인격과 가능성을 신뢰하는 인간관계이지 육체적 결합에 의해 순간적으로 얻어진 친근감 정도의 것은 아니기 때문이다. 아무런 사랑의 토대도 없이 결과에 따른 복종과 순응의 자세로 막연한 연민의 감정 속에 빠져드는 것은, 스스로를 상대에 예속시킴으로써 비참한 현실에서 도피하려는 자학(masochism)과 자기도취(narcissim) 심리에 크게 다르지 않다.

이처럼 엘리자벳트는 그 수동적 기질과 온순, 무지, 비주체성으로부터 벗어나 자신의 정체성(Idemdity)을 확립하고 자기 삶의 주체가 될 계기가 여러 번 주어졌음에도 불구하고 변화되지 않은 평면적 인물로 묘사되어 있다. 그래서 뒤늦은 깨달음인 양 덧붙여진 결말부의 외침은, 진정한 자각이라고 할 수 없는 전혀 엉뚱한 것이 되고 말아, 인과관계에의한 유기적 기능망을 형성하는 서사적 통합18)을 이루지 못한 채 우발적인 독백에 그치게 된다.

> 「약한者의 슬픔!(그는생각난드시중얼거럿다) 젼의 나의서름은 내가약한者인고로생긴것밧게는 더업섯다. 나쑨아니라 이누리의서름-아니! 서름 쑨아니라 모-든 不滿足, 不平들이 모도 어듸서나옷는가? 약한데서! 世上이 낫븐것도아니다! 人類가낫븐것도아니다! 우리가 다만약한연고인밧게 쏘
> 무어시이스리오! 지금 셰샹을 罪惡世上이라하는거슨 이셰샹이 - 아니! 우리사람이약한연고이다! 거긔는죄악도업고속음도업다! 다만 약한것!」
> (중 략)

---

18) 프란쯔 스탄젤 / 안삼환 譯,『小說形式의 基本類型』, (탐구당, 1982), 120면.

「그러타! 강함을배는胎는사랑! 강함을낫-는者는사랑! 사랑은강함을 나흐고, 강함은 모-든아름다움을낫-는다. 여긔, 강하여지고시픈者는 -아름다움을 보고시픈者는 -삶의眞理를알고시픈者는-人生을맛보고시픈者는 다 - 참사랑을아러야다.」19)

세상도 인류도 나쁘지 않으며 죄악도 속임수도 없으며 다만 약한 자인 까닭에 슬픔이 생겼다는 것도 진정한 자각이 되지못할 뿐 아니라, 강해지기 위해서는 참사랑을 알아야 한다는 깨달음은 논리적 인과관계가 전혀 없는 패배주의자의 비현실적 심정토로일 뿐이다. 이 같은 결말부의 외침을 '새로운 삶으로의 지향을 나타내는 상승구조'20)로 본다면, 서사세계 속의 자아와 현실 사이의 객관적 관계를 시인하지 못하게21) 될 것이다.

「약한 자의 슬픔」은 이처럼 남성우위의 사회에서 신분적으로나 환경적으로 열악한 위치에 있는 한 여성이 고난과 역경을 헤쳐 자신의 정체성을 확립하여 성숙한 주체적 자아를 형성하는 좋은 문학작품이 될 수 있는 소지를 충분히 지니고 있음에도 불구하고 남성작가의 고정적 여성관으로 인해 추락하는 여성인물만을 돋보이게 한 정반대의 작품이 되고 말았다.

1900년대. 서울 장안에 전기·수도 및 전차가 설치되고 서민생활에도 현대문명의 영향이 실질적으로 미치기 시작하였던 시기에도, 일반 여성에게는 이름이 없어서 기혼녀들은 김모씨 부인, 이모씨 부인으로 통했으며 과부는 이소사(李召史), 김소사(金召史), 미혼녀는 이성녀(李姓女), 김성녀(金姓女)로 족하였을22) 정도였다. 하지만 일부

---

19) 『創造』, 제2호, (1919.3.), 20-21면 인용.
20) 윤명구, "김동인소설연구", 서울대 대학원 박사학위논문, 1984. 45-46면.
21) 신동욱, 『우리 이야기 문학의 아름다움』, (한국연구원, 1981), 135면.

신교육을 받은 여성들은 서서히 교회를 중심으로 한 여성운동을 전개하였고, 이는 애국운동의 성격을 띤 것이어서 1913년 평양에서는 송죽회라는 최초의 여성비밀결사단까지 조직되어 독립단체에 송금을 하거나 해외에서 파견 잠입한 밀사들에게 은신처를 제공하기도 하였다.[23]

그런데 강엘리자벳트는 사회적 역할을 담당해내는 그녀의 지성과 자립심은 외면당한 채, 여성의 열등한 기질이라고 흔히 주장되는 수동성, 매저키즘 및 나르시시즘에 깊이 함몰되어, 온통 主我主義的인 정감과 그릇된 사고에만 사로잡힌 부정적 인물로만 묘사된 것이다.

물론 인간이란 이해할 수 없는 경험을 갖고 인생을 살아가는 존재이기도 하며, 소설가의 공상적이고 낭만적인 면은 '꿈이라고도 할 수 있는 순수한 정열'과 '수치심, 예의범절 때문에 입밖에 내지 못하는 것'을 표현[24]하는 기능을 떠맡기도 한다. 하지만 궁극적으로는 인간에 대한 긍정적 이해를 더하게 하는 것이 좋은 문학의 임무라고 생각한다.

그럼에도 불구하고 김동인은 강폭한 세계내에서 자신을 가누지 못하고 거듭 쓰러지기만 하는 수동적 객체로서의 여성만을 묘사한 채 부정적인 여성관을 드러내 보였을 뿐이다.

---

22) 이효재, "개화기 여성의 사회진출", 『韓國女性史Ⅱ』, (이대출판부, 1972), 68-69면.
23) 김영정, "한국 근대의 여성운동", 이대 한국여성연구소 편, 『女性學』, (이대출판부, 1979), 43-47면.
24) E.M.포스터 / 이성호 譯, 『小說의 理解』, (문예출판사, 1975), 53-55면.

Ⅲ. 궁핍한 세계내의 적극적 희생자 : 「감자」

「감자」는 1925년 1월 『조선문단』에 발표된 작품으로, 도덕적 기품을 지닌 농민이었던 여주인공 복녀가 신분적・도덕적 타락을 거듭한 후 결국은 주검으로 변하게 되는 이야기다. 그런데 이 작품을 읽고 나면 우리는 복녀의 죽음을 어떻게 받아들여야 할지25) 조심스러운 점이 있다.

그동안 많은 연구의 초점이 이 부분에 있었는데, 복녀의 죽음이 사회구조의 모순에서 기인한 것인가 아니면 그녀 자신의 본능에의 집착에서 기인한 것인가 하는데 대해, 대체적으로 견해가 대립하였다. 복녀의 죽음은 사회구조의 모순보다는 본능 과잉의 원시적 상황과 현실의 냉혹성에 결부되어 있다26)고 보는 견해와, 「감자」에서 복녀부처가 걸어간 길은 식민지시대 우리 농촌의 영락상의 한 전형27)이며 사실은 복녀와 같은 처지에 있는 '복녀들'을 문제삼고 있다28)고 보는 견해가 대표적이다.

이에 대해 본고에서는 '다시 보기'를 행하려 한다. 즉, 여주인공 복녀의 퇴락과 죽음에 관련된 모든 가해자들은 남성이며 남성중심의 완고한 세계의 세력이다. 복녀부처는 외형상으로 볼 때 함께 전락해 가지만, 사실상 복녀의 남편은 그녀의 가장 가까운 착취자인 것이다.

그래서 「감자」는 주어진 상황에 내맡겨진대로 살아야 했던 한 여

---

25) S.E.Solberg, "초창기의 세 소설", 『현대문학』, 1963.3.
26) 이재선, 『한국단편소설연구』, (일조각,1981), 208-209면.
27) 송명희, "여성의 삶과 사회구조", 『세계의 문학』, 1982.여름. 31면.
28) 신동욱, 앞의 책, 147면.

성이 우연한 계기로 자신의 삶에 눈뜨게 되었는데 이것이 성적 타락과 관련된 파탄을 초래한 비극적 삶에 대한 이야기로 읽혀질 수 있다.

　　싸움, 간통, 살인, 도둑, 구걸, 징역, 이 세상의 모든 비극과 활극의 근원지인, 칠성문 밖 빈민굴로 오기 전까지는, 복녀의 부처는, (사농공상의 제이위에 드는) 농민이었다.29)

　작가를 신뢰함으로써 소설은 성립되는데, 작가는 칠성문 밖 빈민굴을 '이 세상의 모든 비극과 활극의 근원지'로 규정한다. 이는 빈민굴 바깥의 세계를 비극과 활극이 전혀 없는 평화로운 세계로 그리려 함이 아니라, 사실상 작가는 '(사농공상의 제이위에 드는) 농민'이었던 복녀부처가 이처럼 악이 팽배한 세계로 몰락해 왔음을 강조한 것이다. 그리고 이같은 신분의 변화로 인해, 빈민굴내의 모든 惡行들을 수용하게 될지도 모른다는 것을 암시하고 있다.

　복녀부처의 하강적 인생 행로에는 두가지 주된 요인이 도사리고 있는데, 어찌할 수 없는 복녀 남편의 게으름과 가난이다.

　　하루 종일 지게를 지고 연광정에 가서 대동강만 내려다보고 있으니, 어찌 막벌이인들 될까.30)

　　그러나 열 아홉살의 한창 좋은 나이의 여편네에게 누가 밥인들 잘 줄까.31)

---

29) 김동인, 「감자」, 『金東仁全集 7』, (弘字出版社, 1964), 364면 인용.
30) 김동인, 앞의 책, 364면 인용.
31) 김동인, 앞의 책, 365면 인용.

이들은 소작농, 막벌이 노동자, 행랑아범이 되어 전전하였지만 무력하고 게으른 남편 때문에 결국 빈민굴의 거지로 전락하였다가 마침내는 창녀와 기둥서방이라는 막다른 처지에까지 이르게 되었다.

이같은 남편의 게으름은 바로 복녀의 불행을 이룬 주요인 중의 하나가 남녀관계의 남성지배적 성격에서 형성된 것임[32])을 알게 한다. 즉, 애초에 그녀는 매매혼의 희생자인데 몰락한 농민의 후예였던 복녀의 아버지는 그녀를 15세되던 해에 20세 연상의 동네 홀아비에게 80원을 받고 팔아 넘겼던 것이다. 이러한 매매혼은 여자를 재산의 일부로 생각하는 의식구조에서 비롯된 것으로, 부부관계를 상하관계나 주종관계로 설정케 한다. 그래서 그녀의 남편이라는 자는 그녀에 대하여 인격적으로나 경제적으로 심지어는 성적으로까지 배우자로서의 역할과 책임을 다하지 못하고, 다만 그녀에게 기생하여 그녀를 파멸시키는 주범으로 존재함을 볼 수 있다.

사실 복녀는 부지런히 적극적으로 일했지만 순전히 남편의 게으름으로 인해 심해진 궁핍때문에 소작밭도 잃었으며 막벌이도 못하고 막간(행랑)살이에서도 쫓겨나 마침내 빈민굴까지 왔다. 그 후에도 복녀의 남편은 시종일관 나태하고 착취적인 방관자로 존재함으로써 복녀를 희생적 삶을 영위해야 하는 한 가엾은 여자로 여겨지게 한다.

복녀의 삶은 온통 타락을 재촉하는 끈들에 연결되어 있으며, 그 끈의 한 쪽은 부정한 이웃들과 성의 착취자인 남성들이 움켜쥐고 있다.

「감자」에서 복녀가 사는 빈민굴은, 외부세계와는 다른 그릇된 윤리관이 지배하는 닫혀진 악의 세계이다. 그녀의 이웃인 거지들은 바깥세계로 동냥도 가고 돈벌이를 나가기도 하지만 그 바깥세계에 동

---

32) 송명희, 앞의 글, 36-37면.

등하게 참여할 자격을 잃은 사람들이다. 그곳의 여인들은 복녀가 쉽게 받아들이기 어려운 일에 이미 익숙해져 있었고 그저 유쾌한 웃음거리가 되는 생계유지 수단 정도로 여기고 있었다.

 그 외에 송충이잡이 감독이나 왕서방은 경제적으로 우위를 점하고 있는 강자로서, 그들은 복녀에게서 '상품으로서의 性'을 기대할 뿐이다.

 빈민구제사업이라는 명목으로 이루어진 평양부 기자묘 솔밭의 송충이잡이는, 전체 노동자의 임금 수준을 떨어뜨리는 작용을 할 뿐 아니라 자신의 노동력 가치도 평가절하하게 되는 산업예비군으로서의 여성노동[33]을 이용한 것으로 사실상 놀고 있는 저렴한 노동력을 일제가 착취하는 사업이었다. 그래서 32전이라는 저임금을 지불하는 미화된 노동착취에 불과했는데, 더욱이 거기에는 감독의 지배권이 작용하여, 뭇여성들에게 주어지는 성적 봉사료의 웃돈 8원은 그녀들에게 당연히 노동의 대가로 지불되어야 하는 임금을 저하시킨 것이므로 송충이잡이에 참여한 여성들은 이중의 착취를 감수해야 했다. '일 안하고 품삯 많이 받는 인부'들은 실상 이같은 이중착취의 피해자인 셈이다.

 감자(고구마)로 인연을 맺게 된 왕서방은 빈민굴내에서 성행하는 매음을 즐기던 자로 남의 부인을 그 집까지 찾아가는 타락한 사람이다. 복녀부처를 한때 빈민굴의 한 부자가 되게 한 후원자이기도 하지만 어디까지나 금전과 성을 맞바꾸는 철저한 계약관계의 이행자여서 복녀의 주검까지도 은밀한 금전거래에 의해 은폐하는 직접적인 가해자이다. 그는 백원으로 또다른 처녀를 사 옴으로써 영속적인 지배자의 위치를 차지하며 예속관계의 주인이 되는, 남성지배문화의

---

33) 자본가는 여성노동을 호황시에는 언제라도 고용할 수 있고 불황시에는 일차적으로 해고할 수 있는 산업예비군의 범주로 본다.: 심정인, "여성운동의 방향정립을 위한 이론적 고찰",『여성』1호, (창작과비평사,1985), 220-221면.

완고성을 잘 드러내는 인물이다.

이처럼 복녀의 전락은 '감자'로 상징되는 일제 치하 한국농촌의 극심한 궁핍화현상의 한 징후인 동시에 남성지배문화의 여성 예속과 착취가 낳은 결과로 해석된다. 빈민굴에 정착하게 된 이상 빈곤과 악행의 유인은 너무도 철저하고 거센 것이어서, 이 점에서 그녀는 '희생자로서의 여성'의 면모를 보인다.

하지만 이 작품에서 복녀는 희생자로서의 면모만을 보이는 것은 아니다. 오히려 그녀의 죽음은 스스로가 파탄을 가속화한 충분한 원인을 지닌 것으로 비춰진다. 매춘행위에 너무도 적극적인 태도를 보인 점인데 이는 무지와 수동성에 젖어있던 여성의 그릇된 자기 발견에서 비롯된 것이라고 생각한다.

우리 사회에서 흔히 생리적 및 신체적인 특징을 말하는 선천적 성(sex)과 일단 태어난 이후에 개인의 정신역학적·심리적·사회문화적인 환경 요인에 의해 획득되는 후천적 성(gender)이 구분되지 않는 경우가 많다. 즉, 선천적 성은 '남자'(male) 또는 '여자'(female)임을 말하는 생리적 차이이나, 후천적 성은 '남자다움'(masculinity) 또는 '여자다움'(feminity)을 말하는 것이어서, 선천적 성은 확연히 구분되며 변동할 수 없는 것임에 비해 후천적 성은 반드시 그렇지만은 않다. 그럼에도 불구하고 이 둘을 밀접한 관련이 있는 것으로 주장하는 경우를 흔히 볼 수 있다. 하지만 남성적인 것과 여성적인 것은 단일차원상의 서로 대립되는 양극성(bipolarity)을 가진 성질의 것이 아니며34) 오히려 남성적인 기질과 여성적인 기질을 아울러 보유한

---

34) 벰(Sandra L.Bem)의 성역할 형성결과에 관한 이론에 따르면, 과거 획일적이었던 전통사회나 미분업상태의 전근대사회와는 달리 현대산업사회는 극도의 기능적 분화가 지속되고 있어서, 우리 사회는 점차 양성적인 사회로 바꾸어질 가능성이 높다는 것을 알 수 있다.: 李興卓, 『女性社會學』, (法文社, 1986),

사람이, 다양한 사회적 역할을 수행하는데 있어 이상적이다.
　여성을 주인공으로 하는 문학작품에서 볼 수 있는 규범적인 플롯은 대개 순진과 무지, 수동성에 젖어있던 여주인공이 외부에서 주어지는 시련, 운명의 가혹함, 역사적인 변혁의 물결에 휩싸여 적극적 행위의 주체로 변모하는 이니시에이션 스토리(initiation story)를 내포하는데, 때로는 이같은 자아의 萌芽가 왜곡된 형태로 이루어져 비참한 파국을 맞게 되기도 한다.
　「감자」에서의 복녀는 원래 전통적인 정조 관념을 지닌 보수적인 여성이다.

　　　　복녀는, 원래 가난은 하나마 정직한 농가에서 규칙있게 자라난 처녀였었다. 이전 선비의 엄한 규율은 농민으로 떨어지자부터 없어졌다 하나, 그러나 어딘지는 모르지만 딴 농민보다는 좀 똑똑하고 엄한 가율이 그의 집에 그냥 남아 있었다.[35]

　그래서 '도덕'이라는 것에 대한 '저품'을 가지고 있던 순박한 처녀였다. 하지만 동네 홀아비에게 팔려 시집을 간 것이나 그 게으른 남편으로 인해 빈민굴에 이르게 되도록 전락하기까지 무엇 하나 그녀 스스로 선택하여 이룬 것이 없었다. 다만 주어지는 상황을 수용하였을 뿐이다. 거랑질도 되지 않아 굶는 일도 흔히 있었지만 그저 가난하게 지낼 뿐이었다. 그런데 이같은 수동적 삶을 살아오던 그녀에게 있어 '송충이잡이 사건'은 그 삶의 태도를 바꾸게 하는 전환점으로 다가오고야 만다.

　　78-95면.
35) 김동인, 앞의 책, 364면 인용.

게다가 일 안하고도 돈 더 받고, 긴장된 유쾌가 잇고, 빌어먹는 것보다 점잖고…… 일본말로 하자면 삼박자(拍子)같은 좋은 일은 이것 뿐이었다. 이것이야말로 삶의 비결이 아닐까.36)

이전에 제시된 복녀의 순진성과 도덕적 기품으로 미루어 볼 때, 그녀가 도덕적 타락을 사람으로서 못할 일이 아니라고 깨달음직은 하되 이처럼 구체적으로 즐길 능력이 있다고는 판단되지 않는다. 그런데 화자는 여지껏 취해오던 3인칭 관찰자 시점에서 벗어나, 이처럼 갑작스레 전지적 시점을 취함으로써 복녀 내면의 뚜렷한 심경 변화 내지는 도덕적 신념의 전환을 엿보게37) 한다. 최초로 그녀가 '삶의 비결'이라고 느낀 즐거움이 매춘행위에서의 '性愛에의 눈뜸'이며 이것은 너무도 적극적인 타락에의 조짐으로 묘사되어 독자들은 파국을 예감하게 되는 것이다.

'선비의 집안에서 자라난' 탓으로 그런 일을 할 수 없었으며, 영문도 모르는 채 '얼굴이 새빨갛게 되면서' 감독을 따라가던 그녀가 자신의 성을 상품화하는 매춘행위를 통해서 극도의 궁핍과 게으른 남편의 덫으로부터 벗어날 수 있었음은 참으로 비참하고 왜곡된 형태의 自我의 萌芽38)가 아닐 수 없다. 무엇 하나 스스로 선택하거나 삶의 즐거움을 느낄 기회조차도 박탈당한 채로 외부적 힘에 이끌려 살아온 그녀가 금기를 범함으로써 처음으로 자기확인을 한다는 것은, 한 여성의 삶에 있어서 너무도 비극적인 체험이다.

---

36) 김동인, 앞의 책, 367면 인용.
37) 신동욱, "시점과 소설미학", 신동욱 편, 『文藝批評論』, (고려원, 1984), 275-278면.
38) 飯田 百合子, "김동인 단편소설의 경향 연구", 연세대 대학원 석사학위논문, 1984.7.

스스로 올바른 자아 회복의 필연적 당위성도 절감하지 못한 채로 적극적 타락자가 되어가는 것은, 일종의 무지에서 연유한 것이라고 생각된다. 性愛가 주는 본능적인 쾌락이 있으며 그에 따른 금전적 대가가 있음에도 불구하고 매춘행위를 해서는 옳지 않다는 것을 깨달을 만한 지적 분별력을 결여한 채 무지의 상태에 젖어 있어서, 김동인이 말한 바와 같이 그녀는 "전통적으로 정조라는 관념을 가지고 있었지만 그것은 필경 '관념'이었다"고 할 정도의 것에 불과했음을 볼 수 있다.

이같은 무지 속에서 그녀는 결코 자신의 사랑의 대상이 될 수 없는, 계약관계의 거래자인 왕서방과의 관계에서 처음으로 자기 행위의 주체가 된다. 진정으로 그녀가 금전욕에 사로잡혔다면 왕서방 외의 다른 사람들에게 호객행위를 했을 것이며 왕서방의 결혼이 그녀의 본능적인 성욕이나 소유욕에 질투의 불을 질렀다면 아예 다짜고짜로 악을 쓰고 욕을 하며 소란을 피웠을 것이다. 하지만 그녀는 왕서방을 알게 된 후로 차츰 동네 거지들에게 애교를 파는 일을 중지했으며 스스로 왕서방의 집에 찾아가기조차 했던 것이다. 왕서방으로부터 버려짐은 단순한 계약관계의 말소에 불과하지만 그녀 자신에게 있어서는 최초로 얻은 자기세계로부터의 추방으로 여겨졌으며 그에 대한 항거는 자기 확인의 몸짓이었다고 생각된다. 그래서 살기어린 태도로 왕서방의 결혼식날 밤 그 집을 찾아갔을 때도 그녀는 얼굴에 분을 하얗게 바르고 신부와 함께 있는 왕서방에게 매달리는 애처러움을 보이고 있다.

「자, 우리 집으로 가요.」
……(중 략)

「자, 어서」
「우리, 오늘밤 일이 있어 못 가.」
「일은 밤중에 무슨 일.」[39]

이처럼 애걸하다가 그녀는 자신이, 새로 사온 신부 때문에 왕서방에게서 이미 무관해져 있음을 알게 되며 최초로 찾은 그녀의 세계에서도 밀려나는 것을 깨닫게 되었다. 왕서방 역시 그녀가 속할 수 없는 닫혀진 세계였으며 그녀는 영원한 국외자였던 것이다. 신부의 머리를 발로 차며 왕서방에게 낫을 들이대는 그녀의 악바친 행동에서 우리는 한 국외자의 처절한 몸부림을 본다.

지금까지 그녀 앞의 모든 세계는 그녀에게 닫혀져 있었으며 주어진 것일 뿐이었다. 게으르고 비정한 남편과의 정상적인 부부관계조차 갖지 못한 그녀의 삶은 무지 속에서 비참한 매춘행위를 통해 또다른 닫혀진 세계에서 자기를 확인하고 인정받고자 했지만, 결국 그 어느 곳에서도 받아들여지지 않는 '이중추방'에 의해 파멸되고야 만다. 이같은 작가의 묘사는 애처로움과 동시에 어리석음을 자아내게 한다.

결국 복녀는 자신의 주체적 의지가 왜곡되고 불의한 형태의 삶에 휘말리는 것을 알지 못한 채 자신의 희생을 가속화한, 궁핍한 세계 내의 적극적 희생자로 묘사된 것이다.

---

39) 김동인, 앞의 책, 370면 인용.

IV. 誤導된 理想世界내의 허위적 선각자로서의 여성 : 「김연실전」

　문호개방 이후, 기독교 사상의 수입과 여러 선각자의 활동으로 이 땅에 근대적인 여성관이 형성될 수 있는 여건이 마련될 무렵, 곳곳에서는 전통적인 여성관과 근대적인 여성관 사이에 숱한 마찰이 빚어졌다. 특히 개화기의 새벽이 여성들로 하여금 안방이나 골방 구석에서부터 거리의 공기를 호흡하게 하고, 문자 생활로 인한 여성들의 근대적인 자각과 각성으로 마침내 女性文士들이 탄생하는 시기를 맞게 되었지만, 보수적인 남성사회의 전통은 그녀들의 자유분방한 예술가적 기질을 질시하여 색안경을 쓰고 바라보는 경향이 극심했다.

　「김연실전」은 신여성인 김연실을 비극적 모델로 내세워 새로 수입한 서구 자유주의 사상의 폐해를 지적하고 보수적인 가치관을 옹호한 작품으로 신여성에 대한 남성적 편견을 김동인다운 방식으로 대변하고 있다.

　작가 김동인은 「김연실전」의 後文을 통해서 다음과 같이 밝힌 바 있다.

>　김연실! 김연실!
>　일천구백이십년대(年代)의 조선의 신여성(新女性)을 대표하는 여성계의 선구자(先驅者)요 선각자(先覺者)인 여류(女流)문학자 김연실-
>　그가 세상에 나서 여남은 살 적부터 서른 댓 살까지 약 사반세기(四半世紀)의 세월을 걸어 온 자취는, 그 기간 동안의 조선 신여성사(新女性史)이다. 구(舊)사회에서 신(新)사회로 - 한 끝에서 다른 한 끝으로 - 지도자도 없이 정견(定見)도 없이 목표도 없이 다만 새로운 것으로의 돌진

(突進)이었다.40)

'다만 새로운 것으로의 돌진'만 거듭한 한 여성의 행적을 그리면서 그것을 '조선신여성사'라고 봄으로써 작가는 김연실의 몰락을 구사회와 신사회의 교체기에 있어서 반드시 거쳐야 할 '과도기적 현상'으로 간주하였는데, 이는 김동인이 이 작품을 통해 전통적인 윤리관에서 벗어나면서 겪어야 했던 도덕적 진공시대의 혼란, 외래적인 것에 대한 피상적 인식이 어떠한 결과를 초래하였는지를 풍자하려 했던 점을 알 수 있게 한다.

1939년 3월 『文章』에 발표된 「김연실전」의 전체적인 스토리는 전기적 구성으로 짜여져 있어, 연실의 출생과 성장, 가출과 동경유학, 귀국 후의 행적 등의 인생 행로가 순차적으로 서술되고 있다. 修道篇·先驅篇·悟道篇으로 이루어진 이 이야기 중에서 수도편에서 제시되는 그녀의 출생과 성장환경은 그 유전적 기질과 환경이 그녀의 타락에 지대한 영향을 미쳤음을 시사한다.

연실은 평양감영의 이속(吏屬)인 김영철의 소실에게서 태어나 친어머니가 사망한 후 嫡母와 이복형제 사이에서 천대만을 받으며 자란다. 그 가정에서 유일하게 그녀를 사랑할 의무를 가진 사람은 아버지뿐이었는데, 그 역시 '그 낫살에 계집이라면 정신을 못차리는 더러운 녀석'일 뿐이어서 집에 들어오는 일조차 쉽지 않았다. 그래서 그녀는 다만 버리워진 채로 반항심만을 키워 나갔으며, 일명 '기생학교'라 칭해지는 진명학교에 다니면서도 연실은 인격을 도야하고 자립심있는 인물로 성장하기 보다는 신문명의 껍데기와 전통 부정의 의식만을 길러갔다.

---

40) 金東仁, "「金研實傳」에 대하여", 앞의 책, 2권, 325-326면 인용.

규칙없이 순서없이 너무도 급급히 수입한 자유사상 아래서 교육받으며, 진명학교 학우들 틈에서 자라는 이 년 간에, 연실이의 마음에 가장 커다랗게 돋아난 싹은 반항심이었다.[41]

반항심을 키울 수 밖에 없을 정도로, 연실을 둘러 싼 외부세계는 온통 부정과 타락의 세력이 지배하고 있는데, 어린 딸이 잠든 방에서 전등불도 끄지 않고 젊은 기생과 추태를 벌이는 그녀의 아버지나, 아직 어린 소녀인 연실을 범하고야 마는 일본어 어학선생 등 온통 파렴치한 인물들 뿐이다. 이러한 버림받은 세계 내에서 길러진 반항심으로 찾은 그녀의 출구는 가출과 동경유학으로 구체화된다. 그 동기가 이처럼 미미하고 터무니없는 것이라 할지라도, 동경유학은 그녀의 삶을 신학문에 대한 열정으로 가득하게 할 수 있는 것이었지만 그렇지는 못하고 자꾸만 본질에서 어긋남을 볼 수 있는데, 이는 절제와 분별과는 거리가 먼 그녀의 성격에서 이미 그 씨앗이 엿보인다.

연실은 '천하만사에 정 가는 곳이 없고 정 붙일 사람이 없는' 가엾은 소녀이지만, 대담하고 끈질긴 성격을 지닌 무서운 아이로 묘사되고 있다.

a) 이튿날 새벽 겨우 동틀녘 쯤, 아버지가 소실을 품고 곤히 잠든 때에, 연실이는 몰래 그 집을 빠져 나왔다. 눈물이 연해 그의 눈에서 흘렀다.
b) 이 사건에 아무런 흥미나 혹은 부끄러움을 느끼지 않는 연실이는, 이튿날도 여전히 공부하러 사내를 찾아갔다. 그날 또 사내가 끌어 당길 때에 문득 어제 머리 헝크러졌던 것이 생각이 나서, 「가만! 베개 내려다 베구요.」하고 베개를 내려왔다.

---

41) 金東仁, 앞의 책, 264면 인용.

a)에서의 연실은 불우한 환경과 타락한 세계 내에서 눈물 흘리는 가엾은 소녀이지만, b)에서의 연실은 부끄러움을 모르는 마비된 도덕심을 가진 대담한 아이여서, 그녀의 반항적 삶이 파탄의 길을 달리게 될 조짐을 엿보게 한다.

하지만 「김연실전」의 주제는 연실의 환경과 기질이 지배하는 성장기의 사건보다는, 자기 스스로 그 실체를 파악하지 못한 가짜욕망에 휘말림으로써 誤導된 理想世界를 앞서가는 허위적 선각자로서의 행태를 풍자함에 있다고 여겨진다. 즉, 그녀의 환경과 반항심은 그녀로 하여금 자유주의 신문명에 몰입하도록 자극하는 동기가 되었을 뿐, 그녀가 맞아야 하는 불행의 직접적인 원인은 되지 못한다. 그보다도 그녀는 '조선의 선각자'가 되겠다는 실체없는 각오에 사로잡혀 자신의 삶을 훼손시킨 것이다.

그녀에게 와닿은 것은 '조선의 선각자'라는 명예로운 목표였고, 그녀 자신 '선각자'가 되리라는 결심을 하며 설레였다.

> 그러나 그날 저녁 들은 「선각자」라는 말 한마디는 이 처녀의 마음에 꽤 단단히 들어 박혔다.
> - 선각자가 되리라. 우리 조선여성을 노예의 처지에서 건져내리라. 구습에 젖어서 아직 눈뜨지 못하는 조선여성을 새로운 세계로 끌어내리라 - 이런 새로운 감정으로 그는 「감동때문에 잠 못 드는 밤」을 생전 처음으로 경험하였다.42)

반항심으로 집을 뛰쳐나왔을 뿐인 동경유학 후 아무런 목표도 학문도 없이 갈팡질팡하고 있던 연실에게, 이제는 감동과 삶의 명분이

---

42) 金東仁, 앞의 책, 277면 인용.

찾아든 것이다. 하지만 구체적인 방법과 지표가 없었던 그녀에게 제공된 것은 「젊은 베르테르의 슬픔」, 「에일윈」, 「아이봔호」와 같은 몇 편의 소설뿐이어서 문학도 연애도 바르게 이해하지 못한 채로 그저 '문학이란 연애와 불가분의 것'으로만 여겼다는 것이다. 조선여성이 노예의 처지에 있다는 것이나, 아직 눈뜨지 못하는 조선여성을 새로운 세계로 끌어내겠다는 인식과 의지는 여성해방과 다르지 않지만, 한 인간이 여성으로서의 진실한 삶의 감각도 체득하지 못한 채 성적 방종만을 초래함으로써 더욱 예속적인 상태에 머물게 될 가능성을 안고 있다. 이는 훗날 연실이 경제적 자립도 이루지 못한 채 이 남자 저 남자를 전전하며 생활비를 얻어 쓰는 비참한 처지가 될 때 확연히 드러난다. 문학에 대한 이해와 마찬가지로 연애에 대한 이해도 미흡했던 그녀는 '연애와 性交를 같은 물건으로' 여기는 결정적인 어리석음을 범하게 된다. 그녀가 추구한 목표는 '선각자'였는데, 그 '선각자'가 되는 길은 '연애'이고 연애는 '性交'쯤으로 잘못 받아들인 것이다.

　타락한 환경과 유전적 기질, 거짓된 욕망 등의 조건들은 연실에 대한 부정적 묘사를 상당히 그럴 듯하게 보이게 한다. 하지만 이 소설은 彈實 金明順을 모델로 하며 대부분의 신여성을 비난하기 위한 남성중심적 편견이 이같은 부정적 묘사를 뒷받침하고 있음을 볼 수 있다. 연실의 모든 행위를 검토해 보면, 그녀는 결코 특정한 사고와 감정과 양심을 지닌 구체적 인간으로 그려져 있지 않으며, 자신의 내면의식에서 우러나온 어떤 절실한 욕구에 의해 좌우된 경우도 없다. 그는 자신이 원하는 것을 그 자신의 내부에서 끌어 올 능력이 없는 '허영심이 많은 사람'일 뿐이며 '남편 많은 처녀'로 묘사될 뿐이다.

그래서 '변변한 작품 한 편을 남기지 못했다'는 전영택43) 등의 근거없는 평과 김동인의 「김연실전」덕택에 명실상부한 초창기 여성작가였던 김명순44)은 마치 소설 속의 왜곡된 인물처럼 무식하고 무학하며 비뚤어진 자유분방한 연애행각이나 일삼는, 이름뿐인 여류 소설가로 아직도 오해되게 된 것이다.45) 실제로 김명순을 가장 집요하게 비난한 김동인은 본처 외에 여러 기생들과 동거하였고 '가정은 다만 수면을 위한 것일 뿐, 나는 요리집에서 광포성을 발휘하는 것이었다'46)라고 스스로 술회하기까지 했지만 결코 그의 사생활 때문에 작품이 혹평받거나 형편없는 작가로 매도당하지는 않는다.

한 남성작가의 솜씨있는 필치와 왜곡된 여성관은 여성인물의 추락을 비웃던 보수적 남성들의 편견에 힘입어 오늘날까지 강력한 영향을 미치고 있는 것이다.

V. 맺음말

고난과 불행을 겪어낸 자의 삶이 그렇지 않은 사람의 삶보다 더욱 의미있고 가치있게 받아들여지는 것은, 그들이 고통을 통해서 보다 깊은 체험에 이르게 되며 심오한 정신세계를 획득함으로써 감동과 용기를 안겨주기 때문이다. 이것은 소설 속의 인물들에게 있어서도 마찬가지인데 비록 그들이 작가가 장치한 허구적인 플롯에 의해 조

---

43) 전영택, "내가 아는 金明淳", 『현대문학』,(1963.2.)
44) 김정자, "김명순, 그 사랑과 어둠의 사변가", 『한국여성소설연구』,(민지사, 1991).
45) 송지현, 『다시 쓰는 여성과 문학』, (평민사, 1995), 69면.
46) 김동인, 『金東仁全集4』, (삼중당, 1976), 227면.

종당한다 할지라도, 그들이 안고있는 갈등과 부당한 현실세계의 위협에 굴하지 않고 긍정적인 가치축으로 자신의 삶을 이끌 때 비로소 우리는 감동을 맛보며 그들에게 찬사를 보내는 것이다.

많은 문학작품은 자기 삶의 주체로 바로 서지 못한 여성을 묘사하고 있으며 그들의 삶을 억압하고 훼손시키는 남성지배사회의 폭력과 권위의식을 그리고 있다. 하지만 중요한 것은 이같은 여성인물들이 자신의 희생에 대해 얼마나 올바르게 인식하고 있으며 어느 정도의 인내심을 갖고 그 극복을 위해 애쓰는가 하는 점일 것이다.

김동인의 세 작품, 「약한 자의 슬픔」, 「감자」, 「김연실전」의 여주인공들이 겪는 수난과 불행은 모두 세계의 強暴함과 궁핍, 부도덕이라는 열악한 환경에 의해 그 동기가 부여되고 있다. 이러한 점이 자연주의적인 환경결정론의 요소를 볼 수 있게 한다.

하지만 모든 여성들이 열악한 환경에 휩싸였다고 해서 성을 상품화하거나 자기도취에 사로잡혀 스스로의 타락을 합리화하지는 않는다. 정말 힘겨운 싸움이지만, 비틀거리는 한이 있더라도 자신의 삶을 부둥켜 안고 건전한 자기회복을 꾀하려 하는 건강한 의지를 가꾸며 살아가는 여성들이 더 많기 때문이다.

그럼에도 불구하고, 작가 김동인이 묘사한 세 여주인공의 모습은 남성지배문화가 조작하여 전해 온 거짓된 '女性의 神話'의 범주에서 벗어나지 못해, 수동성과 無知, 자기 도취, 自虐, 허영심에 사로잡힌 채 건강한 자기회복의지를 상실하고 있음을 보았다. 「약한 자의 슬픔」에서의 엘리자벳트는 총명하고 자립성있는 신여성이므로, 스스로 자신의 삶을 개척하며 자주적이고 독립된 삶을 영위해낼만한 각성의 계기가 충분히 있었음에도 불구하고, 불륜의 파탄을 겪고난 후에도 자기 삶에 대해 여전히 수동적 객체로 남아있는 어리석음을 보였다.

또한, 「감자」의 복녀는 궁핍한 세계에서 내맡겨진 삶을 살아 오다가 마침내 자신의 존재성을 인식하게 된 계기가 매춘으로 이어지는 비극적 삶의 주인공으로, 계약관계의 성행위에 의존해야 하는 비정상적인 닫혀진 세계 내에서 그릇된 삶의 적극적 주체가 됨으로써 스스로 파탄을 재촉하는 어리석음을 보였다. 「김연실전」에서의 아이러니는, 김연실이 그릇된 인생행로를 걷고 있으면서 최후까지 그 명분의 헛됨을 깨닫지 못하고 자신의 오도된 이상을 굳게 믿으며 돌진하는 우매한 적극성을 보이는데 있었다. 남성작가의 왜곡된 여성관이 이처럼 추락하는 여성인물들만을 형상화하면서 그들 스스로에게 그 책임을 묻고 있는 것이다.

이처럼 열악한 환경과 경제적·사회적으로 우월한 힘의 위협, 가치관의 혼돈 앞에 섰다고 해서 아무러한 저항의지나 분별력도 없이 타락한 세계에 급격히 동조해 파탄에 이르게 된 주인공들에게서는, 약자는 그저 약자로, 그리고 타락한 자는 그저 타락한 그대로 남아 있어야 함을 주장하는 듯한 비웃음을 느끼게 된다. 그래서 결국, 김동인의 세 작품은 희생자로서의 여성에게 관심을 보이고 있기는 하지만, 작가 개인의 남성주의적 우월성과 현실세계 내에 팽배해 있는 종속적 존재로서 여성을 인식한 한계성 때문에, 여성의 주체성 정립을 위한 '좋은' 문학작품이 되지 못하고 말았다.(1989)

참고문헌

김열규·신동욱 편,『金東仁硏究』, 새문사, 1982.
김윤식, "反歷史主義 指向의 과오",『문학사상』1972.11.
나병철, "1920년대의 궁핍화 현실과 소설의 세 유형", 연세대 대학원 석사논문, 1984.
송명희, "여성의 삶과 사회구조",『세계의 문학』, 1982.여름.
신동욱,『우리 이야기 문학의 아름다움』, 한국연구원, 1981.
신동욱 편,『文藝批評論』, 고려원, 1984.
여성문제연구소 편,『여성』1호, 창작과비평사, 1985.
윤명구, "김동인소설연구", 서울대 대학원 박사논문, 1980.
이재선,『韓國短篇小說硏究』, 일조각, 1981.
이대 한국여성연구소 편,『女性學』, 이대출판부, 1979.
이대 한국여성연구소 편,『韓國女性史』Ⅱ, 이대출판부, 1972.
이선영 편,『문예사조사』, 민음사, 1986.
李興卓,『女性社會學』, 法文社, 1986.
최원식·임형택 편,『韓國近代文學史論』, 한길사, 1982.
S.E.Solberg, "草創期의 세 소설",『현대문학』1963.3.
飯田 百合子, "金東仁 短篇小說의 傾向硏究", 연세대 대학원 석사논문, 1974.
데이비드 조지 편,『20세기 문학비평』, 윤지관 외 역, 까치, 1984.
E.M.포스터,『小說의 理解』, 이성호 역, 문예출판사, 1975.
메조리 볼튼,『小說의 分析』, 김영민 역, 東泉社, 1984.
시몬느 드 보봐르,『제2의 性』, 이용호 역, 백조출판사, 1972.
프란쯔 스탄젤,『小說形式의 基本類型』, 탐구당, 1982.
케이트 밀레트,『性의 政治學』, 정의숙·조정호 역, 현대사상사, 1976.
Girard, Rene, *Mensonge romantique et verite romanesque*, 김윤식 역,『小說의 理

論』, 삼영사, 1977.

Friedman, Norman, *Form and Meaning in Fiction*, University of Geogia Press, 1975.

Booth, Wayne C., *The Rhetoric of Fiction*, University of Chicago Press, 1961.

일제 강점기 여성작가의 현실인식
강경애 소설에 나타난 여성의식 연구

I. 머리말

　문학의 궁극적인 목적이 인간 삶의 바른 이해와 지향에 있다면, 그것은 모든 계층의 잊혀져가는 문제들을 일깨우고 형상화해야만 할 것이다. 삶을 투시하는 시각과 그 도전에 대한 응전으로서의 행동양식이 그 아무리 다양한 형태를 띤다 할지라도, 그리고 그러한 제반 문제의 제시가 일시적인 소란과 갈등을 첨예화시키는 동인(動因)이 된다 할지라도 그것은 기꺼이 포용해내야만 하는 우리 몫의 작업임에 틀림이 없다.
　한국문학에 있어서 여성문학을 보는 시각은 그동안 대개 고정화되었는데, '여류작가'의 작품이기 때문에 기존작가(남성작가를 의미함)들의 작품보다 훨씬 '섬세하고', '감상적'이며 생활에 대한 묘사가 많고, 일정한 사상이나 가치관이 결여되어 있다는 평문이 일반화되어 왔다. 그래서 여성작가들이 주목한 당대 여성들의 비참한 현실조차도 그것은 여성들만이 흥미를 느낄만한 국부적인 문제이며 인간 본

연의 삶에 대한 심오한 물음과는 거리가 먼 것인양 도외시되는 경향이 우세했다. 이러한 태도는 기존 사회에 팽배해 있는 남성중심의 전횡성(專橫性)에서 기인한 것으로, 여성의 삶과 여성이 겪어내야 하는 문제들이 마치 인간의 삶의 문제와는 다른 차원의 것인양 생각하거나, 또는 너무도 당연한 사실을 문제시하는 유별난 반응 정도로 오인하는 그릇된 판단의 드러남이다.

물론 여성의 체험은 어느 정도 '규칙적'이며 '일상적'인 특성을 갖는다. 하지만 그 어떤 개인도 역사의 흐름에서 배제될 수는 없으며 자신이 속한 민족과 국가를 초월할 수는 없는 것이다. 그동안 페미니즘이 '보편적 여성'이라는 이름 아래 서로 다른 환경, 연령, 문명 또는 다양한 심적 구조를 지닌 여성의 문제를 '범세계화'해 왔다면 이제는 여성들간의 다양성과 개별성이 존중되어야 할 것이다.

이런 의미에서 1930년대 일제 강점기의 복판에 선 한 여성작가의 현실 인식은 당연히 당대 한국사회의 토양 위에서 이루어졌으며, 탄탄한 역사의식과 여성의식이 자연스럽게 융합된 것으로 발현되었으리라 짐작된다. 우리의 여성운동은 일제 강점기를 겪어야 했던 한국사회의 특성상 남녀 대결적인 구조보다는 더 큰 적을 물리치기 위한 협동적 구조를 띠는 경우가 많았다. 남녀간의 형식적 평등을 주장하는 차원에서 벗어나 점차 여성도 남성중심제 질서에 공동으로 참여해야 한다는 구체적 주장이 여러 여성단체와 여성잡지를 통해 강론되는 사회적 기반이 형성되어 여성문제에 대한 구체적 인식이 가능해진 것은 1930년대에 이르러서였다. 일부 교육받은 상류여성층에게 국한된 여성운동이 그 체제내적 문화운동으로서의 한계를 깨달은 이후, 일제의 식민지 수탈정책에 의한 저임금과 노동력 착취로 인해 세계에서 가장 열악한 노동 조건 속에서 신음하였던 이 땅의 무산계

층과의 동질감을 형성하게 되었으며, 이러한 1920년대 후반의 사회
적 흐름이 1930년대의 여성작가들에 이르러서야 문학적으로 형상화
될 수 있었던 것이다.

　1930년대의 여성작가로는 朴花城, 姜敬愛, 白信愛, 李善熙, 崔貞熙
등을 들 수 있는데, 제1기의 여성작가로 구분되는 金明淳, 金元周,
羅惠錫 등에 비해 구체적인 작품을 통해 현실에 대한 끈질긴 모색을
이룬 점이 그 공적으로 평가된다.[1]

　이 중에서도 특히 주목할만한 작가는 강경애인데, 그녀는 외부적
압력으로 인하여 프로문학이 퇴조하고 대부분의 지식인들이 불안의
식에 감염되어 현실세계에의 직시와 변혁에의 전망을 포기한 채 허
덕이던 때에 그 불투명한 현실의 베일을 벗기기 위해 끊임없이 노력
한 성실한 작가[2]인 한편, 식민지 조국의 극심한 궁핍을 겪어내야 했
던 여성으로서의 삶이 어떠한 것인지 또한 그러한 억눌림이 어떻게
현실 변혁의 힘으로 전환될 수 있는지를 끊임없이 모색하던 작가라
고 생각되기 때문이다.

　그래서 본고에서는 강경애의 대표작들을 통해 그 여성의식을 살펴
보고자 한다.

---

1) 이같은 지적은 일반적인 견해인데, 제1기의 여성작가들이 선각자적인 생활과
　주장으로 명성이 자자했던데 비해, 1930년대의 여성작가들은 수적으로도 크게
　팽창하였을 뿐 아니라 대부분 동반자적 계열에서 작품활동을 했다 할 수 있
　겠다.: 李康彦, "姜敬愛 小說의 精神과 技法", 『여성문제연구 11』,(효성여대 여
　성문제연구소, 1982), 95-96면.
2) 현실 인식을 통해서 미래를 내다보고 길을 제시하려 한 1930년대 작가로 염
　상섭, 강경애, 채만식 … 등을 동일선상에 위치시킬 수 있다.: 전기철, "강경애
　의 「인간문제」考", 『語文論叢』 7·8합집, (전남대 어문학연구회, 1985),
　428-429면.

Ⅱ. 여성으로서의 삶과 문학

페미니즘 비평에서 여성작가의 작품에 주목하는 것은 그녀들의 삶이 당연히 이같은 구별된 의식에 의한 훼손을 겪어낼 수밖에 없고, 그래서 세계를 관찰하고 묘사하면서 이루어내는 정당하고 온전한 삶에 대한 모색이 '구별된 삶'보다는 '동등한 삶'을 추구하는 지향성을 갖게 되기 때문이다.3) 즉, 남자와 여자는 경험이 다르므로 쓰는 것도 다르며, 여성 작가가 쓴 여성 작품은 거의 '이해할 수 없는 기존의 현실'을 여성 스스로의 힘으로 해결해보려는 의지를 내포하고 있는 것이다.4) 그리고 여성작가의 여성 작품과 여성으로서의 독자는 이같은 자신의 체험을 토대로 만나게 된다.

강경애는 특히 자신의 체험을 바탕으로 글을 썼던 작가이다. 그의 문학은 여성체험을 바탕으로 하고 있으며 더구나 그가 남긴 3편의 장편소설5)은 여성 자아를 발견하는 과정 및 그 발전과 성장을 보여주는 소설6)이라 할 수 있다.

이러한 이유에서 作家 姜敬愛의 生涯는 소설적 형상화의 내적 동인(動因)을 이룬 女性 작가의 체험으로 재검토될 수 있다.

그의 생애에 대해서는 나름대로 정리7)되었으나 아직도 불명확한

---

3) 이같은 지향은 때로 직접 발현되기도 하고, 남성사회에서 인정받기 위한 '장치'를 사용해 내면화되기도 한다.
4) William Morgan, "Feminism and Literary study : A Reply to Annette Kolodny", 『Critical Inquiry』, Summer 1976, p.810.
5) 『어머니와 딸』, 『인간문제』, 『소금』을 말함.
6) 서정자, "페미니스트 성장소설과 자기발견의 체험", 『한국여성학』 제7집,(한국여성학회, 1991), 47면 참조.
7) 강경애의 생애에 대해서는 이 책의 2부에 실린 "하층민 여성의 수난과 저항"

부분이 많다. 일찍이 아버지를 여의고 의붓 아버지와 배다른 형제들 사이에서 박대를 받으며 성장하였고, 어릴 적부터 늘 굶주렸으며 월 사금을 제 때에 못 내 눈총을 받은 점 등을 유년기의 대표적 체험으로 들 수 있다. 형부의 도움으로 숭의 여학교에 진학했지만 동맹 휴학을 주도한 탓으로 퇴학[8]했다는 점, 양주동에게 문학과 기타 지식을 사사받았다는 점, 간도에서 생활한 장하일과의 사이에 있었던 아이의 존재 유무에 대한 논란[9](기록이 부재한 점으로 보아 아마 아이를 생산하지 못했으리라는 견해)이 있었으나 모성체험이 밝혀졌다.[10] 남편과는 사회주의를 지향하는 동지적 연대감을 가지면서도 철저히 종속적인 구식 부인의 모습을 견지했다는 점, 국내에서 「근우회」지회의 회원으로 활약한 점 들을 여성 체험으로 들 수 있다.

그녀의 작품에는 사회 최하층에서 천대받고 멸시받는 머슴군과 부엌데기, 날품팔이군들의 비극적 체험이 주로 묘사되고 있는데, 특히 당시 사회의 최하층에서 신음하는 여성들의 모습을 깊은 이해와 동정으로 치밀하게 묘사하였고[11], 그 공감대를 무산계층에게로 확대하고 있다.

부분을 참고할 것.
8) 퇴학 사유에 대한 이견이 제시되기도 한다. 서정자 교수에 의하면 숭의여학교 맹휴는 1922년이 아닌 1923년 10월 15일에 일어났고 그 사유도 기숙사 및 학교의 규율이 지나치게 엄격한데서 비롯되었다고 보았다.: 서정자, 앞의 글, 48-49면 참조.
9) 강경애의 작품 중『소금』이나「마약」에서 볼 수 있는 해산과 수유 체험 등에 대한 묘사에서 그녀의 체험을 사실적인 것으로 짐작할 수 있었을 뿐이다.
10) 채 훈 교수는 "내가 좋아하는 솔"이라는 강경애의 수필 중 한 대목을 들며 강경애에게 아이가 있었던 것이 분명하다는 점을 강조하였다.: 채 훈, "강경애론 -본격적인 천착을 위한 예비적인 논의 몇 가지",『재만한국문학연구』, (깊은샘, 1990), 174면.
11) 박충록,『한국민중문학사』, (열사람, 1988), 282-283면 참조.

본고에서는 강경애의 전작품 23편 중에서 소실되었거나 미완된 작품과 페미니즘적 고찰에 전혀 적합하지 않은 작품들을 제외한, 나머지 12편을 분석의 대상으로 삼고자 한다. 그래서 작품의 면밀한 '다시 보기'(re-vision)를 통하여, 참된 여성문학은 현실사회의 건전한 변혁을 소망하는 리얼리즘 문학과의 연계 속에서 그 위상이 정립되어야만 바람직해질 수 있음을 증명해 보이려 한다.

본고에서 분석 대상으로 삼은 작품과 그 출처는 다음과 같다.

「跛琴」, 朝鮮日報, 1931.1.27.-2.3.
『어머니와 딸』, 彗星, 1931.5.-1932.10.
「젊은 어머니」, 新家庭, 1934.3.(連作)
「蹴球戰」, 新家庭, 1933.12.
『소금』, 新家庭, 1934.2.-10.
『人間問題』, 東亞日報, 1934.8.1.-12.22.
「同情」, 청년조선, 1934.10.
「母子」, 개벽, 1935.1.
「原稿料二百圓」, 新家庭, 1935.2.
「地下村」, 朝鮮日報, 1936.3.12.-4.3.
「어둠」, 女性, 1937.1.-2.
「痲藥」, 女性, 1937.11.

Ⅲ. 새로운 여성상의 모색

여성으로서의 체험과 그를 통해 자연스럽게 형성되었으리라 여겨지는 여성의식을 고려해 강경애의 소설들을 다시 읽을 때 가장 뚜렷하게 드러나는 것은, 그녀가 끊임없이 질문을 던지며 모색한 것은 '인간다운 삶을 영위하기 위해 여성들은 어떤 삶을 살아야 하는가'하는 것이었으며, 이는 식민지 체제의 부당한 폭력적 통치에 대항하는 강력한 항거의 몸짓과 연결된 변혁지향성을 포함하고 있는 점이다.

우리 문학사에서 1930년대 소설문학은 1935년을 전후해서 그 내적 형식에 커다란 변화를 보이며 전반적으로 리얼리즘 문학이 퇴조하는데, 이는 1920년대 말부터 1930년 초에 강성했던 사회운동과 카프 소속 작가들의 치열한 현실대결 의지, 창작방법론의 모색 등이 1935년을 고비로 현저히 약화된 까닭이라고 볼 수 있겠다. 카프의 해산과 조직원들의 구속, 파시즘의 강화 등으로 인한 정세 악화가 소설문학에 크게 영향을 미친 것이다. 그래서 1930년대 후반의 소설에 있어서는 현실 변혁의 낙관적 전망을 성취하는 긍정적 주인공이 점차 자취를 감추며[12], 출옥 후 생활고에 시달리며 현실의 압박을 느껴야 하는 무기력한 주인공과 전향한 지식인에 대한 동정적 묘사가 우세함을 볼 수 있다.

강경애의 소설들도 대체로 이같은 변모를 보이고 있다.

올바른 여성의 삶을 모색하려는 그녀의 주제의식 역시 어느 정점을 계기로 현저히 약화됨을 볼 수 있는데, 변혁에의 전망을 지녔을 때는 주로 역경과 환난을 딛고 '일어서는 여성상'으로 보여지던 낙관적 현실 인식과 대결의지가 사라지면서, 저항할 의지조차 추스리지 못한 채로 자포자기의 절망에 빠져 이중적 억압에 짓눌린 여성들의 참혹한 삶을 현실고발적 차원에서 묘사한 작품들이 쓰여졌음을 알 수 있다.

먼저 그녀가 관심을 가졌던 것은, 전통적 여성상으로부터 벗어나 자주적 삶을 능동적으로 모색하는 근대적 여성으로의 '거듭나기'였다

---

[12] 1930년대 소설이 점차 장편화 경향을 띠며, 세태소설이나 풍속소설의 요소가 강해지는 것도 이같은 맥락에서 이해할 수 있겠다.

고 생각된다. 그런데 그 탄생의 계기는 우호적이든 적대적이든 간에 주로 남성들에 의해 제공된다. 이는 남성중심사회에서 거의 무제한 적으로 행사되는 남성들의 절대적 영향력과 한국 여성운동의 특수성이 반영된 때문인데, 서양의 여성운동이 대 남성 투쟁이었던데 비해 한국의 근대여성운동은 남자와의 대립이나 대결보다는 오히려 개화된 남성들과의 동지적 유대와 협조를 기반으로 하였다.13)

姜敬愛의 초기작에서 드러나는 여성의식은 다음과 같이 주로 각성한 남자 주인공들에 의해 일깨워지는 특징을 보이는 점에서 일정한 한계를 보이는 한편, 남성과 여성의 관계가 동지애적 결합을 지향하는 점에서 진일보한 성장을 보인다.

1. 현실개혁의 동반자로서의 여성

미처 각성하지 못한 여성이 자신의 삶을 되돌아보고 그 궤도를 수정하는 경우는 대개 두가지인데, 첫째는 전 인생을 걸만한 순결하고 고귀한 異性과의 해후로 인한 새로운 세계에의 참여와 추종이며, 둘째는 금전과 권력에 의한 절대적 위협 앞에서의 일방적인 희생과 철저한 배신을 체험한 경우이다. 전자는 개인적인 선택에 의해 이루어지며 다분히 의존적인데, 자신의 戀慕者가 어떤 사회의식과 가치관을 지녔는가에 따라 때로는 더더욱 깊은 질곡으로 빠져 들기도 하며, 혹은 열린 세계로의 진출을 이루기도 한다. 이에 비해 후자는 보편

---

13) 한국의 여성운동은 '근대화', '개화'의 성격과 아울러 민족에의 열망을 바탕으로 태동한 까닭에 이같은 특성을 지닌다.: 김영정, "한국근대의 여성운동", 이대 한국여성연구소 편, 『女性學』,(이대출판부, 1979), 226-227면 참조.

적인 남성 절대우위의 專橫性을 성적 침탈이나 배신으로 체험하게 되면서 성공적인 경우에, 그 안일한 현실 인식의 껍질을 깨고 주체적이고 능동적인 여성으로 재창조되는 계기로 되살려질 수 있다.

강경애의 최초 발표작인 「破琴」은 <조선일보>의 독자 투고란에 게재되었던 작품인데, 조선의 현실을 직시하고 깊은 고뇌와 번민에 빠졌다가 사회운동에 뛰어들 것을 결심하는 '형철'이 만주로 이주하면서 감상적 생활의 상징인 '맨도링'을 집어던짐으로써 새롭게 변모함에 따라, 그의 절대적 영향을 받아 함께 변모하는 '혜경'의 모습을 그려내고 있다. '불쌍한 조선의 아들'과 '가련한 조선의 딸'이라는 처지의 인식과, '의미있고 가치있고 아름다운 인생의 꽃'을 피우고자 하는 의지는 형철에게서 혜경에게로 건네지며, 혜경은 아무러한 갈등과 수용과정 없이 곧바로 투사로의 변신을 꾀해, 이는 결말부의 보도적 진술을 통해 짤막하게 보고될 뿐이다.

> 그 후 형철이는 작년여름 ××에서 총살을당하엿고 혜경이는 ×× 사건으로 지금 ×× 감옥에서 복역중이다 (完)[14]

「파금」은 표면적으로 여주인공 혜경의 의식변모와 항일운동에의 투신을 그림으로써 '깨어난 여성'의 모습을 제시하였지만 전체적으로 여성성을 부정하고 있는데, 이는 결국 인생을 꽃피우기 위한 '용기'와 '준비'를 강조함으로써 남성적인 힘을 찬양하게 되어 결미부의 보도적 진술과는 전혀 엉뚱하게 일본군 예찬을 포함하는 잘못을 노출하며 미숙한 작가의식을 보인다.

---

14) 姜敬愛, 「破琴」, 이주형 외 편, 『韓國近代短篇小說大系』2, (太學社,1988), 341면 인용.

그잇흔날아츰에 형철이는묵어운머리로 이러낫다 거울을 듸려다보니 눈알에는 억기설기 핏줄이 억매여잇고 얼골은 몹시도 창백하다 그가조반상을 물려노코 학교에가려고 문밧게나스니 일본군들이 낫창을총끗헷기여메이고일소대가량저벅저벅갈거름을 마추어지나간다 - 참남아의행실이로다 얼마나용감하냐! (중 략) 그러타! 아니다 나도총쯔테 창을 끼여달고 한병졸이되여 그가운데에 석겨 의긔양양하게 층층거러갈것이다[15)]

힘과 무력에 대한 찬미는 **男性性**에 대한 찬미이며, 이는 곧 파시즘의 예찬으로 연결된다. 파시즘 사회에서 여성은 단지 **産兒**의 수단이며 성적 대상물에 불과하다. 주체적 의지가 결여된 종속된 존재이므로 마땅히 힘의 상징인 남성에게 지배되고 다스려져야 하며, 약자의 강자에의 노예적 예속은 당연한 질서처럼 받아들여진다.

이처럼 그녀의 처녀작에서 드러나는 미숙성은, 강경애가 진정한 여성상에 대한 숙고 없이 현실세계의 모순에 부단히 항거하는 투지만을 강조함으로써, '힘'과 '용기'를 절대적인 것으로 여기고 '남성적 여성'을 근대적 여성으로 인식한데서 비롯되었다고 여겨진다.

「축구전」은 검거와 구속의 암울한 상황을 딛고 일어서려는 D학교 남녀학생들의 동지애적 유대와 결속의 아름다움을 그린 작품이다.

검거와 탄압으로 인한 학우들의 구속과 그에 따른 운동의 침체를 극복하기 위해 축구대회 출전을 결정한 '승호' 등을 후원하기 위해 '히숙이'를 비롯한 여학생들이 부끄러움을 무릅쓰고 경마장 여급으로 아르바이트를 하면서 D교의 승리를 기원하는 동지애를 형상화하였는데, 축구장의 진행과 경마장의 정경이 서로 단절된 채로 동시적으로 제시되는 점이 긴장감을 조성한다. 결국, 영양실조로 인해 선수들

---

15) 앞의 책, 338면 인용.

이 쓰러진 까닭에 대회에서는 패배했지만, 이같은 동지애적 결속은 행진곡을 울리며 이루어진 힘찬 시가행진으로 귀결된다. '이성을 초월한 동지'로서의 관계가 뚜렷이 강조된 작품이다.

> 승호는 히숙의 손이라도 꽉 붙들고 싶게 고맙고도 다정해보였다. 그리고 그의 몸 전체에서 발산하는 냄새는 확실히 이성을 초월한 동지로서의 믿음직한 냄새였다.16)

해방된 인간으로서의 삶, 억눌린 민족현실의 타파를 위해서는 남성과 여성 모두 동일한 개혁의지를 실현해야 하며 이를 위해 동반자와 원조자의 역할을 감당해야 할 것이다. 그래서 강경애가 그리려한 여성은 인류 전체의 절반인 보편적 여성이 아니라 식민지 조선의 땅에 뿌리를 내리고 있는 한국 여성이었다. 서로의 역할을 분담하며 협조적 관계로 함께 해결해야 할 긴급하고도 중요한 과제에 대한 인식이 누구보다도 투철했음을 볼 수 있다. 하지만 원조하고 뒤따르는 동반자로서의 일정한 한계를 지니고 있다.

2. 열린 사랑, 큰 사랑의 강조

현실을 개혁하는 동반자로서의 여성의 모습은, 가정 속에 단절된 채 현모양처의 역할만을 묵묵히 수행하며 결과적으로 가족적 이기주의를 양산하는 것과는 현저한 차이가 있다. 기혼여성들이 흔히 자신을 사회와는 단절시킨 채 닫혀지고 고립된 사랑만을 가족 구성원들

---

16) 앞의 책, 452면 인용.

에게 쏟아 부을 때, 중차대한 민족의 현실이나 극심한 사회문제는 남성 전유물로 인정되어 버리는 것이다.

姜敬愛는 「원고료 이백원」에서 여성들의 건전한 결혼관을 피력하였는데, 보다 사실적인 갈등을 묘사하되 여성 스스로의 각성과 결단을 중요한 문제로 제시하고 있다. 원고료로 받은 이백원의 지출용도를 생각하면서 불쑥 고개를 드는 현실욕구를 저지하고 마침내 동지들의 치료비와 식비로 쓰도록 결정하는 과정 중의 남편과의 심한 다툼, 비웃음 등을 통해 신여성들의 이기적인 삶, 실천이 없는 삶을 비판한 것이다.

'머리를 지지고 볶고, 상판에 밀가루칠을 하고 금시계에 금강석 반지에 털외투를 입고 입으로만 아! 무산자여 하고 부르짖는 그런 문인'을 비웃는 원색적인 어조와 폭력을 동원한 심한 다툼은 아내의 섬세한 욕구를 이해하지 못하는 투박한 남편의 전제성을 드러내고 있지만, 아울러서 건전한 결혼관을 피력하게 된 계기를 마련해 주고 있다. 그래서 이 작품은 의식의 지향점과는 달리 生活苦와 현실욕구에 쉽게 흔들리는 현상적인 여성의 모습과 家父長制 夫婦관계의 예속성을 드러내는 한편, 그럼에도 불구하고 도달해야 할 열린 사랑, 큰 사랑의 실천을 강조하였다. 상급학교 진학이나 스위트 홈을 꿈꾸기보다는 삼남의 이재민, 전조선의 빈한한 군중, 전세계의 모순대중, 만주의 조선인들을 생각하며 교환가치에의 몰두를 스스로 경계하고 사회적 가치를 향상시켜 가는 여성을 바람직한 여성상으로 제시한 것이다. 즉, 가족내에 폐쇄되는 이기적 사랑이 아니고 넓은 세계를 향해 열린, 보다 큰 사랑을 권장하였다고 보아진다.

  K야 너는 지금 상급학교에 가게되지 못한다고 혹은 스윗트홈을 일우

게되지 못한다고 비관하느냐? 너의 그러한 비관이야말로 얼마나 값없는 비관인가를 눈감고 가만이 생각해보아라. 네가 만일어떠한 기회로 잠시동안 너의 이상하는바가 실현될지 모르나 그러나 그것은 잠간동안이고 너는 또다시 대중과 같은 그러한 처지에 서게 될터이니 너는 그때에는 그만 자살하려느냐.17)

한 개인의 선택과 결단으로 이상적인 삶을 이루기는 거의 불가능하다고 보는, 제도적 모순에 대한 뚜렷한 인식은, 여성의 관심과 사랑이 더불어 공존하는 세계를 지향하고 전 무산대중에게로 열려져 확산되어야 함을 강조한 것이다.

3. 일어서는 여성의 인간회복

출생 이후 여성에게 덧씌워지는 굴레는 주체적 인간으로서의 삶을 방해하며 훼손시킨다. 그런데도 피해자인 여성 자신은 스스로의 억압상태를 깨닫지 못하고 무지한 상태에 머물다가 문득 어떤 극한적 체험을 통해 비로소 문제의 실상을 파악하게 된다. 정상상태의 파괴와 위기를 경험함으로써 여성은 사회적 관계의 실상과 직면하게 되며, 그 관계 속에서 도저히 헤어나지 못하면 여성은 무의식 상태에서 한낱 객체로 가라앉고 마는 것이다.18)

위기의 경험은, 우월한 위치에 있는 남성의 강제적 성침탈로 말미암거나 절대 신뢰와 의존을 하던 남성의 배신과 그로 인한 절망의

---

17) 앞의 책, 665면 인용.
18) G.볼스, R.D.클레인 편, 『여성학의 이론』, (을유문화사, 1986), 정금자 역, 172면 참조.

늪 속에로의 침잠으로 오는데, 이러한 체험은 성공적인 경우에 때로 여성 자신을 되찾게 하는 강한 도전으로 수용될 수 있다.

『인간문제』는 이와 같은 짓밟힌 여성의 자각과 일어섬을 그린 秀作이라 여겨진다.

이 작품은 전반부와 후반부가 뚜렷한 대비를 보이는 것이 특징인데, 작품 전반부의 공간적 배경이 된 怨沼마을은 지주와 소작인 간의 대립이 구체적인 저항으로 첨예화되지 않은 미각성의 마을이다. 없는 자, 짓눌린 자의 눈물에 의해 이루어진 '怨沼'가 갖는 상징적 의미는 情的이고 감상적인 차원에서 민중의 원한을 해소하려는 한계를 지님으로써, 지주 정덕호의 경제적, 성적 침탈에 대한 대응은 일단 '탈출'로 귀결된다.

용연마을에서의 '선비'와 '간난이'는 지주 정덕호의 후사를 잇기 위한 수단으로 채택되지만, 그같은 요구가 유효한 때까지는 자신들의 삶의 실상을 깨닫지 못한다. 심지어 아버지의 죽음에 대해서까지도 추호의 의심도 없이 흉악하고 인색한 정덕호를 아버지처럼 의지하며 선량한 시혜자로 여기는 선비의 모습은 순결하고 가련한 어린 소녀에 불과하다. 그러던 그녀가 마침내 성적 유린을 당하고 자신의 처지를 인식하게 되었을 때 비로소 간난이의 떠남을 이해하며 그 길을 따르는 한 여성으로 변모하게 된 것이다. 혼돈되었던 현실을 인식하며, 그 현실에서 분리되고자 이루는 탈출은 선비의 자아의 확인이다.[19] 선비는 정덕호를 통해 위기를 경험함으로써 마침내 자신의 현실을 확인하게 된 것이다.

용연마을에서의 수동적인 삶의 태도는 여러 인물들에게서 드러난

---

19) 金鏞熙, "「인간문제」에 나타난 여성의식", 『이화어문논집』10, 1988.3. 581면.

다. 굴종으로 얻어내는 **生存**을 유지하며, 저항보다는 무한한 인내를 요구하는데 길들여진 마을 사람들은 인시적으로 솟구친 분노를 조직적인 대항으로 구체화하지 못하고 결국 '첫째'만이 땅을 빼앗겨 추방 당하게 하고야 만 것이다.

"쥐뿔도 없는 놈이 맘만 살아서 그 꼴이지, 그저 없는 놈이야 무슨 성명이 있나? 죽으라면 죽는 모양이라도 내어야지."
 곁에서라도 그들의 말을 듣는 첫째는 버럭 화가 치받는 것을 억제하였다. 그러니 뱃속이 꿈물꿈물하며 얼굴이 뻘개졌다.
 어제는 이 타작 마당에서 그들이 일심이 되었는데 겨우 하룻밤을 지나서 그들은 첫째를 원망하였다. 첫째는 덕호에게서 욕먹은 것보다도, 순사에게 밤새워 매맞는 것보다도, 그들이 자기 하나를 둘러싸고 원망하는 데는 그만 울고 싶었다. 그리고 캄캄한 밤길을 혼자 걷는 듯한 적적함이 그를 싸고도는 것을 새삼스럽게 깨달았다.[20]

첫째가 느낀 고적한 밤길은 바로 선비가 덕호의 집을 벗어나는 탈출의 길로 이어지는데, 이는 여명을 향한 이들의 일어섬이 동일한 방향성을 가질 수 밖에 없음을 암시하는 한 장치라고 생각된다.

그날밤! 선비는 봇짐을 옆에 끼고 덕호의 집을 벗어났다. 사방은 먹칠을 한 듯이 캄캄하였다. 그리고 낮에서부터 쏟아질 줄 알았던 비는 쏟아지지 않으나 바람이 실실 불기 시작하였다. 선비는 읍으로 가는 신작로에 올라섰다. 선들선들한 바람이 그의 타는 불위에 후끈 후끈 부딛치고 지나친다. 저편 동쪽 하늘에는 번개불이 번쩍 일어서 한참이나 산과 산을 발갛게 비치어 주다. 그때마다 우루루…… 타는 소리가 들린다. 선비는 전같으면 이런 것들이 무서 우런만 이 순간 그에게 있어서 아무것도 두려울 것이 없었다. 그는 죽음으로써 모든 것을 당하리라고 최후의 결

---

20) 姜敬愛,『人間問題』,『韓國現代文學全集』11, (삼성출판사, 1978), 93면.

심을 굳게 하였던 것이다.[21]

　용연마을을 떠나야 했던 첫째의 울분과 외로움, 그리고 선비의 야무진 각오는 이제 자신들의 삶을 개척하는 주체적 행위자로의 변모를 가져오게 된다. 죽음으로써 모든 것을 당하리라는 그녀의 결심은, 도시 노동자로서의 생활을 집단의 문제로 인식하여 그 해결점을 모색하는 행동으로 이어지며, 이는 선비보다 먼저 각성한 간난이에게서 실현된다. '그녀들'의 문제에 대한 대응이 시작된 것이다.

　　　이대로 두면 이 공장 내에서 일하는 수많은 순진한 처녀들이 감독의 농락을 어느 때든지 면하지 못할 것 같았다. 따라서 어리석은 저들의 눈을 어서 띄워주어야 하겠다는 것을 깨닫는 동시에 하루라도 속히 천여명의 여공들이 한몸이 되어 우선 경제적 이익과 인격적 대우를 목표로 항쟁하도록 인도하여야 하겠다는 책임을 절실히 느꼈다.[22]

　신천댁에서 간난이에게로, 그리고 선비에게 이어지던 정덕호의 야욕은 인천 방적공장 감독에게로 이어지며, 순진한 여공들이 또다시 희생되는 동일한 궤적이 반복되는 이 사회의 구조를 깨달은 간난이에게는, 이같은 책임과 의무가 주어진 것이다. 선비와 간난이는 이미 과거의 그녀들이 아니다. 그녀들은 이제 눈물로서 연못을 메꾸는 무저항의 피해 감수자가 아니며, 강인한 의지의 항거자인 것이다.
　강경애가 파악한 여성문제는 경제적 착취와 성적 침탈의 이중 질고에 시달리는 여성들을 일깨우고 그에 저항함으로써만이 해결될 수 있는 것이었으며, 이는 '신철'과 같은 나약한 지식인이 아닌 동일한

---

21) 앞의 책, 101-102면 인용.
22) 앞의 책, 186면 인용.

계층의 노동자들의 지원과 격려에 힘입어야 마땅한 것이었다. 그리고 이같은 문제는 쉽사리 해결이 나지 않을 영원한 인간문제 중의 중요한 부분이며 그 해결을 위한 끝없는 계승이 이루어져야만 함을 선비의 죽음과 첫째의 진술을 통해 제시한 것이다.

이에 비해, 『어머니와 딸』은 구조적 인식이 수반되지 않은 개인적 각성과 수난 2대의 여성의 삶을 그리고 있다. 이 작품에서 볼 수 있는 여성의식은 예쁜이와 산호주, 그리고 옥이로 대표되는 상이한 삶의 태도로 드러난다. 그녀들에게 가해진 고통과 억압의 굴레는 남성들에게서 연유된 것이지만, 그러한 배신과 수난에 대해 대응하는 그녀들의 태도에 따라 그 인생이 판이해짐을 볼 수 있다.

옥이의 친정어머니인 예쁜이는 부자 이춘식의 소실로 팔려 가서 옥이를 낳았으나 이내 천대를 받아 쫓겨나게 된다. 이 때에 둘째의 도움으로 어린 딸을 되찾게 되었지만, 친정도 파산하고 실신상태에 이른다. 그후 예쁜이는 어린 아기를 웃방구석에 팽개쳐두고 '남자들의 무릎과 무릎 사이로 옮아 다니며 가진 아양을 다 피우다가도 그들의 발길에 툭툭 채여 질질 울고 다니는 꼴'이 되었다가 결국 '술만 취하면 사내놈들에게 헛욕질을 대고 퍼부며 보기싫게 입을 벌리고 우는' 여자로 전락하고야 만다. 이에 비해, 산호주 역시 불행한 과거를 가진 기생이다. 사생아로 태어나 기생학교를 졸업해 평양의 유명한 예기가 되어 부호자제들의 온갖 유혹을 받았으나 자신을 지킬 줄 아는 여성이었다. 그러던 중 21세때에 초라한 고학생을 알게 되어 헌신적인 사랑을 쏟았지만, 학교를 졸업하고 교편을 잡게 된 그는 깨끗한 여학생과 결혼함으로써 산호주에게 쓰라린 배신을 안겨다 주고야 만다. 그후 방안에 우뚝 앉아서 끝없는 침묵에 잠겨들던 그녀는 세상을 버릴 생각까지도 하다가 자신을 바로 보게 된다. 다시 나타난 강수에 대한 아무런 애정도 없이 냉정해진 그녀는 홀몸이 아님을 깨닫고 조용히 산골로 들어와 '봉준 어머니'로 변신함으로써 새생활을 시작한 것이다. 자기 삶의 주체가 되지 못하고 떠밀려 살아옴으로써 남성들의 희생물이 된 점에서는 동일하지만, 두 여성의 대응방식은 이와 같이 현저한 차이를 보인 것이다. 위기에의 체험을 통해 새로운 삶을 획득하지 못하는 여성에게는 자패감과 절망만이 엄습해와 더더욱 그녀의 삶을 비참한 것으로 만들고야 만다.

어린 옥이는 이해하기 어려운 어머니의 생활로 인해 외롭게 내던져져 자라던 중 이웃 아주머니인 산호주에게 위로와 사랑을 받아 마침내 그녀의 며느리가 된다. 하지만 인정의 끈으로 봉준의 아내가 된 옥이의 인생은, 신학문을 배워 이상적인 사랑을 동경하는 남편의 이혼 요구와 애정없는 생활로 불투명한 혼돈상태에 빠져 전통 윤리와 새 삶의 선택 사이에서 방황한다. 이때 그녀는 '몇백명의 노동자를 위해 자기 몸을 희생해 바친 영실오빠'가 죄수가 되어 끌려가는 것을 목격하고 문득 깨달음을 얻게 된다. 남편의 병을 치유하기 위해, 그가 사랑하는 숙희를 부르러 갔다가 돌아오는 옥이는 이제 자신이 선택해야 할 진정한 삶에 대해 눈뜨게 된 것이다.

> 종로에서 영실을보낸 옥이는 자긔의과거를 곰곰히생각하며 걸엇다. 「나는 엇더한길을걸엇나? 안이 나도사람인가?」 밥을먹고 옷을입을줄아니 사람이랄가? 응! 안이다! 울엇다면 나를위하야 울엇더냐 웃엇다면 진정한 나의 웃음이엿더냐 - 모도가봉준을위하얏슴이엿다. 두리뭉수리 삶이엿다! 이러한 삶을 계속식히려고 안탑갑게 울엇든것이엿다. 「불상한 인간!」 그는 이럿케부르짓고 대문으로 드러섯다.[23]

---

23) 『大系』, 418면 인용.

남편에 대한 전적인 의존과 애정상실의 우려로 인한 마음 졸임에서 오는 기혼여성의 자아상실과 그 회복의 과정을 그리면서, 작가는 "믿지마라 남자를 믿지말아라!" 당부하던 두 어머니들의 유언을 이야기 사이사이에 되새기게 하였는데, 이는 독립적인 삶의 획득에 의해 온전한 인생을 되찾고 아울러 그 관심과 노력을 사회에 환원하는 여성의 모습을 형상화한 것이다. 비록 각성의 계기가 돌발적이고 미숙한 심리묘사가 나타나 보인다 할지라도, 예쁜이와 산호주, 그리고 옥이를 통해 보여진 여성들의 삶의 모습은 개인적인 각성을 통해 스스로의 인생을 되찾는 용기와 그 필연적 요구를 잘 드러냈다 하겠다.
　이처럼 강경애의 일군의 작품들, 특히 1930년대 전반의 작품들에서 나타나는 여성의식은 대부분 긍정적인 여주인공들의 각성과 일어섬, 그리고 현실개혁의 지향과 연계됨을 볼 수 있으며, 이는 주로 사회의식에 눈떠 자신을 헌신한 선각자적인 남성들의 도움과 격려에 힘입음으로써 남성과 여성의 관계가 적대적인 관계가 아니라 더 큰 과제를 해결하기 위한 동반자적 관계를 유지하는 형태로 드러나고 있다.

IV. 제도 속의 삶과 응전

　제도 속의 인간을 그려내는 문학의 작업이 변혁에의 전망을 내포한 '현실고발'의 임무를 수행하지 못할 때, 그것은 자칫 조각난 '보여주기'에 그치고 말아 단순한 트리비얼리즘(trivialism)에 불과할 우려가 있다. 물론 관찰은 고발을 위한 필연적인 전제가 되겠지만, 작가가 일정한 세계관으로 여러 사건을 해석해내지 못한다면 현실세계의 여러 현상들에 대한 아무런 실마리도 제공하지 못할 것이다.

이는 어떤 작품에서 드러나는 여성의식을 구분하는 문제와도 관련이 되는데, 현실세계의 환난과 역경을 딛고 일어서는 여성을 그려내지 않는 한은, 남성중심사회의 이중적 억압에 시달리는 여성들의 참상을 일정하게 제시하여 문제의식을 높이거나 또는 동일한 여건내에서 여자라는 신분때문에 감당해야 하는 또다른 몫의 부담을 구체적으로 형상화할 수 있어야만이 여성의식을 내포한 작품으로 볼 수 있을 것이다. 이 점에 있어서 강경애는 지속적인 관심과 문제의식으로 여성문제를 제기한 보기드문 작가라 할 만하다. 그녀가 관심을 가진 대상은 특히 빈민층 여성이었다.

모든 여성들이 이중적 억압의 상태에 놓여있다는 말은 특히 빈민층 여성들에게 그 무게를 더하게 되는데, 극심한 빈곤 상태에 있는 어머니의 가족양육의 부담과 가진 자의 횡포로 다가오는 성적 유린에 대한 대응 등이 특히 심각한 정도에 이르기 때문이다.

강경애의 작품군이 갖는 또다른 형태의 여성의식은 하층민 여성들의 비참한 삶에 대한 고발로 표출되고 있다. 꿋꿋하게 일어서는 긍정적인 여주인공이 점차 사라지면서 등장하는 그녀의 주인공들은 가부장제 가족제도 하에서 한껏 짓눌린 억압된 삶의 영위자들이다. 노동과 가사의 이중 부담에 시달리면서도 가정의 보존을 위해 스스로 중심에 서는 어머니의 외로운 싸움, 남성 중심사회의 굳건하고 확고한 벽에 부딪혀 좌절하고야 마는 여성들의 모습이 주로 후반기 작품에 묘사되고 있다.

1. 이중적 억압 속의 여성

　빈궁의 참상을 섬찟하게 그려낸 작품으로 평가되는 「地下村」은 생존을 위협하는 극한의 빈궁 속에서 여성이기 때문에 겪어야 하는 상이한 체험을 치밀하게 묘사한 작품으로 읽어낼 수 있다.

　어릴 때 병을 앓았지만 약 한 첩 써보지 못한 탓에 불구가 되어 놀림을 받으며 동냥을 다니는 칠성이, 동냥갔다 온 형을 따라다니며 먹을 것을 얻어내려 보채는 칠운이, 그리고 머리에 종기가 나서 파리와 구더기가 이글거리는 채로 굶주림에 헉헉대며 피똥을 싸대는 어린 영애의 뒤에는 그 어머니가 있다. 지독한 일과 피로에 시달리면서도 동냥나간 아들을 염려하며, 극심한 궁핍으로 인해 가족간의 다툼과 증오가 쌓여가는 상황에서 그들을 서로 이해시키고 보살펴야 하는 어머니에게는 '자신을 위한 生'보다는 울음과 애닮음의 그침이 우선 필요하다. 굶주림과 짜증, 아귀다툼의 세계에서 투박한 욕설로 애정표현을 대신하며 서로 학대하고 저주하는 극도의 궁핍을 겪어내면서, 그 어머니는 또한 그들을 달래고 위로해야 하는 또다른 책무를 지닌 것이다.

　　　어둠 속에 약간 드러나는 어머니의 윤곽은 피로에 싸여 넘어질 듯하다. 그리고 짙은 풀내가 치마폭에 흠씬 배어 마늘내같이 강하게 풍겼다.
　　　"이애야, 왜 대답이 없어?"
　　　칠성이는 어머니의 손을 뿌리치고 돌아 누웠다. 어머니는 물러앉아 아들의 눈치를 살피다가 혼자 하는 말처럼,
　　　"어디가 아픈 모양인데, 말을 해야지 잡놈 같으니라구."
　　　이 말을 남기고 일어서 나갔다.

한참 후에 어머니는 푸성귀 국에다 밥을 말아 가지고 들어와 아들을 일으켰다. (중 략)
"계집애는 자지도 않아!"
칠성이는 보다 못해서 꽥 소리쳤다. 영애는 젖꼭지를 문 채 울음을 내쳤다.
그 애가 어디 자게 되었니, 몸이 아픈 데다 해종일 굶었고 또 이리 젖이 안나니까, 하는 말이 혀끝에서 똑 떨어지려는 것을 꾹 참으니 눈물이 핑그르르 돌았다.
"오오, 널 보고 안 그런다. 어서 머."
겨우 말을 마치자 눈물이 줄줄 흘렀다. 문득 어머니는 이 눈물이 겉으로 흘러서 영애의 타는 목을 추겨줬으면 가슴은 이다지도 쓰리지 않으련만 하였다.24)

자신의 피로와 고통은 생각할 겨를도 없이 각 자녀들의 고충을 헤아려 위로하는 어머니의 모습이다. 産後 조리도 하지 못한 채 일을 계속해야 했던 어머니들의 삶은 칠성어머니 뿐만 아니라, 밭고랑에서 일을 하다가 아이를 낳아 흙투성이가 된 아이는 죽고 그 다음날 다시 김매러 나서는 큰년어머니의 비참한 생활에서도 볼 수 있다. 눈과 귀에 흙이 잔뜩 들어 살았더라도 병신이 되었을 어린 아이의 죽음은 큰년이의 소경됨이 그 어머니의 과다한 노동과 무관하지 않음을 시사한다. 소경으로 살다가 팔려서 시집가는 큰년이에게서도 또다른 절망과 분노를 느끼게 된다.

이처럼 「지하촌」은 지하의 세계에나 존재함직한 극심한 궁핍을 겪어내는 여성 특유의 체험을 치밀하게 묘파한 작품이다.

빈민층 여성의 또다른 참상을 보여주는 작품으로는 「同情」과 「痲藥」을 들 수 있다.

---

24) 강경애, 「지하촌」, 『新韓國文學全集』, (어문각, 1984), 478면 인용.

「동정」은 화자인 '나'가 우물가에서 만난 가엾은 한 여인인 '산월이'의 인생 경로를 말하였는데, 그녀는 12세에 팔려 기생이 되었다가 18세 때 연애를 하고 배신을 당한 후 늘어만가는 몸값과 학대에 시달리는 여인이다. 그런데 이 작품에서는 물긷고 빨래하는 육체적 노동 뿐만 아니라 매음과 착취, 매질에 시달려야 하는 한 불우한 賣笑婦의 생애를 삽화적으로 제시하는 정도에 그치고 있어, 화자는 관찰자의 입장만을 고수하고 있다.

이에 비해, 「마약」에서 보여지는 한 여성의 삶은 참혹한 현실에 대한 고발의 의미를 띠고 있다. 아편장이 남편에 의해 중국인 진서방에게 팔리운 보득 어머니는 중국인에게 짓밟히며 감금당한 상태에서도 남편을 증오하기 보다는 남편과 보득이를 그리며 탈출을 시도하다 죽어간다. 실직 후 자살을 기도하다가 아편과 도적질로 돌아선 한 家長이 아편을 맞기 위해 젖먹이의 울음을 외면하고 그 엄마를 팔아 넘기는 극한 상황은, 차라리 생존의 부정이다.

가난한 부부는 자신들이 동일한 처지에 있다는 사실을 인식하고, 장래에 인간답게 살아가기 위하여서는 모든 인간을 자유인으로 하는, 근본적으로 평등한 사회가 이루어져야 한다는 것을 깨달을 때 두 사람 사이에 행복한 관계가 성립한다. 그런데 미래의 꿈을 가꿔나갈 만한 현재적 기반이 全無한 상태에서 지향의 동일성이 해체되어 버리면, 남편은 자신에게 우연히 부여된 자유와 권리를 최대한 이용하여 자신만의 환락을 즐기려 하거나 술이나 도박에 빠져드는 것이다. 그래서 남편 일개인의 타락은 그 아내를 폭행과 매매의 대상으로 전락시키는 절대적 힘을 발휘한다.

폭행과 피흘림, 심지어는 팔림까지도 감당해야 하는 이같은 여성의 모습은, 궁지에 몰려 건전한 삶을 포기할 수밖에 없었던 남편들에 의해 상품화되는 悲運을 겪어내야 했던 식민지 치하 수많은 한국 여성들과 만주지역 조선인 여성들의 실생활을 적나라하게 고발한 것이라 하겠다.

2. 외로운 어머니의 현실대응

강경애가 살았던 만주 용정사회는 일본군국주의에 대항하는 한국 민중의 저항과 투쟁이 지속적으로 계속되었던 곳이다. '중국공산당 만주성위원회의 배경 아래 한인공산주의자들에 의한 반일 폭력투쟁'으로 일컬어지는 '간도 5.30폭동'이나 '청산리전투'는 당시 항일 운동의 주요한 성과라 할 수 있겠다. 그런데 만주사변에서 일본이 승리해 항일유격대에 대한 탄압이 극도로 가중되자 만주사회에는 암울하고 절망적인 분위기가 팽배해 저항의지가 현저히 약화되었다.

강경애의 여러 작품에는 사회주의 운동가들이 등장하는데, 후반기 작품들에서는 일생을 투신하여 바친 독립에의 갈망과 신념이 약화되면서 뿌리내리지 못한 자신의 삶을 회의하는 인물들이 등장함을 볼 수 있다. 이는 여성 주인공에 있어서도 마찬가지인데, 전반기의 작품들에서는 현실개혁을 위해 선각자적인 남성과의 유대를 강화하고 동지애를 발휘하며 보다 나은 미래를 꿈꾸던 주체적인 여주인공들이 등장했던데 비해, 이제는 홀로 남은 어머니들의 현실적인 생계유지의 어려움과 그 막연한 대응을 묘사하고 있다. 여전히 정신적 지주로 존재하는 남편을 전적으로 의지하려는 마음이 오히려 그녀들을 막연한 추종으로 유도한다.

「젊은 어머니」는 이상적인 젊은 어머니의 모습을 제시하고 있다.

가출하여 독립운동을 하는 남편과 헤어져 혼자서 요리집을 경영하며 힘들게 살아가는 '우희'의 뇌리에는 "굳센 어머니가 되여주시오! 굳센 어머니가"하며 되뇌이던 남편의 당부가 기억된다. 그래서 그녀는 폭탄사건의 주범인 민상이나 김선생을 원조하는, 연약하지만 당찬 어머니로서 살아가려 한다. 連作을 예정했으나 1회로 중단되고 말아 사건의 진전이나 결말은 알 수가 없지만, 남편의 큰 뜻을 이해하면서 꿋꿋한 어머니로 살아가기를 바라는 젊은 어머니들을 향한 바램을 읽을 수는 있다.

　이에 비해, 「母子」에서의 승호 어머니의 삶은 참으로 외롭고 비참한 것이 되고야 만다. '잠한잠 뜻뜻이 자지못하고 밥 한 끼니 달게 먹어보지못하고 산으로 들로 돌아다니다가 적에게 붙들리어 죽은' 승호 아버지를 생각하며 혼자서 어린 아들을 키우는 승호 어머니가 당면한 현실은, 아들의 멈추지 않는 백일해 기침과 그 큰 댁의 냉대이다. 만주사변 후로 태도가 돌변하여 하늘같이 떠받치던 동생을 학대하며 욕질하던 시형과 동서의 모습은 당시의 돌변한 용정사회를 보여주고 있다. 남편과 자식에 대한 사랑과 믿음은 그녀로 하여금 당당하게 살아가기를 요구하지만, 냉대를 이기지 못한 그녀는 죽은 남편의 뒤를 따르겠다며 산으로 향하다가 결국 눈 속에 파묻혀 죽어가는 비참한 최후를 맞고야 만다. 이 작품의 전반에는 어머니로서의 강인함이 미처 발휘되기도 어려운, 암울한 현실세계의 벽이 도사리고 있다. 여기서 보여지는 승호 어머니의 모습은, 강경애의 현실인식이 약화되고 신병이 악화되면서 만주사회 전반에 부상되는 절망감을 현상적이고 패배적인 여성의 모습으로 그려낸 것이라 할 수 있겠다.

　『소금』도 역시 간도지방을 배경으로 하여, 만주사변 후 일제와 항일세력 사이에서 고통을 당하는 조선 민중의 경제적 궁핍상을 묘사

한 작품이다. '봉염 어머니'는 아들과 남편, 그리고 두 딸의 죽음까지
도 지켜본 불우한 여인인데, 빚때문에 고향에서 쫓겨와 만주로 왔지
만 또다시 팡둥의 소작인이 되어 더욱 비참한 생활을 하다가 먼저는
자위단에 남편을 잃고 다음에는 공산당이 되어 처형당했다는 봉식의
소식을 전해 듣게 된다. 그런데 문제는 봉염 어머니는 상황에 따라
그 의식이 변모하거나 성장한 인물이 아니라는 점에 있다.

그녀는 人情에 이끌리는 순박한 여인인데, 팡둥의 일시적 흥미거
리가 되었다가 버림을 당한 후에도 자신의 현실을 직시하지 못하고
팡둥을 의지하며 그리워하기까지 하며, 공산당의 가족이라고 내쫓긴
후에 중국인의 헛간에서 팡둥의 아이들 출산하고 허기때문에 파뿌리
를 씹어 삼키는 체험을 하면서도 자신이 처한 그 현실의 근본적 원
인에 대해서는 인식하지 못하고 다만 '팔자가 사나운' 정도로 생각한
다. 자신이 '명수'의 젖먹이 유모로 들어간 탓에 봉염이와 봉희가 열
병을 앓아 죽고 말았는데도, 명수만을 그리워하며 만나지 못함을 안
타까와 하는 것이다. 그러던 그녀가 單身의 生計를 위해 소금짐을
지고 나서는 것은 다소 무리가 있다. 그리고 남편의 원수인 공산당
에 대한 재인식의 계기나 기회도 없이 밤중에 만나 듣게 된 연설 한
마디로 순사에게 저항할 의지를 얻는 점도 자연스럽지 못하다.

그녀의 분노와 저항은 필연적이고 구체적인 계기를 얻어 폭발되었
어야 했다. 그리고 그녀 자신이 겪은 극한의 체험을 통해 스스로 현
실에 대응해 나갈 지혜와 용기를 획득했어야 했다. 그녀의 남편은
팡둥이 시키는대로 하다가 죽었고, 자신도 유린당하고 쫓겨나는 현
실을 구조적으로 인식하고 해석해내지 못하여 그같은 고통이 우리
민족 전체의 문제와는 어떤 관련이 있는지를 깨닫지 못한 그녀의 저
항은, 우연한 분노의 표출에 그치고 있다.

「소금」에서 보이는 어머니의 모습은 이처럼, 상황을 통해 발전하거나 가족의 죽음을 통해 현실을 바르게 인식하는 수준에 이르지 못하고 있어, 『인간문제』나 『어머니와 딸』에서 보인 각성과는 차이를 보인다.

3. 배신과 좌절, 그리고 눈물

패배적인 현실인식은 「어둠」에 이르면 극에 달하게 된다. 이 작품은 외부적 환경이 아닌 여주인공의 심리묘사가 중점이 되고 있는 점이 특이하며, 이전의 작품들에서 보기 어려웠던 여인의 눈물과 시름, 한숨으로 일관되고 있다.

간호부인 '영실'은 두가지 상처를 안고 있는데, 하나는 옛애인인 젊은 의사의 배신과 변절이며 또하나는 어릴 적부터 믿고 의지하던 오빠의 죽음이다. 10년전의 인정많고 순수하며 극빈자를 이해하던 의사가 그 인격이 변하여 현실적이고 야비한 인물이 되어 언약을 파기하는 것은, 숱한 배신과 변절에 대한 간접적인 묘사라고 여겨진다. '없는 사람'을 위해 투쟁하다가 결코 죽지않음을 선언하면서 죽어간 영실의 오빠에게서는 굳건한 투쟁의지가 넘쳐나지만, 문제는 그러한 의지를 계승할 인물이 아무도 없는 점이다.

'영실'은 이 점에 있어서 '선비'나 '간난이'와는 완연한 대조를 보이는데, 좌절과 실의, 눈물로 연속되는 깊은 절망 속에서 헤어나지 못한 채 치솟는 분노를 이기지 못해 결국 그녀는 실성하고야 만다. 완전한 어둠이며 절망이다.

"우리는 없는 놈이니까 같은 없는 놈을 동정하여야하고 보다도 이러한 생지옥을 벗어나기 위하여는 싸우지 않으면 안된다 누이야"하던 오빠의 당부를 기억하면서도 그녀는 일어서지 못하고 주저앉아 흐느낄 뿐이다. 그녀를 이해하는 유일한 동료인 김서방만이 그 설움을 알아챈다. 치밀어 오르는 분노를 삭히지 못해 마침내 실성하고야 마는 그녀의 모습에서 우리는 출구를 상실한 인간의 모습을 대하게 된다.

이러한 예외적인 작품이 창작된 것은, 지병의 악화와 상황의 옥조임으로 인해 작가 강경애의 현실대결의지가 현저히 약화되면서 그 변혁과 독립에의 열망이 빛을 잃어 두터운 어둠에 대한 인식만이 절대적으로 강화된 때문이라고 생각된다.

V. 맺음말

문학작품에 나타난 여성의식을 고찰하는 작업은, 우리 사회의 현 상황 속의 제반문제들에 대처하면서 보다 의미있고 바람직한 삶을 영위하려는 뭇여성들의 지향과 무관하지 않다. 페미니즘 문학의 주창은, 남성우월주의가 팽배해 있는 이 사회의 그릇된 인식을 수정하고 보다 평등한 사회에서 해방된 인간으로서의 동등한 삶을 더불어 영위하려고 하는 휴머니즘의 발현으로 이해되어야 할 것이다.

여성문제는 특히 한 민족이 강대국에 의해 침략당하거나 예속될 때 민족모순의 가장 첨예한 결과 중의 하나로 대두되게 되는데, 이는 강대국들의 숱한 침략과 식민지 시대의 삶을 견디어내야 했던 이 땅의 대부분 여성들의 비참한 체험이 증명한다. 그래서 식민지 무산계층의 여성으로 일생을 살아야 했던 강경애의 생애와 문학은 '인간다운 삶을 영위하기 위한 여성의 노력'에 대한 끊임없는 물음을 제기하였던 점에서 가히 탁월하다고 할 만하다.

본고에서 그녀의 전작품 중 12편을 대상으로 하여 면밀히 고찰한 바, 그녀의 작품에 나타난 여성의식은 대체적으로 다음과 같은 몇가지의 특징을 지닌다고 볼 수 있었다.

먼저 그녀의 소설작품에 나타나는 여성의식은 부당한 식민지 통치에서 야기된 극심한 궁핍과 남성중심사회의 專橫性에 대한 강렬한 항거와 직결되어 이를 식민지 여성의 공동문제로 인식하고 대응하려 한 점에서 변혁지향성을 내포하고 있는 것으로 판단되었다. 그런데 1930년대의 한국 리얼리즘 문학이 1935년을 고비로 그 저항성이 현저히 약화될 수 밖에 없었던 사회상황과 무관하지 않게 그녀의 작품 전반에 드러나는 여성의식 역시, 前半期에는 고난과 역경을 딛고 일어서는 긍정적 여주인공을 통해 미래적 전망을 구현하였던 것과는 대조적으로, 대체로 1935년 이후에 쓰여진 後半期의 작품들에 있어서는 현실개혁을 위한 대응력 응집보다는 참담한 현실에 대한 고발의 차원에 머물고 있음을 알 수 있다. 그래서 각성한 남성과의 동지애적 결합이나 무산계층의 남성들과의 일체감에 의해 동조받고 격려받는 형태로 형상화되던 여성들의 저항의식이, 현실체제의 완고한 폭력성에 직면하여 그 대결력을 스스로 상실한 후에는 궁핍의 중심에 서서 인정적 차원의 모성애를 발휘하고 가장인 남편의 부재로 인한 시련에 대응하여 가족을 양육해야 했던 이 땅의 '어머니들'의 현상적인 모습만을 그려냄으로써 아무런 응전의 대안을 제기하지 못한 채 머물게 되고 만 것이다.

그녀의 작품 속에 등장하는 가장 이상적인 여성형은, 자신에게 던져지는 숱한 고난과 역경을 극복하고 자아의 회복을 보여 주체적이고 능동적인 인간으로 성장해가는 '일어서는 여성'형이었다. 그녀들은 지배계급의 남성에게 유린당하거나 극한의 궁핍을 체험하면서 자신의 처지와 그 체험의 의미를 깨닫고 대응책을 모색해가는 인물들이다. 그런데 이러한 여주인공들은 대개 무산계층의 남성이나 각성한 지식인과 연대하여 조직적인 투쟁에 가담하고 있어, 남성과의 대결보다는 일제로 상징되는 착취계급과의 대결을 지향하고 있었는데, 이는 당시에 성행했던 사회주의계열의 여성운동과 그 맥락을 같이 하는 것으로 이해된다. 그래서 강경애의 소설에 묘사되는 남녀관계는 대개 동지애적 결합을 이루며 또한 가족적 이기주의에 함몰되는 배타적 사랑이 아닌, 민족의 아픔을 헤아려 함께 나가는 '열린 사랑'을 강조한 것이다.

변혁의지가 약화되면서 그녀의 작품들에 나타나는 여성의식은 현저한 후퇴를 보여 이제는 가부장제 하에서, 특히 그것도 빈민층의 삶인 경우에 감당해야 하는 여성의 이중적 부담과 질고를 사실적으로 형상화함으로써 동일한 상황의 남성의 체험과 여성의 그것이 어떻게 다른가를 구체적으로 제시하는 현실고발적 차원에 머물고 있었다. 그러한 여성들의 모습은 전통적인 어머니상이기도 하지만, 자신의 피로와 고충을 헤아릴 틈도 없이 가족 구성원을 위로하며 보살펴야 했던 이 땅의 숱한 어머니들의 삶이 얼마나 힘겨운 것이었는지를 구체적으로 묘사하였으며, 모성애의 발휘만으로는 결코 적극적인 응전이 될 수 없음을 간접적으로 시사한 것이라고 이해할 수 있었다.

이처럼 강경애의 소설작품에 나타난 여성의식은 남성적 대결보다는 당대의 남성과 여성 모두가 싸워나가야 할 현실세계에 대한 치열한 대결의지와 그 변혁에의 열망으로 직결되고 있는데, 이같은 지향의 일관성에도 불구하고 실천 의지가 현저히 약화되는 한계를 보인 것이다.

 이는 계속되는 病苦와 항일유격대 활동의 약화, 용정사회의 돌변에 의한 배신감과 실의, 외로움으로 인해 심히 좌절하였던 그녀 자신의 삶과 무관하지 않으리라 짐작된다.

 이와 같이 강경애의 소설에 나타난 여성의식은 전 민족이 당면한 극심한 궁핍과 일제의 수탈에 대항하려는 무산계층의 저항의 일환으로 강조되고 있다. 전민족의 8할 이상이 무산계층이었던 일제 강점기의 이 땅의 여성들에게 시급하고 중요했던 문제는 극심한 궁핍의 해결이었으며, 이는 민족의 독립과 해방을 통해서만이 이루어질 수 있는 것이라 생각했던 것이다. 그래서 여성들이 처한 이중적 억압도, 민족 전체의 문제를 해결해 나가려는 협조적인 관계 속에서의 노력을 통해 타파할 수 있다고 인식하였는데, 이는 정당한 현실 인식이었다고 생각된다.(1990)

참고문헌

金鏞熙, "「인간문제」에 나타난 여성의식", 『이화어문논집』10, (1988.3).
류금희, "강경애 작품 연구 -인물의 현실인식과 대응태도 분석을 중심으로-", 충남대 대학원 석사학위 논문, (1988).
徐正子, "姜敬愛硏究 -새로운 평가를 위한 시고", 『원우논총』, (숙명여대 원우회, 1983).
송명희, 『여성해방과 문학』, (지평, 1988).
여성사연구회 편, 『여성』 1, 2, 3호, (창작과비평사, 1985-1989)
李康彦, "姜敬愛小說의 精神과 技法", 『여성문제연구』11집, (효성여대 여성문제연구소, 1984).
이영숙, "1930년대 여성작가의 여성문제인식에 관한 연구 -강경애, 백신애, 박화성 작품을 중심으로-", 이대 대학원 석사학위 논문(1988.5.).
이상경, "강경애론", 『한국학보37』, (일지사, 1984. 겨울).
———, "만주 항일혁명운동의 문학적 수용 -강경애론", 김윤식·정호웅 편, 『한국문학의 리얼리즘과 모더니즘』, (문학과지성사, 1989).
———, "강경애의 삶과 문학", 한국여성연구회 편, 『여성과 사회』 창간호, (창작과비평사, 1990).
이재선, 『한국현대소설사』, (홍성사, 1979).
이재화 편역, 『한국근현대민족해방운동사』, (백산서당, 1988).
李效再 편, 『女性解放의 理論과 現實』, (창작과비평사, 1979).
林善愛, "姜敬愛小說의 主題 硏究", 『국문학연구9』, (효성여대 국문과, 1986.2).
조남현, "姜敬愛 硏究", 『한국현대소설연구』, (민음사, 1987).
조정래, "「지하촌」의 세계와 「사하촌」의 세계", 『國際語文』, (국제어문학 연구회, 1989.7).

드라마적 특성과 일어서는 여성상
― 심 훈의 『織女星』 考

1. 머 리 말

    소설은 서사체의 여러 양식 중 가장 발전된 장르라고 할 수 있다. 하지만 소설이라는 명칭은 그것이 생겨난 이래로 각 시대에 알맞는 특성 속에서 끊임없이 혼합, 변모된 의미를 띠어 왔다. 고정된 본질을 갖지 않고 혼합된 종류의 유동적 영역인 '불완전한 복합체'[1]의 성격이 강한 것이다. 그래서 소설이 때로는 '허구적 산문'[2] 전체를 지칭하기도 하고 '역사적 서사'와 '허구적 서사'의 결합물[3]을 의미하기도 하며, 있는 것과 있어야 할 것을 '작품 외적 화자의 개입에 의한 자아와 세계의 대결'[4]로 그려 보인 장르를 의미하기도 한다.

---

1) Wallace Martin, 『*Recent Theories of Narrative*』, 김문현 譯, 『소설이론의 역사』, (현대소설사, 1992), 50면.
2) Northrop Frye, 『*Anatomy of Criticism*』, 임철규 譯, 『비평의 해부』, (한길사, 1982): 그는 허구적인 산문이 노블, 로망스, 해부, 고백의 4가지 일차적인 유형이 결합한 것으로 보았다.
3) Robert Scholes and Robert Kellogg, 『*The Nature of Narrative*』, New York : Oxford Univ. Press, 1966.
4) 조동일, 『한국소설의 이론』, (지식산업사, 1988), 99-104면.

소설을 어떻게 정의하든지 간에 소설은 그 고정된 명칭에 비해 매우 유동적이고 혼합적인 특성을 지니며 끊임없이 변모하는 것이 사실이다. 또 상대적으로 동시대의 다른 장르의 영향을 받아 자신의 정체성을 획득하기까지 한다. 리얼리즘에 있어서 영화가 소설을 능가할 때 소설은 오히려 환상적인 경향을 띠게 되며 반면 영화가 환상적인 것을 떠맡을 때는 소설이 오히려 사실적인 보고와 범죄 전기적 성격으로 치우친다고 볼 수 있다. 그래서 '(사실주의적인) 소설의 죽음'[5]이 이야기되는 이 시대에도 여전히 '소설이란 무엇인가' 하는 물음은 우리 곁을 서성거리고 있다.

  소설을 일단 '불완전한 복합체'라고 본다면 우리 문학사에 있어서도 같은 명칭으로 불리우는 소설들이 서로 다른 특성을 지닐 수 있음을 생각해 볼 수 있다. 예를 들면 작가와 독자의 상상력과 감상력에 지대한 영향을 미친, TV나 VTR 등의 영상매체의 출현과 보급, 그리고 영화기술의 발달 등이 소설에 영향을 미치기 전과 후의 차이를 소설연구에도 적용시켜 볼 필요가 있는 것이다. 당대의 작품을 분석, 평가할 때 작품을 그 시대의 것으로 최대한 원형 복원하는 것이 해석의 한 방식이 되기도 하지만, 당대 작품의 새로운 의미를 추적해내기 위해 현재적 시각을 적용함으로써 새로운 해석을 가할 수도 있기 때문이다.

  우리 근대문학사는 거의 시와 소설의 창작에 몰두해 왔다. 드물게도 채만식과 심훈같은 작가가 그 외의 장르에까지 동시적인 관심을 두었는데, 전자는 소설과 희곡에 그리고 후자는 시, 소설, 시나리오에 두루 관심을 두었다. 한 작가가 여러 장르의 작품을 창작한 경우

---

[5] John Barth, "The Literature of Exhaustion", 김성곤 편, 『소설의 죽음과 포스트모더니즘』, (도서출판 글, 1992.)

그것은 아무 생각없이 이루어진 것이기도 하지만 자신도 모르는 내적 필연성의 요구에 부응한 것이기도 하다.

본고에서는 『상록수』로 널리 알려진 심 훈의 장편 『직녀성』이 지닌 드라마적 특성을 분석 고찰하고자 한다. 그동안 형식상의 취약점으로 흔히 지적되어 온 느슨한 진행과 굴곡없는 세부 묘사가 그럴만한 당위성을 지니며 그 당위성이 현재의 드라마에서 볼 수 있는 '드라마적 특성'과 관련되어 있음을 논증해 보이고자 하는 것이다. 이를 통해 1930년대 신문연재소설과 현재의 일일연속극과의 형식적 유사성을 살펴보고, 매체의 전이를 통해 당대 작품의 현대적 재생을 기대하는 것이 이 논문의 숨은 의도이다.

2. 심 훈의 생애와 활동

『상록수』의 작가로 기억되는 심 훈은 36세의 나이에 뜻하지 않는 질병으로 세상을 등진 다재다능한 예술인이었다. 1901년 10월 23일 지금의 서울시 관악구 노량진동 (당시의 행정지명은 경기도 시흥군 북면 노량진리였음) 전통적인 양반 가문의 3남1녀 중 막내로 태어난 그의 본명은 대섭(大燮)이었다. 그는 여유있는 지주 생활을 하던 부친과 우섭, 명섭 두 형의 물질적 정신적 영향 아래 귀여움을 독차지하며 성장했다. 큰 형 심우섭은 매일신보 기자와 경성방송국 과장을 역임했고 춘원과 절친했으나 열 살 이상의 나이차이로 그다지 친밀감을 느끼지 못했지만, 둘째 형 명섭과는 함께 장난을 하며 자란 사이로 그는 해방후 심 훈의 遺稿를 모아 『그날이 오면』이라는 시문집을 발간했고 일제의 검열로 연재가 중단된 소설 『불사조』를 자신이 완성하기도 했다.

심 훈은 3.1운동으로 6개월간 옥고를 치른 것을 비롯, 그 후 중국 之江대학에 입학, 북경과 상해 등지를 유랑하며 신채호, 여운형, 이회영 등에게 정신적 감화를 받기도 하였고, 짧은 생애 동안 민족의 계몽과 그를 위한 실천을 위해 고심하였다. 특히 거듭 반복된 기자직에의 취직과 사임, 검열로 인한 연재소설의 중단 등은 이같은 그의 정신적 지향점을 잘 드러내 준다.

1926년 「동아일보」에 영화소설 『탈춤』6)을 연재한 이후 주로 영화에 주력한 그를 두고 KAPF 계열 작가군에서는 동조와 비판이 엇갈렸는데 이는 특히 그가 일본에서 6개월간의 영화수업을 마치고 귀국하여 원작·각색·감독하여 제작한 영화 『먼 동이 틀 때』가 나운규의 『아리랑』에 맞먹는 흥행 성과를 거두었을 때 극명하게 드러났다. 그에게 혹독한 비판을 가한 한설야와 임화7)는 '계급의식이 결여된 대중의 기호에 영합한 영화'라고 하며 그의 '반동적 소시민성'을 지적하기까지 했다. 이에 대해 심 훈은 「우리 민중은 어떠한 예술을 요구하는가」라는 글을 통해, 영화는 마땅히 계급의식을 표현하고 대중의 계몽, 선동에 이바지해야 하지만 어디까지나 영상예술이며 대중에게 흥미있게 보여져야 한다는 것을 강조하였다. 그의 이같은 주

---

6) 이는 심 훈이 개척한 새로운 소설형식으로 영화화를 목적으로 한 소설을 말한다. 『탈춤』은 혜경과 일영, 준상의 삼각관계를 통해 타락한 도시의 정경과 돈의 탈을 쓴 인간들의 모습을 고발하고 있다. 하지만 이 작품은 한 해전에 그가 이수일역을 맡았던 영화 『장한몽』의 주조를 크게 벗어나지 못하였다.
7) 당시 카프에서 주도권을 장악하고 있었던 한설야는 「중외일보」에 만년설이라는 익명으로 「영화예술에 대한 관견」을 무려 9회에 걸쳐 발표하였고, 역시 당대의 탁월한 이론가였던 임 화는 「조선영화가 가진 반동적 소시민성」이라는 글로 심 훈을 비난하였다.

장은 김기진이 펼쳤던 '대중문예론'에 접맥된 것인데, 실제로 심 훈과 김기진은 절친한 관계를 유지했었다.8)

　대중지향적 예술인이었던 그에게 영화는 참으로 매력적인 영역이었지만 엄청난 제작비와 기계 설비, 과학적 도구에 대한 요구를 수용하기 어려운 실정이었고 상업적 이윤만을 추구하는 제작자들과 일제의 검열 강화는 심 훈을 영화에서 한 발 물러서게 하였다. 더구나 계속되는 가난과 실직, 시집『그날이 오면』의 출간 좌절과 서울 생활에 대한 염증, 한편으로는 장편 연재소설『영원의 미소』의 성공은 그를 영화에서 글쓰기로 돌아서게 했고 무엇보다도 고향을 찾아 은둔케 했다.

　그의 소설 중 완성된 것은『영원의 미소』와『직녀성』, 그리고『상록수』인데 충남 당진으로 낙향한 이후 1933년부터 1936년에 걸친 3년동안이 본격적인 창작활동의 시기였다.『직녀성』을 통해 대중적 인기와 안정된 거처를 확보함으로써『상록수』에 이를 수 있었다고 여겨진다. 하지만『상록수』가「동아일보」창간 15주년 기념 현상모집에 당선된 후 받은 상금9)으로 다소의 여유가 생기자 그가 생각한 것은『상록수』의 영화화였다. 시나리오 작가인 李翼과 공동 각색을 하고 캐스팅과 스텝 선정까지 완료한 그가 감독을 맡기로 한 숙원을 이루지 못한 채 뜻하지 않은 열병으로 세상을 등지게 된 것은 그를 알고 있던 모든 이들에게 충격이었다.

　이같은 그의 생애와 활동을 통해 우리는 그가 소설가이며 시인이

---

8) 김기진은 심 훈과 특별한 교분이 있었던 것 같다. 그의 재혼에 들러리를 서기도 하고, 그가 사망했을 때는 장지까지 따라가는 등 마지막까지 보살펴 주었다 한다.
9) 상금은 500원이었는데, 이것은 당시 소 한 마리 값이 60원이었다 하니 상당한 거액이었음을 알 수 있다.

기도 했지만, 그보다는 '본질적으로 극적인 세계관을 신봉한 대중지
향적인 예술인이고자 했다'10)는 것을 알 수 있다. 그의 소설 속에는
항상 영화라는 또다른 장르가 병존하고 있었던 것이다.

3. 신문연재소설의 드라마적 특성

　1930년대 우리 문학사는 장편소설이 우세했었는데 이는 대부분 신
문연재를 통해 발표되었다. 심 훈 역시 중단된 소설 뿐만 아니라 완
성된 3편의 소설도 「조선중앙일보」와 「동아일보」에 연재된 신문소설
인 점이 특징적이다. 하지만 그는 대단한 열정을 지닌 속필가여서
대개는 신문연재 한 달 이전에 全篇을 완성하곤 했다. 알려진 바로
는 원고지 1,500장에 달하는 『상록수』를 55일만에 완성했고, 그 분량
의 2배에 달하는 『직녀성』(「조선중앙일보」,1934.3.24.-35.2.26.) 역시 거
의 한 달만에 완성을 했으니 3,000장을 한 달에 쓴 셈이다. 그래서
일주일분 혹은 매일 원고를 쓰며 독자의 반응을 살피고 인기에 영합
하려는 통속성과는 다소 거리가 먼 그의 창작 스타일을 알 수 있지
만, 그럼에도 불구하고 늘상 대중을 의식하며 지향하는 문학관을 지
닌 까닭에 그의 작품은 사상성과 흥미를 동시에 추구하는 특징을 지
녔다. 특히 『직녀성』의 경우 전통적인 구식여성의 결혼 생활과 파경,
재생을 자연스럽고 사실적으로 묘사함으로써 일반 독자들에게 상당
한 관심을 불러 일으켰다.
　신문소설은 세계적으로 보면 1836년 프랑스의 「세기」지에 발표된

---

10) 전영태, "진보주의적 정열과 계몽주의적 이성", 김용성·우한용 공편, 『한
　　국근대작가연구』, (삼지원, 1987), 321면.

스페인 소설 '트르메스의 라자릴로'가 효시이다.[11] 우리나라는 일본의 영향을 받았는데, 1875년 「평가명회입신문」에서 실제 사건의 취재 이면을 소설화한 '岩田八十八의 이야기'가 일본 최초의 신문소설이었다. 우리나라에서는 1898년 「한성순보」에 '요화'라는 무서명 소설이 실린 것이 시초가 되었다. 초창기 신문연재소설은 대개 기자가 쓴 무서명의 소설이 많았고 친일적인 색채를 띠거나 개화사상을 전파하는 경우가 많아 예술적 가치보다는 공리성이 우세했다.[12] 이에 비해 1930년대 신문연재소설은 초창기의 무서명, 친일적 목적소설의 특성을 탈피하고 예술성과 대중성이 조화를 이루었다 볼 수 있으며, 신문 발행 부수의 미비[13]로 상업성이 그다지 강하지 못했다.

하지만 그 형식 면에 있어서는 일정한 특성을 지니는데 이는 마치 현재의 일일연속극과 같은 특성으로 생각해 볼 수 있다.

먼저 대중성을 들 수 있다. 사회적, 역사적으로 비중있는 주제를 다룰지라도 이것이 남녀의 연애나 가정생활 등 당대의 풍속도와 어우러져 흥미를 유발하며 쉽게 수용될 수 있어야 하는 점이다. 둘째로는 플롯의 단순성을 생각해 볼 수 있는데, 1,2회분을 놓친 이후에도 스토리 추적이 가능해야 독자들이 흥미를 잃지 않으므로 너무 복잡한 구성이나 인물의 배치는 적합치 않다[14]는 점이다. 세째는 플롯의 유연성이다. 연재소설이나 일일연속극의 플롯은 그 분량과 시간

---

11) 이후 많은 장편들이 신문에 연재되었는데, 발자크나 조르쥬 상드 등은 신문을 작품발표 지면으로 즐겨 활용했으며, 토마스 하디의 『테스』, 톨스토이의 『부활』, 『전쟁과 평화』 등도 신문에 연재된 소설들이다.: 한용환, 『소설의 이론』, (문학아카데미, 1990), 272면.
12) 오인문, "신문연재소설의 변천", 강현두 편, 『한국의 대중문화』, (나남, 1987).
13) 「동아일보」 창간 당시의 발행부수는 1만부였다.
14) S.필드 / 윤상협 역, 『드라마 연구』, (한일출판사, 1971).

에 맞게 적절하게 조절될 수 있어야 한다. 그러기 위해서는 플롯을 연장하거나 축약시켜도 큰 하자가 없는 유연성이 필요한 것이다. 네째는 일정한 흥미를 유지하기 위해 매일 1개의 작은 정점을 제시해 궁금증을 유발하며 독자로 하여금 다음 회를 기다리게 하는 점이다. 특히 주말에는 비교적 큰 정점을 제시해 '크리프 행거'(cliff hanger)15)가 재현되기까지 한다.

특히 TV 드라마인 경우 전 가족의 감상에 적합한 건전하고 윤리적인 주제를 다루면서도 시청자들을 빨리 사로잡아야 하는 이중부담이 있는데16), 물론 시각적 행동이나 팬터마임을 잘 활용해야 하는, 소설과는 전혀 다른 특징이 있기는 하지만 깊이가 있는 주제를 가볍고 단순하게 다루어야 하는 점에 있어서는 유사하다. 그래서 특별히 교훈적이거나 허구성이 강한 신문연재소설이 아니고 그 스토리가 일상적 공간내에서 전개되는 풍속적인 성격이 강한 작품일수록 이와 같은 드라마적 특성은 더욱 강하게 드러난다.

4.『織女星』의 드라마적 특성

심 훈의 소설에 대해 많은 연구자들은 작품간의 유사성을 지적하였다. 특히『불사조』와『직녀성』이, 그리고『영원의 미소』와『상록

---

15) 독자나 관객의 호기심을 유발하기 위해 주인공을 절벽에 매달리게 한 채 그 회분을 마감하여 내버려 두는 것을 말한다.
16) 이는 영화가 hot media인데 비해 드라마는 cool media여서 소극적이고 무성의한 관객을 사로잡아 일상생활 중에서도 가족과 함께 감상할 수 있도록 붙잡아야 하기 때문이다.: 신봉승,『TV 드라마 · 시나리오 作法』, (고려원, 1981).

수』가 유사해 비슷한 구조와 인물, 주제를 찾을 수 있다17)는 것이다. 즉, 통속성과 경향성을 적절히 조화하여 그의 작품의 주인공인 한 쌍의 연인은 대개 개인적인 사랑과 집단적 이념을 공유한 사랑의 힘을 현실개혁의 원동력으로 승화시키는 것을 볼 수 있다.18)

하지만 『직녀성』은 이와 다른 주제를 지니고 있다고 생각된다. 박복순과 박세철과 같은 '주의자'가 등장하며 그들이 이인숙과 윤봉희를 돕거나 부부가 되어 사회를 위한 실천운동에 투신케 하는 것은 사실이지만 그것을 이 작품의 주제로 보기는 어렵다. 그보다는 早婚이라는 봉건적 폐습에 억눌린 한 구식여성의 인생과 고난, 역경의 극복을 보이는 작품으로 보아야 할 것이다. 이혼한 경험이 있는 심훈이 구식여성이지만 총명하고 적극적이었던 그의 첫부인 '이해영'을 모델로 하여 쓴 작품인 것이 분명한 바에야 더욱 그렇다. 그래서 이 작품은 심 훈의 자전적 소설에 가까와 '가족이라는 개인적인 울타리를 뛰어넘을 수 없었기에 인물을 객관화・사회화하지 못한'19) 한계를 드러냈다고 지적되기까지 하였다.

1) 등 장 인 물

근대 이후 서사양식의 주인공은 대개 '문제적 개인'으로 설정이 되는데 그 구현 방식에 따라 소설과 극이 구분될 수 있다. 소설에서는 작품 중의 부주인공에 해당하는 평범한 인물이 시대상의 중심

---

17) 유병석, "심훈의 작품세계", 전광용 외, 『한국현대소설사연구』, (민음사, 1984), 288면.
18) 최희연, "심훈의 「織女星」에서의 인물의 전형성과 역사적 전망의 문제", 『연세어문학』 21집, (연세대 국문과, 1988.12.), 184면.
19) 전영태, 앞의 글, 329면.

을 이루며 줄거리를 전개시키는[20] 경향이 우세하다. 즉, 성격이 비교적 뚜렷하지 않거나 확고한 태도와 정열이 부족해 적대되는 두 진영에 함께 접촉점을 가진 '중도적 인물'을 내세워 사건과 결부시킨다.[21] 그래서 소설에서는 인물 자체의 강렬한 성격보다는 외부 세계의 재현이나 사회적 변화의 제시가 두드러진 경우가 많다. 이에 비해 극에서는 인물이 훨씬 강하게 부각된다. 인물의 성격과 행위가 보다 중요한 의미를 띠고 전면에 드러나는 것이다.

『직녀성』은 방대한 분량의 장편이고 많은 인물이 등장하지만 실상은 몇가지 갈등 양상을 보여주는 전형적 인물들로 집약할 수 있다. 이들은 대개 인숙과 봉환, 세철과 봉희, 복순, 그리고 이한림과 윤자작, 그의 아들들, 동경유학생과 그외의 여자들이다. 이 중 '직녀성'이라는 별명의 주인공이자 작품의 줄거리 전체를 이끌어가는 사람은 전통적인 한국여성인 '인숙'이다. 구식여성으로서는 보기 드물게 적극적이고 진취적인 '인숙'의 성격이 뚜렷하게 형상화됨으로써 이 작품은 '전진적(progressive) 모티프'가 우월하다.[22] 그래서 풍속소설의 요소를 한편으로 지니면서도 드라마적 특성을 보이고 있는 것이다.

『직녀성』의 중요 등장인물은 다음과 같다.

(1) 이인숙 : 봉건적 여성상에서 자아와 사회에 눈을 뜨는 새로운

---

20) 김윤식, "소설 형식과 극 형식", 『한국근대소설사연구』, (을유문화사, 1986), 366-369면.
21) 전자는 『탁류』의 '초봉'을, 후자는 『삼대』의 '조덕기'를 생각할 수 있다.
22) 괴테에 의하면, 소설 혹은 극에 각각 적용되는 모티프는 (1)줄거리를 촉진하는 전진적(progressive) 모티프 (2)줄거리를 그 목적에서 멀어지게 하는 후퇴적(retrogressive) 모티프 (3)진행을 지연시키거나 그 과정을 길게 하는 요인인 억압적 모티프(retardative)로 나눌 수 있다. 이 중 (1)은 극에서만, (2)은 소설에서만, (3)은 극과 소설에 함께 도움이 된다고 보았다.: 괴테, '서사시와 극시', Barrett, H. Clark,ed., European Theories of the Drama, (Crown Publishers,1959), p.337. 재인용임.

인간으로 상승하는 인물이다. 우국지사로 한말에 과천으로 낙향한 이한림의 막내딸로 태어나 열 살 때 여덟살 된 윤봉환과 결혼한다. 시증조모까지 모신 양반집 세째 며느리로 깎듯한 예의범절과 뛰어난 재주로 귀여움을 받으며 집안일을 도맡아 하지만, 남편의 외도와 시가의 오해로 인해 온갖 괴로움을 겪고 아들까지 잃는 고통을 당한 후 이혼을 승낙하고 한적한 시골 유치원의 보모로 나서게 된다.

그런데 이 작품의 매력은 인숙의 성격묘사에 있다. 대체로 눈물과 한숨속에서 체념하며 일생을 보내는 전통적인 여인상과는 달리 그녀는 자신의 상황 내에서 늘상 현명하고 지혜롭게 대처하는 다부진 여성이다. 이는 철없는 어린 남편의 행동을 우습게 생각하면서도 나름대로 내조를 해내는 점이나 시누이인 봉희가 학교에서 돌아오면 그와 한문을 겨루거나 공부를 배우는 점, 일본 유학을 원해 졸라대는 남편을 위해 아무도 몰래 여비를 마련해주는 대신 자신을 여학교에 입학시켜 주도록 시부모님께 편지를 올리도록 한 점 등에서 드러난다. 그래서 결혼생활의 위기가 거듭될수록 그는 더욱 강인한 인물로 서게 되며 마침내 자연스럽게 독립된 삶을 찾게 되는 것이다. 이는 인물의 성격에 대한 별다른 묘사나 뚜렷한 전환의 계기도 없이 어떤 사건을 맞아 돌연히 '주의자'로 변모하거나 사회운동에 가담하는 등장인물을 내세우는 여타의 작품들과는 비교가 될 만한 장점이다.

(2) 윤봉환 : 쾌락지향형의 미성숙한 인물이다. 귀족의 막내아들답게 의지가 박약하고 예술가적인 방탕함을 지녔다. 어릴 적부터 온갖 장난을 하며 인숙에게 의지하다가 아내의 도움으로 일본 유학길에 오른 후부터는 신여성과의 거듭되는 애정행각을 벌인다. 성병을 부인에게 옮기고 자신의 아들까지도 부인하는 파렴치한으로 결국 아무런 생산적인 활동도 영위하지 못한 채 가난과 실의에 빠지게 된다.

(3) 박세철 : 만주에서 순국한 독립운동가의 아들로 계급의식이 철저한 프롤레타리아의 전형이다. 건강한 신체와 굽히지 않는 의지, 단호한 신념 등을 소유한 반항적이고 의연한 인물로 온갖 반대를 무시한 채 봉환의 동생 봉희와 결혼하며 한편으로 인숙을 돕는다. 꿋꿋하지만 경직되지 않고 유연함과 능청스러움을 지닌 그는 자신들이 속한 집단이나 사회구조를 변혁시켜 모순이나 갈등을 해소하려는 '세계사적 개인'이며 작가의 마스크 혹은 대변인물이라 할 수 있지만,23) 강한 개성의 소유자로 그려지고 있다.

(4) 박복순 : 여종의 몸에서 사생아로 출생하여 윤자작 부인의 동정을 받고 자랐으나 봉건적 양반제도 타파를 주장하며 사상운동에도 참여하는 강인한 의지의 여성이다. 인숙의 고통을 이해하며 그에게 자립정신과 자주의지를 북돋아 준다.

(5) 윤봉희 : 귀족가의 막내딸로 곱게 자랐지만, 세철을 통해 새로운 세계관을 접하게 된다. 수난과 억압의 경험을 통하지 않고 사랑을 통해 자각하고 의식화되는 인물이다. 아버지의 정혼을 물리치고 세철과의 결혼을 강행하여 가난한 생활을 견딘다. 인숙과는 동무처럼 지내며 서로 위로한다.

(6) 이경직 : 인숙의 친정 오빠. 신문물에 대한 동경으로 상해까지 다녀왔으나 허황한 꿈만을 좇을 뿐 아무런 현실적 성과도 이루지 못한 채 일생을 허비한다. 봉건사회의 붕괴와 신문명의 유입이라는 과도기적 상황의 희생자로 볼 수 있다.

---

23) 최희연, 앞의 글, 192-193면.: 그는 세철과 복순을 동일하게 다루었다.

2) 갈등 양상과 전개

『직녀성』은 두 가지의 주된 갈등을 중심으로 이야기가 전개된다. 이는 신·구의 대립과 빈·부 사이의 갈등이라 할 수 있는데, 전자는 인숙과 봉환의 관계에서 생겨나는 부부간의 갈등과 윤자작이나 이한림으로 대표되는 봉건적 구세대와 신문명을 받아들이기 시작한 그의 아들들 사이의 세대간의 갈등으로 표출된다. 이에 비해 후자는 귀족가인 윤자작의 집안 식솔들과 세철, 복순과의 간접적인 대결로 다루어져 있다.

1930년대 장편소설 중 많은 작품들이 취급한 제재였던 신·구의 대립이 이 작품에서는 신문명의 세대에 비해 전통고수의 세대를 옹호하는 쪽으로 기울고 있어 주목할 만하다. 즉, 채만식이나 염상섭 등이 가문과 체면을 중시하는 봉건적 구세대와 허황된 명예나 금광, 미두에 가산을 탕진하는 신세대를 동시에 비판적으로 보여준데 비해 심 훈은 봉건적 구세대에 대한 비판을 보류하고 있음을 볼 수 있다. 이는 구식여성인 인숙에 대해 이례적으로 긍정적인 형상화를 이루고 있는 점이나 윤자작이나 이한림의 인격 파탄, 도덕적 붕괴를 그리지 않고 있는 점에서 확인된다. 윤자작가의 파산은 신문사 사업을 한다는 미명 아래 전답을 잡혀 기생 첩에게 바치거나 자동차, 요리집 등에 재산을 탕진하는 큰아들 용환과 집안에 압류가 들어올 지경에 있는데도 일본 모델을 데리고 귀국해 방탕한 생활을 하는 막내아들 봉환에게 대부분의 원인이 있다. 또한 이한림의 죽음은 신문명과 넓은 세상을 동경하여 거액의 돈을 빼내서 상해 등지로 유랑하다가 돌아와 첩 살림을 하고 거액의 빚을 진 아들 이경직의 행동에서 온 충격 때문이었다.

심훈이 이처럼 오히려 구세대를 옹호함은 귀향하여 시작한 필경사 생활 중에 서울에서의 화려하고 굴곡이 많았던 자신의 생활, 영화배우에서 감독, 기자 생활을 통해 익혔던 신문물로부터 거리를 확보할 기회와 여유를 얻었고 유행사조에 휩쓸렸던 자신을 되돌아 보며 우리 것, 옛날의 것에 눈뜨게 된 때문이라고 이해된다.[24]

빈·부 사이의 갈등은 직접적인 사건보다는 세철과 복순의 마음속에 자리한 비판의식과 복수심에서 드러난다. 그들은 타락한 양반자제들이나 몰락귀족과 직접적인 대결을 보이지는 않지만 인숙과 봉희에게 정신적인 영향을 미치고 애정을 통해 그들과 '동지적 관계'를 정립하여 무산계급을 위한 실천운동에 가담하게 한다. 직접적인 충돌과 대립보다는 화해와 융합의 결말을 보인 것이다. 이는 미완의 장편『동방의 애인』과『불사조』가 남긴 아픔과 좌절의 결과이기도 하고 '주장'과 '실천' 사이에서 끊임없이 고민하던 작가의 귀착지이기도 하다. 빈·부의 갈등을 신·구의 갈등 속에 포함시켜 사상성보다는 풍속성을 강하게 부각시킴으로써 대중성을 획득하게 된 것이다. 이로 인해 대중과의 거리가 한층 좁혀졌고『상록수』의 탄생이 가능해졌다 하겠다.

그런데 이같은 갈등의 전개에 있어서『직녀성』은 생략, 비약, 전환 등의 묘를 살리지 못해 템포가 처지는 작품[25]이라는 인상을 면하기 어렵다. 이 작품은 한 여성의 수난과 억압, 그로 인한 '자기 부정'을 통한 의식화와 각성의 과정을 상당히 자연스럽게 전개하고 있음에도

---

24) 신경림 편저, "심훈의 생애와 문학",『그날이 오면 그날이 오며는』, (지문사, 1982), 75-76면.
25) 조남현, "심훈의「織女星」에 보인 갈등상",『한국소설과 갈등』, (문학과비평사, 1988), 212면.

불구하고, 인물과 사건의 설정 그리고 작중인물의 성격과 행위를 묘사하는데 있어 경중(輕重)이나 심천(深淺)을 효과적으로 가려내지 못한 한계를 드러내고 있는 것이다. 이는 드라마에 비해서 소설이 지닌 특성을 작가가 잘 활용하지 못한 경우인데, 『직녀성』에서 작가는 자신의 주제를 드러내기 위한 집중화나 생략의 기법을 거의 활용하지 못하고 있다. 즉, '말하기'(telling)의 효과적 활용을 통한 제시나 생략의 묘를 발휘하지 못하고 '보여주기'(showing)의 나열에 머문 것이다.

하지만 이같은 특성은 『직녀성』이 갖는 드라마적 특성의 일부인 플롯의 단순성과 유연성으로 생각해 볼 수 있다. 느슨한 템포와 비약없는 묘사는 중간중간 생략해도 전체 스토리에 하자가 없을 정도의 유연성을 발휘할 수 있으며, 몇 회분을 놓친 독자에게도 쉽게 수용될 수 있는 장점을 발휘하기도 한다. 이는 그가 소설보다는 초기 영화에 익숙해 영화의 영상을 버리지 못한 까닭이며 그 영상은 현재의 TV 드라마와 관련되었다고 생각된다. 즉, '읽는 희곡'(lesedrama)처럼, '읽는 시나리오'[26]로서의 가능성을 배제하지 않았던 것이다. 특히 매회 분 드러나는 '크리프 행거'의 재현은 그 드라마적 특성을 더욱 확인케 한다.

3) 공 간 배 경

『직녀성』의 이야기는 다음과 같이 전개된다.

---

[26] '읽는 시나리오'의 경우, 이미 존재하는 영화를 이야기로 쓴 영화소설이거나 혹은 영화가 이미 존재하고 그것을 후술한다고 상상하며 쓴 소설을 말한다. : 김천혜, 『소설구조의 이론』, (문학과 지성사, 1990), 278-279면.

1. 각시놀음-2.인형의 결혼 : 이한림의 과천집, 통혼과 결혼
3. 노리개와 같이-4.임종 : 윤자작집(시집살이), 시증조모의 시중, 친정 부친 임종
5. 싹트는 사랑- 6.유혹 : 탈상, 봉환과 도화, 복순의 등장 -- 위기1 : 친정행
7. 정 조 - 8.원앙의 꿈 : 시증조모 사망, 합방 3년, 봉환의 그림 입선
9. 은하를 건너서 : 봉환 도일, 인숙 여학교 입학
10. 망명가의 아들 : 시가에 빚 독촉, 세철의 출현, 장발의 구애
11. 혼 선 - 12. 인간지옥 - 13. 끊어진 오작교 : 봉환의 전보, 송금 요구, 귀향 (봉환과 사요꼬), 세철의 연하장, 봉희의 시 -- 위기2 : 결혼에 대한 회의, 복순의 독립적 삶 권고
14. 약혼 - 15. 반역의 깃발 : 봉희의 정혼, 항거, 세철과의 약혼, 세철 피검, 봉희 졸업, 윤자작 병, 가세 몰락
16. 희망 : 택일, 세철 면회, 장발의 편지분실, 부부관계
17. 편지의 풍파 : 시가의 오해, 인숙 근친, 복순 출옥, 인숙 입원
18. 봄은 왔건만-
19. 신혼여행 : 세철의 방문, 구혼, 본가와의 의절, 세철과 봉희 결혼
20. 조그만 생명 -21. 장중의 보옥 : 인숙의 친정살이, 임신확인, 졸업, 득남, 봉환의 연애(강보배), 봉희의 신혼집
22. 이혼 : 봉환의 방문, 이혼 청구, 시가에 무고 해명, 일남 위독
23. 잃어진 진주 : 일남 사망, 자살 기도 -- 위기3 : 일남의 사망과 인숙의 자살 기도
24. 비극 이후 : 허의사와 4인의 야유회, 봉환의 위기(사기죄), 이혼 승낙
25. 백의의 성모 : 시골유치원, 봉희, 세철, 복순, 인숙의 새로운 삶, 시댁 완전 파산, 봉환의 후회
-- 재생 : 독립된 삶 시작

이상에서 알 수 있는 바와 같이 『직녀성』은 주로 인숙의 친정과 시가를 배경으로 한 사건들로 이루어져 있으며 특히 봉환의 일본유학 장면 외에는 거의 윤자작의 집 내부와 인숙의 학교, 친정, 세철의 하숙, 신혼방 등으로 그 공간 배경이 한정되어 있다. 이같은 특성은 심리나 의식의 묘사를 통해 사건을 이끌거나 방대한 공간 배경을 요하는 작품보다 그 이야기를 다른 매체로 전이하기 쉬운 점이 된다.27) 즉, 인숙의 친정과 시가를 오가기는 하지만 윤자작집이 주된 공간배경이 되며 도일한 봉환의 생활을 보이기 위한 일본 풍경과 인숙의 학교, 그 외에는 세철의 하숙방과 집 어귀의 골목길, 인숙의 출산과 병을 치료하는 병원, 봉환이 근무하는 학교, 시골 유치원 등이 이 작품을 드라마화할 때 필요한 공간배경이다. 방대한 분량에 비해 그 배경이 방만하지 않고 거의 일상적인 공간이어서 큰 무리가 없음을 알 수 있다.

또한 인숙의 공간과 봉희의 공간이 계속적으로 교차됨으로써 명암이 대비되고, 고난과 억압의 어두운 분위기를 활기차고 밝은 분위기에 교직시켜 전체적인 분위기를 지루하지 않게 이끈다. 장발을 비롯한 유학생들이 형성하는 공간도 당시의 풍속을 보임으로써 현재적 흥미를 유발하기에 충분하다. 봉환의 공간이 점점 협소해지는 것도 전통적인 '악인의 몰락'을 보이는 흥미거리이다. 이처럼 『직녀성』은 한 여성의 수난과 역경의 극복을 이데올로기 문제, 당대의 풍속도와 자연스럽게 조화시켜 보이고 있다.

---

27) 한용환, 앞의 책, 103-105면.

5. 맺음말

영화소설 『탈춤』으로 창작을 시작했던 심 훈은 『상록수』의 시나리오 각색으로 그 문학활동을 마감했다. 하지만 지금까지의 연구는 대부분 그를 농촌계몽소설 『상록수』의 작가로 한정시키는 경향이 있었다. 그래서 그의 작품 전반에 나타나는 경향성과 사상적 지향 등을 검토하며 계몽정신과 애국심이 투철한 점을 거듭 지적하곤 했다.

하지만 이상에서 살펴본 바와 같이 그의 완성된 3편 중의 한 작품인 『직녀성』의 경우 여러 면에서 드라마적 특성이 드러나고 있음을 알 수 있었다. 1930년대 우리 영화와 소설을 생각할 때, 이 작품은 영화보다는 소설적이고 소설이면서도 영화적인 요소를 지닌 중간적인 특성을 지녔다. 이를 '드라마적 특성'으로 지적해 본 것이다. 서사양식의 여러 표현 매체들이 제각각 현저한 발달을 보이는 현재의 소설장르와 이러한 매체들이 등장하기 이전의 소설장르에는 동일한 명칭 아래 이질적인 특성들이 내포되어 있을 가능성이 높다. 특히 1930년대 신문연재소설의 경우 지금과 같은 대중은 아니지만 독자들에게 현재의 드라마와 유사한 기능을 하며 수용되었으리라 생각되는데 그같은 특성이 작품 내의 형식적 특성으로 자리함을 알 수 있었다. 평생 영화가 머리속에서 떠나지 않았던 심 훈의 『직녀성』이 지닌 형식적 취약점이 일일연속극이 일반적으로 지녀야 하는 특성들로 수렴됨은 우연한 일이 아닌 것이다. 문학작품을 작가와 독자 사이의 의사소통 수단으로 볼 때 그 텍스트는 독자들의 사회적 문화적 변화에 따라 끊임없이 살아 움직이며 새롭게 구축되는 무한한 생명력을

지녔다 하겠다.(1993)

참 고 문 헌

김천혜,『소설구조의 이론』, (문학과 지성사, 1990).
한용환,『소설의 이론』, (문학아카데미, 1990).
Chatman, Seymour,『Story and Discourse : Narrative Structure in Fiction and Film』, 한용환 譯,『이야기와 담론 - 영화와 소설의 서사구조』, (고려원, 1990).
Frye, Northrop,『Anatomy of Criticism』, 임철규 譯,『비평의 해부』, (한길사, 1982).
Martin, Wallace,『Recent Theories of Narrative』, 김문현 譯,『소설이론의 역사』, (현대소설사, 1992).
Scholes, Robert and Robert Kellogg,『The Nature of Narrative』, New York : Oxford Uni. Press, 1966.
김우종, "신문소설과 상업주의", 강현두 편,『한국의 대중문화』, (나남, 1987).
김윤식, "소설 형식과 극 형식",『한국근대소설사연구』, (을유문화사, 1986).
─────, "「상록수」를 위한 5개의 주석",『작가와 내면풍경』, (동서문학사, 1991).
박종휘, "심훈소설연구", 서울대 대학원 석사학위논문, 1987.7.
신경림 편저, "심훈의 생애와 문학",『그날이 오면 그날이 오며는』, (지문사, 1982).
신봉승,『T V 드라마 ·시나리오 作法』, (고려원, 1981).
오인문, "신문연재소설의 변천", 강현두 편,『한국의 대중문화』, (나남, 1987).
유병석, "소설에 투영된 작가의 체험", 강원대 연구논문집 4집, 1970.

──, "심훈의 작품세계", 전광용 외, 『한국현대소설사연구』, (민음사, 1984).
──, "심훈론", 서정주 외, 『현대작가론』, (형설출판사, 1979).
전광용, "『常綠樹』考", 임형택·최원식, 『한국근대문학사론』, (한길사, 1982).
전영태, "진보주의적 정열과 계몽주의적 이성", 김용성·우한용 공편, 『한국근대작가연구』, (삼지원, 1987).
조남현, "심훈의 「織女星」에 보인 갈등상", 『한국소설과 갈등』, (문학과비평사, 1988).
최희연, "심훈의 「織女星」에서의 인물의 전형성과 역사적 전망의 문제", 『연세어문학』 21집, 연세대 국문과, 1988.12.
────, "심훈소설연구", 연세대 대학원 박사학위논문, 1990.12.
하유상 편, 『텔레비·라디오 드라마 作法』, (성문각, 1979).
한양숙, "심훈연구 - 작가의식을 중심으로", 계명대 대학원 석사학위논문, 1986.12.
한점돌, "심훈의 시와 소설을 통해 본 작가 의식의 변모과정", 『국어교육』 41호, 1982.
S.필드 / 윤상협 역, 『드라마 연구』, (한일출판사, 1971).

사랑과 구원의 불연속성
— 李光洙의 『再生』論

1. 머 리 말

春園 李光洙의 소설과 詩歌, 評文에 대한 연구는 이미 상당 수준 이루어졌다. 그에 관한 연구 논문도 300여편을 넘어섰고, 1980년 이후에 쓰여진 박사학위 논문과 단행본 연구논문 모음집도 10여권에 이르고 있다.[1] 하지만 이같은 방대한 심층연구에도 불구하고 개별 작품론은 오히려 드문 실정이다. 그의 문학 사상과 작가 의식의 심층을 분석하여 삶과 문학 세계 전반을 시대적 배경하에서 해석하려

---

[1] 韓承玉, "李光洙硏究", 고려대, 1980.
   丘仁煥, "李光洙小說硏究", 서울대, 1981.
   韓龍煥, "李光洙小說의 批評的 硏究", 동국대, 1983.
   田文秀, "初期近代小說硏究", 계명대, 1984.
   愼憲縡, "李光洙小說의 人物硏究", 성균관대, 1985.
   李熙春, "李光洙小說의 精神分析學的 硏究", 계명대, 1988.
   金春燮, "李光洙의 民族主義와 人道主義 文學思想 硏究", 고려대, 1992.
   신동욱 편, 『崔南善과 李光洙의 文學』, 새문사, 1981.
   동국대 부설 한국문학연구소 편, 『李光洙硏究』, 태학사, 1984.
   김윤식, 『李光洙와 그의 時代』, 한길사, 1986.

는 연구가 우세한 한편 개별 작품에 대한 천착은 일부 작품에만 한정되어 있다. 대부분 장편『無情』,『흙』,『사랑』,『有情』에 연구가 집중되어 있고,『再生』이나 그 외의 작품들은 거의 언급되지 않고 있다. 이는 이들 작품이 지닌 통속성과 흥미가 문학적 가치를 감소시키고 있다고 여겨져 왔기 때문인 것 같다. 하지만 李光洙의 小說들은 시종일관 일반 대중의 성원과 관심 속에서 쓰여진 만큼 그의 작품이 거둔 문학적 성과와 대중성 또는 통속성을 굳이 분리하려는 태도는 옳지 않다고 생각한다.

그래서 본고에서는 春園 小說 중 가장 통속소설에 가깝다는 논평2)을 받기도 한『再生』을 분석, 재고찰하고자 한다. 그것은 이 작품이 李光洙가 줄곧 주장해 온 '情의 文學'에 해당하는 사랑과 구원의 추구를 보이면서도, 흔히 春園文學의 제3기에 해당한다고 분류되는『有情』(1933),『愛慾의 彼岸』(1936),『사랑』(1939)에서 보이는 초월적 사랑의 추구와는 다소 다른 주제를 드러내고 있기 때문이다. 또한 한 남자와 두 여자 사이의 갈등이 주를 이룬 많은 작품들과 달리『재생』은 여주인공 '순영'이 순결한 청년 '봉구'와 부호 '백윤희' 사이를 오가는 갈등이 전개되어 사랑과 구원의 주제 외에도 이광수의 여성인물 형상화의 특징을 살필 수 있다.

지금까지『再生』에 대한 연구와 해석은 다음과 같이 이루어졌다.

먼저는 이 작품이 발표된 시기(1924.11.9.- 1925.9.28.)의 사회적 배경과 '작자의 말'3)을 고려하여, 3.1운동 이후의 패배적이고 퇴폐적인

---

2) 김동인은『재생』을 발표 당시에 독자의 환영을 가장 많이 받았으면서도 가장 빨리 잊혀진 작품으로 평가하였다. : 金東仁, "春園硏究",『東仁全集8』, (弘字出版社, 1968), 519-520면.
3) "지금 내 눈 앞에는 벌거벗은 조선의 강산이 보이고, 그 속에서 울고 웃는 조선 사람들이 보이고, 그 중에 조선의 운명을 맡았다는 젊은 남녀가 보인

사회 분위기와 젊은이들의 풍속도를 개탄하여 각성시키려는 작품으로 해석하는 입장이다. 여주인공 '순영'은 1925년경의 조선의 시대상을 대표하는 전형적인 여인이며 이 작품은 단순한 애정소설이기보다 패배주의, 이기주의에 젖어 드는 우리 민족을 계몽하려는 사실주의적 작품4)으로 수용된다. 다음은 작품 자체에 대한 정독과 구조분석에 치중한 경우이다. 『재생』은 순응적 상황을 반영함으로써 시대의 상황과 그 약점을 폭로하고 지향적 의식을 추구하는 시대정신과 인물의 특색을 제시한 작품으로, 순영의 속죄의 죽음은 새로운 救濟를 예시하며 再生의 가능성을 보여준다5)고 보았다. 즉, 인간 내면에 공존하는 양가 가치(ambivalence)의 추구를 형상화한 이 작품은 여주인공 순영의 방황을 통해 대부분의 인간에게 볼 수 있는 '순응적 욕구'와 '지향적 욕구' 사이에서의 방황과 이끌림을 보여주며, 이 두 욕망의 줄기의 충돌과 만남, 어울림을 통해 식민지하의 시대상황과 그 약점들을 리얼하게 폭로하고 투사했다6)는 것이다. 그 외에 이 작품의 종교적 의미를 중시하여 주제를 포착한 입장에서는 『재생』은 春園의 기독교적 인생관을 대변한 작품7)으로, 聖徒의 길을 가려는 신봉구와 중생의 길을 가려는 김순영의 재생의 생활을 그려 한국에서 기독교적인 생활관념을 처음으로 보여준 작품8)이라고 보았

다. 그들은 혹은 사랑의, 혹은 황금의, 혹은 명예의, 혹은 이상의 불길 속에서 웃고 눈물을 흘리고 통곡하고 미워하고 시기하고 죽이고 죽고 한다. 이러한 속에서 새 조선의 새 생명이 아프게, 쓰리게, 그러나 쉬임없이 돋아 오른다.": 『東亞日報』, 1924.11.8.
4) 尹弘老, 『韓國近代小說研究』,(일조각, 1980), 79-81면.
5) 丘仁煥, 『李光洙小說硏究』, (삼영사,1983), 63-84면.
6) 朴德垠, "李光洙의 「再生」硏究", 『東西言語文學』 24집, 한국언어문학회, 1986.
7) 조연현, 『한국현대문학사』, (성문각, 1972).
8) 田大雄, "春園의 作品과 宗敎的 意義", 『東西文化(1)』, 1967.

다.
 필자는 이와 다른 관점에서 이 작품을 분석, 재해석하고자 한다. 초월적 사랑을 통해 모든 것을 승화시킬 수 있다고 믿은 춘원의 '愛情至上主義'는 실상 대개의 사람들이 믿고 있는 사랑에 관한 신화에 뿌리를 두고 있어서 작품『재생』이 제목과는 달리 여주인공의 '재생'을 보이지 못한 한계를 지니게 되었다고 보는 것이다. 춘원의 사랑에 대한 인식과 여성관, 여성인물 형상화에 대한 태도가 전체 작품의 주제 구현에 어떤 영향을 미쳤는가를 살핌으로써 작품의 주제를 재고하려는 것이 이 글의 목적이다.

2. 俗의 사랑과 聖의 사랑

 사랑은 문학작품의 영원한 주제로 계승되고 있다. 하지만 그것은 대개 체험을 통해 느껴질 뿐 본질의 규명이 불가능하게 보인다. 사랑 본연의 본질은 우리의 파악 능력을 벗어난 감춰진 신비로 늘상 남는 것이다. 그럼에도 불구하고 사랑은 인간이 지닌 모든 에너지들을 움직이고 이들을 활성화시키거나 마비시키며, 그 에너지들을 선하고 건설적인 방향으로 이끌거나 악하고 파괴적인 방향으로 이끄는 힘을 지닌다. 인간에게 사랑은 두 얼굴의 운명으로 다가온다.
 유사 이래로 수많은 문학작품에서 사랑이 가장 진부하면서도 여전히 고귀하고 흥미로운 제재가 되어 온 까닭도 이 때문일 것이다. 春園 李光洙의 소설들에도 이같은 '사랑'에 대한 일관된 관심이 드러나고 있다.

이광수 문학의 원형적 체험은 孤兒로서의 체험, 엘리트로서의 체험, 약소민족으로서의 체험, 작가로서의 체험으로 나누어 고찰9)될 수 있는데, 극빈한 고아로 성장한 그는 성인이 된 후에도 끊임없이 계속된 질병10)과 初婚의 실패로 늘상 情에 굶주렸으리라 여겨진다. 이 같은 그의 체험은 절대적인 '情의 문학'을 주장케 하였고, 그의 작품세계를 거의 '사랑의 문학'으로 일관되게 했다. 그래서 그는 시대와 사회의 요청에 따라 계몽주의 문학을 주장하며 설교자의 태도를 취하는 理性的 노력을 보이는 한편 참된 사랑을 그리워하며 꿈꾸는 소년과 같은 갈망을 보이기도 했다. 그의 작품 중 본격적으로 사랑의 문제를 다룬 작품은 흔히 『有情』, 『愛慾의 彼岸』, 『사랑』이라 일컬어지만 『無情』이나 『흙』, 『再生』, 『革命家의 아내』 등 어느 한 작품도 사랑과 연애가 비중있게 다루어지지 않은 작품이 없으며 이는 그의 초기 단편들에서도 마찬가지이다. 결국 이광수 문학의 심층적 의미를 이해하기 위해서는 그가 생각한 사랑의 의미와 단계, 범위를 생각해 보지 않을 수 없는 것이다.

 그런데 문제는 숱한 작품들을 통해 그가 추구하고 갈구한 사랑의 실체는 과연 무엇인가 하는 점이다.

 春園이 생각한 사랑은 그의 작품에서 크게 두 영역으로 구분되는 것이 특징적이다. 초월적이고 절대적이며 이상적이고 고귀한 영적인 사랑, 즉 聖의 사랑과 쾌락적이고 이기적이며 감각적인 육체적 사랑인 俗의 사랑으로 나뉜다. 모든 인간을 구원할 수 있는 종교적 힘을

---

9) 이선영, "李光洙論-開化·植民地時代의 文學家", 김용직 외, 『現代韓國作家研究』, (민음사, 1976), 13-16면.
10) 春園은 거의 끊임없이 질병에 시달렸다. 폐결핵 외에도 척추 카리에스 수술, 신장결핵, 왼쪽신장절제수술, 수술후성폐염 등을 앓아 신문연재를 중단하는 경우도 많았다.

가진 사랑인 아가페(Agape)와 대부분의 인간들이 탐닉하고 즐기는 에로스(Eros)를 확연히 구분해 생각한 것이다.

사실 사랑의 영역은 우리가 생각하는 것보다 훨씬 광범위하고 다양하지만 몇가지 공통적인 속성을 지닌다. 우선 사랑은 사랑하는 사람 또는 사물과 일치하려고 하는 경향을 지닌다. 또 사랑하는 상대방이나 사물을 자기 것으로 만들어 소유함으로써 자기 자신을 보완하고 완성시키려는 속성을 갖는 한편 상대방의 행복을 위해 상대방을 보완하고 완성시키는데 기여하려고 한다. 이같은 속성 때문에 사랑은 자기 충족감과 자기 희생을 동시에 요구하는 것이다. 그래서 흔히 사랑에 빠진 사람들은 평소와 다르게 상대방에게 많은 것을 기대하고 요구하는 이기적이고 미숙한 태도를 보이는 한편, 상대방을 위해 기꺼이 자신을 헌신하고 희생하는 利他的이고 성숙한 태도를 동시에 지니는 모순을 자신에게서 발견하게 된다. 사랑의 두 얼굴은 확연히 구분되는 것이 아니라 당연히 뒤범벅이 되어 있는 것이다.

그래서 여러 유형으로 구분되는 사랑의 속성들은 각각 동시적으로 지닐 수 있는 한 성향을 대표할 뿐이지 서로에 대해 배타적이거나 폐쇄적이라고 볼 수 없다. 예를 들면, 사랑의 단계를 에로스(Eros)와 필리아(Philia), 아가페(Agape)로 구분한다 해도 이 세 단계들은 상호간의 삼투작용 속에서 그들 각기의 고유한 양식으로 전체 사랑에 기여한다. 사랑의 영역에서 가장 높은 단계는 선행하는 단계를 본질적으로 포함[11]하는 것이지 결코 배타적인 것이 아니기 때문이다.

인간들 상호간의 감각-본능적 사랑인 에로스는 원래 감각적 파악에 의해 도달 가능한 대상 영역, 아름다움의 추구에 뿌리를 두고 있

---

11) 요하네스 로쯔, 『사랑의 세 단계 - 에로스, 필리아, 아가페』, 심상태 譯,(서광사, 1985), 24-27면.

으며 반드시 異性간의 性愛와 일치하는 것은 아니다. 그럼에도 불구하고 이것은 불가항력적인 열정적인 힘을 가지는 생명력과 결부되어 여러 위험을 초래하는 경우가 허다하다. 春園이 우려한 것은 바로 이같은 위험이었다. 서로를 엄청난 힘으로 이끌리게 하여 통제력을 잃게 하기도 하는 위험을 갖는 한편 서로의 내면을 여는 인격적 심층에 이르지 못하는 경우가 많기 때문이다. 또한 가시적이고 감각적인 아름다움의 추구는 무절제한 쾌락으로 이어지기도 하며 쉽게 나르시시즘(narcissism)에 빠져들기도 한다. 이러한 위험들을 경계하지 않는 한 가장 고귀하고 소중한 것이 될 수 있는 이성간의 연애와 사랑도 가장 비천하고 이기적인 것으로 전락하고야 만다. '천상적 에로스'와 '비속한 에로스' 또는 '고결한 에로스'와 '방종한 에로스'가 사랑의 속성 자체에 공존하고 있어서 불쑥불쑥 어느 한 얼굴을 내미는 것이다.

그래서 감각적이고 본능적이라고 여겨지는 사랑 마저도 사실은 수습하고 가꾸며 훈련하는 노력이 절대적으로 필요하다. 어느 누구도 쉽사리 성숙한 '사랑하는 사람'으로서의 완성 단계에 이르지는 못한다. 동일한 사랑의 씨앗을 품고서도 그 사랑을 가꾸지 않고 황폐하게 버려두거나 맹목적이고 빗나간 열정만으로 가꾸려 한다면 이내 참된 사랑은 질식되고 마침내 소멸하고야 마는 것이다. 훈련과 정신집중, 인내와 관심만이 사랑의 실천을 돕는다.[12] 즉, 문제는 에로스와 필리아, 아가페 사이의 뛰어넘을 수 없는 벽에 있는 것이 아니라 그 벽에 기대어 스스로의 사랑을 한정시키는 주체자의 태도에 있다 하겠다.

---

12) 에릭 프롬, 『사랑의 기술』, (內外新書, 1990), 153-158면.

이처럼 俗의 사랑과 聖의 사랑은 한 인간에게 있어서 고정 불변으로 주어진 것이 아니며, 성장하고 발전하거나 또 때로는 타락하고 빛을 잃어 서로의 경계를 넘나든다. 문학 작품에서 사랑을 다루는 작가는 이 두 성향을 구분하고 고정화하여 한 쪽만을 미화하고 동경하는 추상화의 폐해를 그리기 보다는 에로스의 건전한 성숙을 형상화해야 할 것이다.

3. 사랑과 구원의 불연속성

『再生』(『東亞日報』, 1924.11.9.-1925.9.28.)은 한때 3.1운동에 가담했던 '순영'이 富와 快樂에 이끌려 부호 백윤희의 첩으로 들어갔다가 비극을 맞게되는 이야기를 통해 당시 조선의 시대상을 묘사한 작품이다. 척추 수술로 休載되기도 했지만, 218회에 걸쳐 연재된 이 작품은 李光洙의 네번째 완결 장편으로 3.1운동의 실패와 일제의 문화정책 속에서 실의와 타락 현상이 팽배한 당대 사회에 많이 읽혀져 독자의 저변을 확대하고 그 공감대를 확산13)시켰다. 그러나 이 작품이 독자들의 관심을 불러 일으킬 수 있었던 것은 무엇보다도 春園이 즐겨 사용하던 '애정의 삼각관계'14) 속에서 방황하는 '순영'에 대한 연민과 동정이 뒤따랐기 때문이다. '내포된 독자'(implied reader)15)와

---

13) 구인환, 앞의 책, 69면.
14) 춘원 소설의 가장 기본적 형태는 삼각관계라고 할 수 있다.『무정』의 형식·영채·선영,『흙』의 허 숭·유순·유정선,『유정』의 최 석·최석의 아내·정임,『사랑』의 안 빈·석순옥·옥남,『재생』의 순영·백윤희·신봉구 등의 관계가 그러하다.: 신상철, "<사랑>論攷",『국어국문학논문집』7집, 서울사대, 1978.

달리 '실제 독자'(actual reader)는 작품을 읽어가는 동안 어떤 정신적 이미지를 받지만 그것은 대개 그 독자의 경험 요소에 의해 채색되는데, '가련한 여성'은 당시 현실에서 흔히 볼 수 있는 일반적 여성형이었던 것이다.

그래서 『재생』은 여주인공 순영의 행적을 중심으로 읽혀지되 앞서 밝힌 이광수의 사랑에 대한 견해와 당대 신여성들에 대한 남성적 편견이 더해진 작품으로 해석될 수 있다.

(1) 他者的 存在의 세태 순응

『재생』이 신문에 연재되던 당시는 동경 유학생 출신의 신여성들이 자유연애 결혼과 신정조관을 주장하는 여러 글들을 활발하게 발표하고 또 이에 대한 반격문이 끊임없이 교차되던 때이다. 당시의 대표적 신여성인 김명순, 김일엽, 나혜석 등의 사생활과 윤심덕의 열애는 世人들의 극심한 비난과 관심의 대상이 되는 한편 이들은 이상적인 연애와 결혼에 대한 자신들의 견해를 열렬히 피력하였다. '실연한 설움'을 항상 가슴에 품고 지내는 천박한 사람들의 감상주의를 배격하며, 결혼의 전제조건으로 개인의 인격완성을 들기도 한 김일엽의 견해16)는 현재까지도 설득력을 갖는 견해이기도 했다.

하지만 자유로운 사생활에 대한 사회의 비난과 냉대는 이들의 외

---

15) 볼프강 이저, "내포된 독자", 레이먼 셀던 / 현대문학이론연구회 譯, 『현대문학이론』, (문학과지성사, 1987).
16) 김일엽, "인격창조에-과거 1개년을 회상하며", 『신여성』, 1924.: 나는 먼저 처가 되기 전에 혼자 사람으로서의 깨끗한 심지를 품고 내자신에 대해서 스스로 만족하리만큼 내 마음을 세련시키려고 했었다... 처가 되기 전에 먼저 완전한 개인이 되자...

침을 한낱 우스꽝스러운 것으로 여겼으며 특히 김기진과 염상섭 등은 그들의 주장을 연애기근에 따른 '사랑걸신증'이라 일축하며 거의 인신공격에 가까운 인물평으로 반격을 가하고는 하였다. 경제력이 없는 상태에 있던 신여성들은 부유한 남성들에 대한 경제적 의존도가 높았고 이들은 대부분 조혼의 풍습을 따른 유부남이었던 까닭에 이들의 애정행각은 당연히 지탄의 대상이 될 수밖에 없었다.17)

줄곧 자유연애를 주창하던 이광수 역시 신여성들의 방종함과 부호들의 첩이 되는 세태를 강력히 비판하였는데, 이는 『재생』에서 여주인공 순영과 윤변호사의 첩인 선주를 비롯한 인테리 여성들을 묘사한 데서도 드러난다. 여성인물을 자신의 정체성(identity)을 확립하지 못한 채 뭇사람들의 찬사와 시선에 의해 자신을 평가하는 **他者的 存在**로 흔히 묘사하는 남성작가들의 일반적 관습18)대로 이광수 역시 미모와 재주를 겸비한 고등 여학생인 순영을 타자적 존재로 묘사한 것이다. 春園은 누구보다도 혁신적으로 자유연애 결혼을 주장하며 인습의 굴레를 벗고자 했지만, 그의 작품속에 나오는 이상적인 여인상은 여전히 영채나 유순, 남정임, 석순옥과 같은 전통적인 순결한 여성19)임을 볼 수 있다. W여학교의 재원으로 P부인의 지극한 사랑과 인정을 받은 순영의 모습이 이처럼 '허영심이 꽤 많고 정조에 대하여 분명한 관념을 못가졌고, 눈이 높고, 그러면서도 판단력과 이지

---

17) 방금희 외, "1920년대 신여성", 또 하나의 문화 편, 『또 하나의 문화』7호-새로 쓰는 사랑 이야기, (또 하나의 문화, 1991), 72-77면.
18) 남성작가들의 문학작품에 나타난 상투적 여성인물은 대개 무정형성, 수동성, 불안정, 편협함, 순결성, 물질주의, 정신주의, 비합리성, 순종성, 반항성 등의 자질을 지닌 '집 안의 천사'와 '마녀'로 대별된다.: Mary Ellmann, *Thinking about Woman*, New York : Harcourt, Brace and World,1968.
19) 田大雄, "韓國 草創期 文學에 나타난 女人像", 『여성문제연구』2집, 효성여대 한국여성문제연구소, 1972, 193-196면.

가 결핍된' '가장 전형적인 여성'20)으로 묘사된 것은 신여성들에 대한 부정적 평가가 팽배했던 당대의 풍토와 남성작가들의 일반적 여성인물 묘사 관습을 따른 것이라 볼 수 있다.

자신의 앞날과 결혼에 대해 한 번도 진지한 성찰을 하지 않은 채로 장안의 부호인 백윤희와 순결한 청년 운동가 신봉구, 미국유학을 다녀온 김박사의 구애 공세 속에서 그저 흔들리는 순영은 즉흥적인 몰두와 뒤이은 자책을 반복할 뿐이다. 함께 3.1운동에 가담했다가 2년6개월 동안 투옥된 '봉구'의 존재를 까마득히 잊고 있다가 그의 출옥 후 문득 날아든 편지를 보고 갑작스런 고민에 빠져, 이미 한편으로는 백윤희의 여자가 되어 있으면서도 그와 함께 석왕사行을 감행하는 그녀, 더구나 이제 막 출옥한 봉구에게 '겨울옷 장만할 돈'과 석왕사행 여비 5백원을 준비토록 해 '자동차'를 부르고 침대차를 타고 떠나는 철없는 행동, 또한 오빠 '순기'를 따라 白의 별장에 다녀 온 후 짐작은 하면서도 애써 무심한 채로 동래온천에 따라 나서는 순영의 모습, 우연히 白을 만난 듯 위장된 계획을 굳이 알려고 하지 않다가 그에게 순결을 빼앗기고 마는 순영을 보면 김동인의 「약한 자의 슬픔」에 나오는 '강엘리자벳트'를 연상하게 되는 것도 이 때문이다.

<만일 백이 이리로 들어 오면?>하고 불현듯 순영은 몸을 흔들었다.
<그럴 리가 없다. 그런 점잖은 이가 그럴 리가 없다.>하고 제 생각을 작소해 버렸다.
<그러나 만일 들어 오면?>하고 순영은 또 스스로 물었다.
<물론 거절하지 - 준절하게 거절하지 ->하고 순영은 결심하는 듯이 주먹을 불끈 쥐었다. 그리고는 안심한 듯이 또 잠이 들 양으로 머리를

---

20) 金東仁, "春園硏究", 『東仁全集8』,(弘字出版社, 1968), 520면.

한번 베개에 대었다.21)

「夫人이아르시면?」
(중 략)
「夫人이게시면서두?」
(중 략)
「왜그리보세요?」
(중 략)

멋번 거절에실패를 한 엘니자벳트는 마즈막에는 自己의게대하여서도 情이써러지게되엿다. 그는, 뉘게대하여선지는 모르면서도 모르는엇던者의게골이나서, 몸을쏘면서날카롭게 -그래도자근소래로 말햇다 -「슬허요~」22)

온갖 공상 속에서 미약한 거절 의사를 보이는 이 두 여성의 심리 묘사는 기다림과 동조의 의미로 읽혀지기 쉽다. 인테리 여성에게서 기대할 만한 명민함과 현실 대응력은 찾아보기 어렵다. 월등한 신분의 차이에 의해 희생자적인 측면이 강한 '강엘리자벳트'에 비해 '순영'은 갈팡질팡하면서도 결국 스스로의 선택과 이끌림에 의해 白을 택하게 되는 점이 차이가 있기는 하지만 '나침반 없는 성격'은 동일한 면모를 보이는 것이다. 그래서 당연히 그들은 세태에 순응해 사는 타자적 존재로 규정된다.

이 작품 全篇에서 가장 긍정적인 인물로 묘사되고 있는 '봉구'마저도 이같은 他者性을 보이고 있는데, 이는 '순영'이라는 한 여성을 향한 지극한 사랑과 열정으로 미화되고 있다. 봉구는 순영의 오빠 순흥과 함께 학생 대표로 3.1운동에 참여했다가 옥살이를 한, 자존심이 강하고 고지식한 인물이다. 그런데 그의 조국 사랑과 운동은 한

---

21) 『李光洙全集2』, (三中堂,1963), 74면. 이하 『全集』이라 칭함.
22) 金東仁, 「弱한 者의 슬픔」, 『創造』 제1호, (1919.1.), 58-59면.

여자 순영에게 인정받기 위한 열정에 다름 아니다. 오직 '순영을 생각하며' 모든 고생과 위험을 꿀과 같이 여기고 '순영을 낳아서 길러 준 조선'이니 사랑하는 것이다. 봉구가 비장한 각오를 하는 강인한 인물로 그려질 때는 순영에 대한 열정과 복수심이 불탈 때 뿐이다.

> 순영이가 그처럼 사랑하는 조선을 내가 아니 사랑할 수 있을까? 내가 조선을 위하여 이까짓 감옥의 고초를 받는 따위는 엿이다! 살을 찢기고 뼈가 부서지고 목숨이 가루가 된들 무엇이 아까우랴!23)

봉구의 청년다운 기백은 오직 순영을 향한 일편단심과 그녀를 신성시하는 지극함에서 우러난다. 우리가 흔히 사랑의 위력이라 생각하는 예속성과 들어 맞는다. 하지만 상대방에 의해 지배당하는 전적인 예속의 관계 속에서 참된 자기 소멸을 통해서만 진정한 사랑과 행복에 도달할 수 있다는 '자기 부정적인 헌신적 사랑'에 대한 믿음은 재고되어야 한다.24) 참된 사랑은 각 개인의 주체성과 개성이 존중될 때 더욱 빛나며,25) 자기 자신을 지키고 가꾸면서 상대방을 사랑할 수 있을 때에만 비로소 사랑을 주고 받는 양편이 상호적이며 동시에 독립적인 관계를 지킬 수 있는 것이다.

하지만 봉구의 사랑은 전적으로 대상 의존적이고 자신의 삶과 신념도 오직 '순영'을 해 지탱되는 他者性을 강하게 지녔다. 그래서

---

23) 『全集2』, 22면.
24) 이상화, "환상과 신화로부터의 해방", 또 하나의 문화 편, 『또 하나의 문화』8호-새로 쓰는 성 이야기, (또 하나의 문화, 1991), 26면.
25) 정대현, "사랑의 미신", 『또 하나의 문화』7호 - 새로 쓰는 사랑 이야기,(또 하나의 문화,1991), 46-48면.

석왕사行 이후 갑작스런 배신을 당한 그는 실연을 계기로 어떤 의미 있는 길로 들어서기 보다는 인천의 한 미두 취인소 중매점에 '영진'이라는 가명으로 취직해 인생의 목표를 돈 '오백만원' 모으기로 정한다. 봉구 역시 사랑의 실패로 인한 복수심에 불타 잘못 방향이 잡힌 '超越'(transcendency)을 향해 역설적으로 치달려 감26) 으로써 세태순응적인 동조를 보이고 만 것이다.

순영과 봉구는 모두 이렇게 주체적 자아가 희구하는 참된 사랑을 가꾸어내지 못한 채 각각 富를 소유한 '남자'와 '돈 오백만원'을 향해 치달려 간다.

(2) 회귀 열망의 生長과 消滅

타락한 순영에게 동정과 연민이 가해지는 것은 작품 곳곳에서 그녀의 회귀를 기대할 만한 실마리를 발견할 수 있기 때문이다. 순영은 지금의 처지에서 벗어나 예전의 자신이 원하고 꿈꾸어 오던 존재로 회귀하고자 하는 소망을 여전히 품고 있다. 하지만 그녀의 회귀 열망은 순간적인 生長을 보이다가도 이내 소멸하고 마는데, 이는 기독교 계통인 'W여학교 기숙사'와 '바깥 세상'으로 대별되는 공간 사이를 오가면서 P부인과 인순, 오빠 순기라는 조력자들의 충고와 유혹에 이끌리는 순영의 행적을 통해 드러난다.

순영의 회귀 열망은 동래온천에서 백윤희에게 정조를 빼앗긴 후 곧 기숙사로 돌아와 순기의 부름에도 한동안 불응하며 회개의 기도를 한 때 최초로 나타났다. 청혼을 해 온 김박사에게 독신인 '사도

---

26) 박덕은, 앞의 글, 257면.

바울'의 순교적 삶을 설교하는 순영의 내면은 성스러운 기운이 충만하기까지 하다. 하지만 이는 곧 익명의 투서에 의한 행적 폭로와 사감의 의심에 의해 소멸되고 만다.

두번째 심한 흔들림은 까마득히 잊고 있었던 봉구에게서 뜨거운 사랑을 고백하는 편지를 받고 그와 함께 석왕사에서 지내던 동안에 왔다. 봉구의 지극한 몰두와 순진함, 진지함은 그녀를 점점 사로 잡았고 그녀 또한 혼란을 겪는다. 하지만 이같은 전환의 계기 역시 그 후 한 달도 채 못되어 진행된 白과의 결혼으로 여지없이 깨뜨려지고 만다.

점차 순영의 '본래 모습'에 대한 회귀 열망은 봉구의 아이를 갖고서도 그를 배신한 자신의 罪를 용서받으려는 죄책감으로 대치된다. 봉구의 용서를 받는 것이 자신을 구원하는 길로 생각된 것이다. 하지만 어렵사리 한 고백에도 불구하고 현실세계의 순영은 달라지지 않는다. 그 후 살인누명을 쓰고 법정에 선 봉구의 알리바이에 대한 증언을 하려는 결심 역시 곧 번복되고 순영은 늘상 회귀 열망의 생장과 소멸 사이를 오간다.

그러던 중 목격하게 된 남편 白의 外道는 순영에게 그동안의 결혼 생활을 청산할 직접적 계기를 부여한다. 순영이 白과의 결혼에서 걸었던 현실적 기대는 앓아 누운 本妻가 사망하면 正室이 되어 白의 돈을 실컷 쓰고 당당한 행세를 하는 것이었다. 그런데 그녀는 여전히 빈털털이고 妾의 신분을 벗어나지 못하고 있으며 거기에 남편의 배신까지 겹친 것이다. 그래서 남편의 배신에 대한 분노와 자신의 실현 가능성 없는 소망을 깨달은 순영은 이제 그 집을 나선다. 그래서 그녀는 어느날 빈 몸으로, 예전의 자신에게 정신적 지주였던 오빠 순흥의 집에 찾아 든다. 현실적인 회귀가 이루어진 것이다.

이에 비해 봉구는 곤경에 처해 있으면서도 순영에 대한 애증 때문에 여전히 혼란을 겪는다. 한 번 상처입은 마음 때문에 삶에 대한 희망까지 포기한 듯한 그의 모습은 '사랑은 일회적이며 영원하다'는 사랑에 대한 일반적인 신화를 전파한다. 하지만 사랑은 다른 사람과의 인격적 관계를 토대로 이루어지는 것이어서 일회적이거나 영원하기 어렵다. 인격적 관계는 부단히 변화하기 마련이기 때문이다. 자신이 한때 정성들여 가꾼 환상을 고수하는 일과 진정한 인격적 관계로서의 사랑의 관계를 유지하는 것은 분명히 차이가 있다. 과거의 추억과 상처에 얽매여 폐쇄적인 삶을 영위하며 자포자기하는 봉구의 사랑은 결코 생명력있는 씨앗이 되어 타인의 삶을 비옥하게 재생시킬 치유력을 갖지 못한다.

이처럼 순영의 회귀 열망은 자발적으로 실현되기 보다는 외적이고 현실적인 계기에 의해 실현되며, 봉구는 여전히 황폐한 마음의 뜨락에 서 있을 뿐이다.

(3) 재생의지와 좌절

순흥의 집으로 온 순영은 당장 생활의 위기를 맞는다. 순흥 처의 投彈과 죽음, 순흥의 피신으로 인해 임신 상태에서 두 조카를 떠맡게 된 그녀. 그녀의 가슴 속에는 봉구에 대한 사랑과 그리움, 그리고 죄의식이 가득하지만, 현실적인 유혹의 세력 또한 만만치가 않다. 김박사의 재출현과 해외 도피 유혹, 낙태 권유 등은 한동안 그녀를 혼란스럽게 만들고, 신문기자 한창리의 화풀이 기사는 순영을 한층 곤경에 빠뜨려 세상의 비난을 불러 일으킨다. 백윤희 또한 本妻의 죽음이 임박했음을 알리면서 재결합을 제안하고 얼마간의 양식과 돈을 보내 온다. 현실적 토대를 갖지 못한 순영의 재생의지는 위기를 맞는 것이다.
　이에 비해 출옥한 봉구는 경주 모친과 경훈의 당부로 경주와의 결혼 부담을 안게 되지만, 여전히 지울 수 없는 순영에 대한 사랑 때문에 마음이 열리지 않는다. 그렇지만 그의 사랑은 어느덧 성숙한 단계에 이르러 새로운 사랑법을 터득하게 된다. 순영은 이미 옛날의 순영이 아니고 '그 순영이가 죽어서 썩어진 시체'라고 생각하여, 원망과 저주까지도 초월한 경지에 접근한 것이다.

> 「나도 순영씨를 원망도 했지요....저주도 했지요. 죽여 버리고 싶다고까지 생각도 했어요. 그러나 나는 사랑하는 법을 새로 배왔읍니다 -네가 사랑하는 이가 있거든 오직 그를 사랑하여라 - 그에게서 사랑을 갚아지기를 바라기는 할지언정 안 갚아진다고 원망은 말아라, 비록 그가 네 사랑을 발로 밟아 버리고 달아난다 하더라도 너는 그를 원망하지 말고 미워하지 말고 오직 그의 행복되기만 빌어라, 그리함으로 네 사랑은 완전할 수 있으니 그렇지 아니하면 악이다 -27)

　순영에 대한 봉구의 사랑은 이처럼 초기의 대상의존적이고 他者的인 특성에서 벗어나 사랑 자체의 본성에 충실하게 되었다. 에로스의 건전한 성숙으로 아가페에 근접하게 된 것이다. 그렇지만 그가 새로 익힌 사랑법은 아직 溫氣를 지니지 못한 상태에 있다. '불쌍한 조선 백성'에게 돌아와 농민들을 가르치고 함께 지내지만, 용서는 하면서도 순영을 외면하는 냉냉한 그의 가슴은 그 생활이 자발적이기보다 도피적이고 은둔적이며 그의 성숙한 경지에 이른 듯한 사랑 역시 아직 肉化되지 못했음을 알게 한다.

---

27)『全集2』, 327면.

한편 애써 구하던 봉구의 용서를 받은 순영은 자신이 그토록 원하던 것을 얻었음에도 불구하고 '알맹이가 빠진 무엇'만을 얻은 것 같은 허탈감과 서운함을 느낀다. 이는 봉구에 대한 죄의식과 '용서에 대한 집착'은 자신의 본래 모습을 찾아 주체적 자아를 회복하려던 회귀 열망이 대치된 것이어서 그 자체 만으로는 他者性으로부터 벗어나 스스로의 길을 가는 참된 再生이 불가능하기 때문에 빚어진 것이다. 더구나 그녀는 매독과 임질로 인해 소경 딸을 출산하는 悲運을 안고 사회적으로 철저히 소외되어, 학교 교사, 간호부 등의 求職에도 실패한 후 정미소 쌀 고르는 일, 방직공장 여공 생활까지도 병약한 몸 때문에 여의치 않아 더욱 좌절하게 된다. 그래서 3년 후, '불쌍한 조선 백성'들 속에서 은둔의 농촌 생활을 하던 봉구의 집을 마지막 방문한 후, 그녀는 구룡연 폭포에 몸을 던져 한많은 인생을 마감한다.

순영의 죽음은 『再生』이라는 제목과 관련하여 종교적 의미를 띤 속죄와 부활의 죽음으로 해석되어 왔다. 순영의 속죄의 죽음은 새로운 救濟를 예시하여 재생의 가능성을 보여 주고 있으며,[28] 특히 '물'은 본질상 인간의 원초적인 에너지이며 생명의 기원과 관련되어 있어서 물에 빠져 죽은 순영의 죽음 의식 속에는 도덕적인 죄책감을 자기 처벌한 다음 生者와 死者의 화해에 이르고, 물로 표상된 原初的 淨潔性에 의해 윤리적 타락을 정제함으로써 새로운 삶의 세계로 복귀하고자 하는 소망이 잠재해 있는 것[29]으로 풀이되기도 한다. 이는 작품의 제목이 그 작품의 내용을 요약하거나 주제를 암시[30]하는

---

28) 구인환, 앞의 책, 84면.
29) 李熙春, "李光洙小說의 精神分析學的 硏究", 계명대 대학원 박사학위 논문,1988, 185-187면.

일반적인 소설 기법을 전적으로 고려한 해석이다.

하지만 순영의 죽음은 재생을 위한 성스러운 속죄의식으로 보기에는 적합치 않은 점이 있다. 죽음 직전에 모교 학생들과 인순, P부인을 만남으로써 그녀의 실패한 인생이 강조되고 있고, 더구나 그녀는 죽고난 후까지도 참혹하게 묘사되고 있다.

> 뽀얀 안개가 싸인 검푸른 물에는 분명히 순영이가 소경 딸을 업은대로 얼굴을 하늘을 향하고 둥둥 떠서 폭포가 내려 쫓을 때마다 끔벅끔벅 물 속으로 들어 갔다 나오기도 하고 둥그런 수면으로 이리로 저리로 빙빙 돌기도 한다.
> 「순영이! 순영이!」하고 봉구는 발을 구르며 소리를 질렀다. 그러나 순영은 여전히 끔벅끔벅하면서 붙일 곳 없는 혼 모양으로 이리로 저리로 빙빙 돌았다.31)

폭포의 세찬 물줄기 밑에서 죽은 이후까지도 계속 정죄함을 받는 그녀의 모습은 동정과 연민을 부추길 뿐, 재생을 위한 죽음이라고 보기 어렵다. 쏟아지는 폭포 줄기 밑에서 他人에 의한 구원을 기다리며 끊임없는 '자기 정죄'를 계속할 뿐이다. 봉구의 사랑이 구원의 힘을 갖지 못한 까닭에 순영은 이같은 최후를 맞았다. 재생의 의지는 있었으나 그 의지는 현실 세력의 힘에 의해 죄절당하고 만 것이다.

애절한 묘비명만이 현실세계에서 이루지 못한 두 사람의 사랑에 재생의 길을 열고 있다. 재생하여 다시 이루고 싶은 사랑을 말한다.

---

30) 김천혜, 『소설구조의 이론』, (문학과지성사, 1990), 19-21면.
31) 『全集2』, 352면.

이튿날 신계사 동구 밖 길 왼쪽에는 새 무덤 둘이 가지런히 생기고 그 중 한 무덤에는,「나의 사랑하는 아내 순영의 무덤」이라고 목패가 섰고, 그 목패 뒤 옆에는,「무정한 봉구는 울고 세우노라」하고 좀 적은 글자로 쓰였다.[32]

이처럼『再生』은 조선민족의 재생, 순영의 재생을 그리려던 작가의 원래 의도와는 다른 작품이 되고 말았다. 이는 사랑 자체를 철저히 聖愛와 性愛로 구분지어 聖愛를 통해서만 인간의 구원에 이를 수 있다고 생각한 작가가 에로스의 건전한 성숙을 외면한 인물의 형상화를 이룸으로써 결과적으로 사랑과 구원의 불연속성을 드러내 '재생'에 실패한 때문이라 하겠다. '비속한 에로스', '방종한 에로스'에의 탐닉만을 경계한 까닭에, 에로스의 건전한 성숙을 포함하지 못하고 배척한 아가페의 추구가 갖는 한계를 보이는데 그치고 만 것이다. 그래서 이들의 사랑은 서로를 구원하지 못하였고 재생의 길을 찾지 못하였다고 생각된다.

4. 맺음말

春園의 초기작『無情』에서 1930년대 본격적인 애정소설『사랑』에 이르는 중간의 위치를 점하는『再生』은 이처럼 사랑과 구원의 문제를 다룬 작품으로 읽혀질 수 있다. 이 때 중요한 것은 '순영'과 '봉구'의 사랑이 건전한 에로스의 성숙을 보여 스스로를 구원하고 타인을 도울 수 있는 에너지를 가진 큰 사랑으로 전환될 수 있는가 하는

---

[32]『全集2』, 354면.

것이었다.

　순영과 봉구가 구원에 이르는 사랑을 가꾸어내지 못한 것은 그들의 존재 기반이 他者性으로부터 출발한데 한 원인이 있었다. 즉, 참된 사랑을 이루기 위해서는 자신의 정체성 확립과 인격적 성숙이 우선되어야 함에도 불구하고 순영은 뛰어난 미모와 재주로 뭇사람들의 시선을 모으는 즐거움에 들떠 자신의 삶이나 사랑, 결혼에 대한 진지한 숙고도 없이 기독교 계통의 학교에서 부여받은 교육자의 사명을 자신의 것으로 여기다가 밀려든 유혹에 침식당하고야 마는 세태 순응을 보였다. 이에 비해 봉구는 조국 사랑까지도 '순영때문에' 하는 철저한 무자아성과 의존성을 보임으로써 실패한 사랑 때문에 현실세계에 깊숙이 침잠해 돈을 모으기 위한 인생의 목표를 세우는 또 다른 세태 순응을 보였다.

　불행한 결혼 생활을 하던 순영은 이전의 자신으로 되돌아가고자 하는 회귀열망을 간직한 채 몇 번 전환의 계기를 맞지만 현실적 安樂의 힘은 번번이 이를 소멸시키고야 말았다. 그러던 중 자신이 기대하던 결혼생활의 허위성에 대한 깨달음과 남편의 外道로 인한 분노로 가출해 새로운 삶에 접어들 계기를 얻는다. 한편 살인 누명을 쓴 봉구는 침묵으로 일관하면서 여전히 순영에 대한 애증에 시달리고 단 한 번의 사랑으로 불타버린 황폐한 가슴을 안은 채 경주의 숭고한 사랑마저도 외면하며 자폐적인 생활을 한다.

　결국 순영은 진정한 용서를 구하고 봉구는 그동안의 고통을 통해 새로 익힌 사랑법의 깨달음으로 이를 수용하지만, 순영에게는 허탈감이 봉구에게는 여전히 냉냉한 가슴이 남을 뿐이었다. 이들의 진정한 화해와 재생은, 순영의 경우 죄의식의 拂拭 이전에 자신을 지배하던 他者性의 인식과 이로부터의 벗어남이 있어야 가능했고, 봉구의 사랑은 에로스로부터의 단절이 아닌 에로스의 성숙을 통해 이른 溫氣있는 아가페의 실현으로 정착되었어야 만이 가능했으리라 생각된다.

그래서 순영의 죽음은 속죄의 죽음이기는 하지만 재생의 죽음에 이르지는 못하였다.

이는 표면적인 주장과는 달리 대단히 보수적인 여성관을 지녔던 작가 李光洙의 여성인물 형상화의 관습과 性愛와 聖愛를 구분하여 이들 사이의 단절성을 강조한 채 聖愛만을 인간 구원에 이르는 사랑으로 생각하는, 사랑에 대한 이분적 사고에서 비롯된 작가의식의 노출이라 하겠다. 비록 이 작품에서 구현되지는 못했지만, 건전한 에로스의 발전과 성숙은 모든 인간에게 주어진 과제이고 특히 문학작품에서의 탁월한 형상화가 요구되는 주제라 아니할 수 없다.(1995)

참고문헌

구인환, 『李光洙小說研究』, (삼영사, 1983).
권영민, 『한국근대문학과 시대정신』, (문예출판사, 1983).
김동인, "춘원연구", 『東仁全集8』, (弘字出版社, 1968).
金永德, "春園의 基督敎入門과 그 思想과의 關係 硏究", 『韓國文化硏究論叢』 5권1호, 이화여대, 1965.
김병익, 『韓國文壇史』, (일지사, 1978).
김영민, "춘원 이광수의 문학이론", 『國語文學』 25집, 전북대 국어국문학회, 1985.
김우종, 『한국현대소설사』, (선명문화사, 1973).
김천혜, 『소설구조의 이론』, (문학과지성사, 1990).
김춘섭, "李光洙의 初期小說", 『語文論集』21집, 고려대 국어문학연구회, 1980.
──── , "李光洙의 文學批評研究", 『語文論叢』10·11호, 전남대 국어국문학연구회, 1989.
동국대 부설 한국문학연구소 편, 『李光洙研究 (上·下)』, (태학사, 1984).
또 하나의 문화 편, 『또 하나의 문화』7호-"새로 쓰는 사랑 이야기", (또 하나의 문화, 1991).
──────── 편, 『또 하나의 문화』8호-"새로 쓰는 성 이야기", (또 하나의 문화, 1991).
레이먼 셀던 / 현대문학이론연구회 譯, 『현대문학이론』, (문학과지성사, 1987).
마르쿠제, 『에로스와 문명 - 프로이트 이론의 철학적 연구』, 김인환譯, (나남, 1989).
박덕은, "李光洙의 「再生」研究", 『韓國言語文學』24집, 한국언어문학회, 1986.
신동욱, 『韓國現代文學論』, (박영사, 1972).

신상철, "<사랑>論攷", 『국어국문학논문집』7집, 서울사대, 1978.
에릭 프롬, 『사랑의 기술』, (內外新書, 1990).
요하네스 로쯔, 『사랑의 세 단계 - 에로스, 필리아, 아가페』, 심상태 譯, (서광사, 1985).
이영자, "성과 사랑", 한국여성연구회, 『여성학강의』, (동녘, 1991).
尹弘老, 『韓國近代小說研究』, (일조각, 1980).
이선영, "李光洙論-開化・植民地時代의 文學家", 김용직 외, 『現代韓國作家研究』, (민음사, 1976).
李熙春, "李光洙小說의 精神分析學的 研究", 계명대 대학원 박사학위논문, 1988.
전광용 외, 『韓國現代小說史研究』, (민음사, 1984).
田大雄, "韓國 草創期 文學에 나타난 女人像", 『여성문제연구』 2집, 효성여대 한국여성문제연구소, 1972.
정한숙, 『現代韓國作家論』, (고대출판부, 1977).
조정래・나병철, 『소설이란 무엇인가』, (평민사, 1991).
황수진, "한국 소설에 나타난 여성인물 연구 - 속죄양적 인물을 중심으로", 『建國語文學』 15・16합집, 건국대 국어국문학회, 1991.

참고문헌

구인환,『李光洙小說硏究』, (삼영사, 1983).
권영민,『한국근대문학과 시대정신』, (문예출판사, 1983).
김동인, "춘원연구",『東仁全集8』, (弘字出版社, 1968).
金永德, "春園의 基督敎入門과 그 思想과의 關係 硏究",『韓國文化硏究論叢』 5권1호, 이화여대, 1965.
김병익,『韓國文壇史』, (일지사, 1978).
김영민, "춘원 이광수의 문학이론",『國語文學』25집, 전북대 국어국문학회, 1985.
김우종,『한국현대소설사』, (선명문화사, 1973).
김천혜,『소설구조의 이론』, (문학과지성사, 1990).
김춘섭, "李光洙의 初期小說",『語文論集』21집, 고려대 국어문학연구회, 1980.
─────, "李光洙의 文學批評硏究",『語文論叢』10·11호, 전남대 국어국문학연구회, 1989.
동국대 부설 한국문학연구소 편,『李光洙硏究 (上·下)』, (태학사, 1984).
또 하나의 문화 편,『또 하나의 문화』7호-"새로 쓰는 사랑 이야기", (또 하나의 문화, 1991).
───────── 편,『또 하나의 문화』8호- "새로 쓰는 성 이야기", (또 하나의 문화, 1991).
레이먼 셀던 / 현대문학이론연구회 譯,『현대문학이론』, (문학과지성사, 1987).
마르쿠제,『에로스와 문명 - 프로이트 이론의 철학적 연구』, 김인환譯, (나남, 1989).
박덕은, "李光洙의「再生」硏究",『韓國言語文學』24집, 한국언어문학회, 1986.
신동욱,『韓國現代文學論』, (박영사, 1972).

신상철, "<사랑>論攷",『국어국문학논문집』7집, 서울사대, 1978.
에릭 프롬,『사랑의 기술』, (內外新書, 1990).
요하네스 로쯔,『사랑의 세 단계 - 에로스, 필리아, 아가페』, 심상태 譯, (서광사, 1985).
이영자, "성과 사랑", 한국여성연구회,『여성학강의』, (동녘, 1991).
尹弘老,『韓國近代小說硏究』, (일조각, 1980).
이선영, "李光洙論-開化・植民地時代의 文學家", 김용직 외,『現代韓國作家硏究』, (민음사, 1976).
李熙春, "李光洙小說의 精神分析學的 硏究", 계명대 대학원 박사학위논문, 1988.
전광용 외,『韓國現代小說史硏究』, (민음사, 1984).
田大雄, "韓國 草創期 文學에 나타난 女人像",『여성문제연구』2집, 효성여대 한국여성문제연구소, 1972.
정한숙,『現代韓國作家論』, (고대출판부, 1977).
조정래・나병철,『소설이란 무엇인가』, (평민사, 1991).
황수진, "한국 소설에 나타난 여성인물 연구 - 속죄양적 인물을 중심으로",『建國語文學』15・16합집, 건국대 국어국문학회, 1991.

페미니즘 비평과 한국소설

인쇄일 초판 1쇄 1996년 04월 10일
        2쇄 2015년 02월 28일
발행일 초판 1쇄 1996년 04월 20일
        2쇄 2015년 02월 04일

지은이 송 지 현
발행인 정 찬 용
발행처 **국학자료원**
등록일 1994.03.10, 제17-271호

서울시 강동구 성내동 447-11 현영빌딩 2층
Tel : 442-4623~4 Fax : 442-4625
www.kookhak.co.kr
E- mail : kookhak2001@hanmail.net
ISBN 978-89-8206-015-1[03800]
가 격 8,000원

*저자와의 협의 하에 인지는 생략합니다.